Allitera Verlag

Musikpädagogische Schriften der Hochschule für Musik und Theater München

Herausgegeben von
Wolfgang Mastnak, Hans-Ulrich Schäfer-Lembeck und Stephan Schmitt

Band 4

Verena Wied

Percussion im Musikunterricht
Eine funktionale Analyse von Interviews

Verena Wied

Percussion im Musikunterricht

Eine funktionale Analyse von Interviews

Allitera Verlag

Weitere Informationen über den Verlag und sein Programm unter:
www.allitera.de

Januar 2017
Allitera Verlag
Ein Verlag der Buch&media GmbH, München

Printed in Germany · ISBN 978-3-86906-858-9

Inhalt

Für mich

Vorwort

Die vorliegende Arbeit entstand aus der Gelegenheit heraus, etwas dazuzulernen und meine Nase neugierig in Unbekanntes zu stecken. Nach ein paar Jahren kam zur Neugier zeitweise auch Unmut auf, tatsächlich ständig auf Neues zu stoßen; doch nun möchte ich all das Erfahrene nicht missen.

Mein Dank gilt zuallererst den vier Musiklehrerinnen und Musiklehrern, die mir für die Interviews zur Verfügung standen und so diese Forschungsarbeit möglich gemacht haben.

Sodann möchte ich meinem Doktorvater Prof. Dr. Hans-Ulrich Schäfer-Lembeck danken, der mir alle erforderlichen Freiräume während der Erstellung der Dissertation gab und mich immer wohlwollend betreute. Ohne seine Ermutigungen mich an ein methodisches Vorgehen zu wagen, das anfangs weit entfernt lag, wäre es eine andere Arbeit geworden.

Auch mein Zweitbetreuer Prof. Dr. Ulrich Kaiser unterstütze mich von Anfang an. In unzähligen Diskussionen stellte er meine theoretischen Standpunkte auf die Probe, empfahl mir weiterführende Literatur und diskutierte immer wieder neue Ansätze mit mir. In all den Jahren der Erstellung der Arbeit hatte er immer ein offenes Ohr für meine Fragen wie Zweifel und bewahrte mich durch seinen kritischen Blick vor vielen Fehlern und methodologischen Ungereimtheiten.

Als Gewinn für diese Arbeit sehe ich außerdem die zwei Gesprächsrunden, die sich unabhängig voneinander um meine beiden Betreuer sammelten, und mich mit etlichen Ideen immer wieder herausforderten, über Neues und Anderes nachzudenken. Den Mitgliedern des sogenannten ›Musikpädagogischen Quartetts‹ – Benedikt Ruf, Hans-Ulrich Schäfer-Lembeck und Verena Seidl – möchte ich ganz herzlich danken für die vielen Stunden, in denen sie mir als Interpretationswerkstatt zur Verfügung standen und nie müde wurden, Interviewtexte zu durchleuchten. Gleichfalls begleitete mich die ›Kritikerrunde‹ von Anfang an: Andreas Helmberger, Ulrich Kaiser, Kilian Sprau, Ingo Stefans und Verena Weidner standen mir oftmals mit Rat, großartigem kritischem Engagement sowie der ein oder anderen Formulierung zur Seite. Dass diese Treffen trotz allseitiger Terminprobleme und der schlechten Gesprächsqualität von Skype-Konferenzen fast immer regelmäßig stattfanden, empfinde ich als ein großes Glück.

Bedanken möchte ich mich auch bei meinen lieben Freuden Kathrin, Sylvia, Clemens und Andi, die große wie kleine Teile dieser Arbeit Korrektur gelesen haben.

Für die mutige Entscheidung, mit meiner Arbeit den ›neuen‹ Weg einer gleichzeitigen Online-Veröffentlichung zu gehen, danke ich Alexander Strathern, dem Verlagsleiter des Allitera Verlags.

Und nicht zuletzt möchte ich mich bei meinen Eltern und meiner Schwester Andi bedanken, die mir egal ob in neugierig-forschenden, fleißig-schreibenden oder auch missmutig-stockenden Zeiten immer liebevoll und unterstützend zur Seite standen.

München, im September 2016

I. Einleitung

Im Jahre 2012 publizierte der Deutsche Musikrat einen Beitrag zur Problematik der Evaluation des Musikunterrichts an allgemeinbildenden Schulen. Darin heißt es:

> Die Frage nach der Qualität von Musikunterricht, die in der Frage mündet ›Was ist guter Musikunterricht?‹ suggeriert, dass es so etwas wie einen objektiven Standard von Musikunterricht, eine Art archimedischen Punkt gibt, von dem aus Musikunterricht beurteilt werden könnte, von dem aus sich Musikunterricht zweifelsfrei als gut oder schlecht qualifizieren ließe – gleichgültig, an welchem Orte und zu welcher Zeit er realisiert würde. Diese Vorstellung ist nicht unproblematisch. Zu vielschichtig ist das Phänomen Musikunterricht, als dass eine hinreichende Anzahl notwendiger Bestimmungsmerkmale für das Urteil »gut« – und dieses auch noch Zeit unabhängig – gegeben werden könnte.[1]

Ungeachtet der Probleme, einen »›guten‹ Unterricht über ein Ensemble von Indikatoren zu definieren«[2], finden sich in derselben Schrift sieben Thesen für einen guten Musikunterricht. Dieser müsse

1. Freude an Musik wecken durch
   - eigene wie auch gemeinsame Musizierpraxis (Singen, Tanzen, Instrumentalspiel),
   - vielfältige Hörerlebnisse und Hörerfahrungen,
   - eigenes musikalisches Gestalten und Erfinden;
2. die Sensibilisierung und Differenzierung des Ohres und der anderen Sinnesvermögen fördern;
3. im Zusammenhang mit der sinnlich konkreten Erfahrung von Musik Wissen über deren Entstehung, Struktur und Nutzung vermitteln;
4. anregen, außerunterrichtliche und außerschulische Beschäftigung mit Musik zu erweitern und zu vertiefen;
5. die Vielgestaltigkeit der Musik, insbesondere in den Erscheinungsformen der Neuen Musik, der Populären Musik wie auch der Musik außereuropäischer Kulturen, mit ihren historischen Einschlüssen und in ihren aktuellen Gestaltungen erschließen;
6. die Vernetzung von Musik mit anderen Denk- und Tätigkeitsformen sichtbar machen;
7. die eigene Musikkultur in Geschichte und Gegenwart verstehen lernen.[3]

[1] Deutscher Musikrat 2012, S. 39.

[2] Ebd.

[3] Ebd., S. 38f.

Darüber hinaus werden Bedingungsfelder aufgezählt, denn Musikunterricht sei abhängig von einer spezifischen Schülerklientel und konkreten Lehrpersönlichkeiten und deren fachlichen Kenntnissen, von geographischen und sozialen Orten der jeweiligen Schulen sowie deren Selbstdefinition, allgemeiner Unterrichtsorganisation, materialen Bedingungen und nicht zuletzt auch von den personellen und materiellen Ressourcen.[4] In dieser Differenzierung des Deutschen Musikrats kann man unschwer die gute Absicht erkennen, einer eindimensionalen Qualifizierung des Musikunterrichts vorzubeugen.

> Im Hinblick auf Musikunterricht heißt das: Für Schüler und Lehrer kann sich durchaus ›im Augenblick‹ das Gefühl, guten Musikunterricht erlebt bzw. gestaltet zu haben, einstellen. Aber ob es *wirklich* guter Musikunterricht – im Sinne eines (in welcher Form auch immer) vorausgesetzten Güte-Kriteriums – war, das wird sich erst in (u. U. ferner) Zukunft zeigen.[5]

Angesichts dieser Passage darf allerdings mit Recht gefragt werden, wie »sich erst in (u. U. ferner Zukunft)« zeigen soll, dass ein Musikunterricht ›wirklich‹ gut war, wenn es doch keinen Standard gibt, Musikunterricht unabhängig von Zeit und Ort zweifelsfrei als gut oder schlecht zu qualifizieren.

Das Denkmodell des Deutschen Musikrates geht davon aus, dass es einen ursächlichen Zusammenhang zwischen einem guten Musikunterricht und einem spezifischen musikalischen Verhalten gibt. Guter Musikunterricht (Ursache) bewirkt demnach ein – vom Deutschen Musikrat nicht näher bestimmtes und ggf. auch erst zukünftiges beobachtbares – musikalisches Verhalten, schlechter Musikunterricht dagegen ein anderes. Nach Annette Scheunpflug sind solche Annahmen unzulässig, denn der

> Bildungsbegriff markiert die Selbsttätigkeit des Individuums im Lernvorgang und damit die Unverfügbarkeit des Lernens aus der Perspektive des Lehrenden, während hingegen Unterrichtsplanungsmodelle als Theorie des Lehrens Unterrichtskausalität voraussetzen und eine Nichtbeliebigkeit des Unterrichtsarrangements suggerieren.[6]

Annette Scheunpflugs Ausführungen sind beeinflusst vom systemtheoretischen Denken Niklas Luhmanns, für den psychische Systeme selbstreferentiell operieren und daher keinen festgelegten Output nach einem bestimmten Input liefern. Es ist nicht schwer sich vorzustellen, dass bei einem Jugendlichen – so wie es der Musikrat in seinen Thesen für erforderlich hält – durch

[4] Ebd., S. 40.

[5] Ebd. (Herv. i. O.).

[6] Scheunpflug 2004, S. 69.

Musikunterricht Freude an Musik geweckt worden ist, der Jugendliche dann als Erwachsener aber Musik keinen Raum mehr zu geben vermag und sich daher die Vielgestaltigkeit der Musik nicht weiterhin erschließt. Muss ein solcher, mit den Thesen des Musikrates im Einklang stehender Musikunterricht dann als schlecht beurteilt werden? Oder umgekehrt: Wie ist Musikunterricht zu qualifizieren, dessen Langeweile ein Jugendlicher nur mit Unmut ertragen hat, nach dem der Jugendliche aber seine Freude an Musik entdeckt und der im Erwachsenenalter vielleicht sogar ein praktisches Musizieren pflegt? Ist langweiliger Unterricht dann als gute Schule zu bewerten? Diese einfachen Beispiele veranschaulichen die Problematik einer kausalen Zurechnung von Handlungsweisen der Lehrkräfte (Ursache) auf ein Schülerverhalten (Wirkung). Egal was Lehrende unternehmen: Ob und was das Gegenüber lernt, ist nicht vorhersagbar.

Die Ausführungen dieser Forschungsarbeit gehen entgegen der verbreiteten und vom Musikrat geteilten Annahme davon aus, dass es keine lineare Zurechnung von Ursache und Wirkung gibt. Die theoretische Fundierung hierzu erfolgt in Anlehnung an die systemtheoretischen und konstruktivistischen Überlegungen Niklas Luhmanns im ersten Kapitel dieser Arbeit (Methodologische Grundlagen, S. 18).

Die im Rahmen dieser Forschungsarbeit befragten Musiklehrerinnen und Musiklehrer erzählen von ihrem Unterricht. Sie erzählen – nicht zuletzt, weil dies auch die Fragen der Leitfadeninterviews nahelegen – was ihnen durch Percussion in ihrem Unterricht gelingt; sie erzählen von ›gutem‹ Unterricht. Die Erzählungen der Befragten werden in dieser Arbeit weder in Frage gestellt, noch mit einer Objektivität überzogen, die beurteilen könnte, ob das, was die Befragten erzählen, *wirklich* ›guter‹ Unterricht ist. Wenn Frau B sagt, dass alle Schülerinnen und Schüler mitmachen und Percussion mit nichts anderem aufzuwiegen ist, dann wird ihre Annahme hier geteilt:

> Frau B: du hast im Bereich Percussion [...] ein Betätigungsfeld, des ist in meinen Augen mit nichts anderem aufzuwiegen. Du hast problemlos nicht nur eine ganze Klasse, sondern die schwierigsten Schülerinnen und Schüler genauso super dabei, wie Schüler, die sich jetzt sonst nicht so irgendwas mit Musik machen trauen, oder sonst Probleme hätten, sie machen alle mit[7]

Somit ist es möglich, den Interviewtext auf Frau Bs Beweggründe hinsichtlich Percussion hin auszuwerten und zu erforschen, wie für Frau B mit Percussion ›guter‹ Unterricht gelingt. Die Auswertungen der Interviewtexte, die narrative Erfahrungen und Zusammenhänge hinsichtlich Percussion beobachten,

7 [I.02/7–15].

finden sich mit Interviewzitaten veranschaulicht im dritten Kapitel ›Einzelfalldarstellungen‹ der Interviews (S. 55).

Im anschließenden vierten Kapitel ›Vergleich der Interviews‹ (S. 132) werden die in den Interviewtexten geäußerten Begründungen zusammengetragen und auf Gemeinsamkeiten und Unterschiede hin ausgewertet. Es werden sich so überlappende Begründungsmuster zeigen, die Percussion als Lösung für ein gewisses Problem auszeichnen. Erzählt Frau B wie oben beispielsweise, dass bei Percussion alle Schülerinnen und Schüler mitmachen, so verweist dies auch darauf, dass ein Mitmachen aller Schülerinnen und Schüler nicht immer gelingt, wohl in irgendeiner Weise als schwierig empfunden wird und Percussion diese Schwierigkeit für Frau B löst.

Die Begriffe Problem und Lösung sind in ihrer Konstellation zueinander allerdings nicht weniger problematisch als die oben kritisierten kausalen Zurechnungen von Ursache und Wirkung. Als Begriffspaare bezeichnen sie im Grunde dieselben Seiten einer Medaille: Die Ursache (Percussion), die eine bestimmte Wirkung erzielt (alle machen mit!), erweist sich dann als Lösung (Percussion) für ein Problem (wie gelingt es, dass alle mitmachen?). Werden jeweils beide Seiten als unveränderlich wahrgenommen, erzeugt dies eine lineare Kausalität, die weder im Bereich der Wirkungen noch im Bereich der Ursachen andere Möglichkeiten bestehen lässt. Für Luhmann ist die Feststellung von Kausalität problematisch, denn

> jede Kausalfeststellung impliziert in verschiedenen Richtungen Verweisungen ins Unendliche: Jede Wirkung hat unendlich viele Ursachen, jede Ursache unendlich viele Wirkungen. Dazu kommt, daß jede Ursache in unendlicher Weise mit anderen kombiniert oder durch andere ersetzt werden kann, woraus sich entsprechend vielfältige Unterschiede im Bereich der Wirkungen ergeben. Schließlich kann jeder Kausalprozeß sowohl in sich selbst unendlich geteilt als auch in unendliche Fernen verfolgt werden. Wenn man diese Problematik ins Auge fasst, verliert die ontologische Auslegung der Kausalität ihren Sinn. Es ist dann nicht mehr möglich, Ursache und Wirkung als bestimmte Seinszustände zu deuten und die Kausalität als invariante Beziehung zwischen einer Ursache und einer Wirkung festzustellen.[8]

Dennoch ist es aus systemtheoretischer Perspektive möglich, wissenschaftlich mit Phänomenen wie Ursache und Wirkung umzugehen: Wird nämlich nur eine Seite konstant gehalten (alle machen mit) und die andere Seite als variabel gesehen (Percussion), eröffnen sich viele andere Möglichkeiten als Lösung für die in den Interviewtexten beobachtbaren Probleme. Diese Möglichkeiten verweisen

[8] Luhmann 1970a, S. 20f.

nicht auf eine »ontologische Auslegung« von Kausalität, sondern auf eine Erforschung äquivalenzfunktionalistischer Ordnung.[9]

Dass ausgerechnet Percussion als Ursache bzw. Lösung in den Fokus dieser Arbeit geraten ist, liegt mitunter daran, dass Percussion derzeit für die praktische Musikdidaktik mit guten Gründen als Trend bezeichnet werden kann bzw. des Öfteren im Zusammenhang mit gelungenem Musikunterricht erwähnt wird. In den letzten Jahren hat sich Percussion in musikpädagogischen Zeitschriften, als Fortbildungsinhalt und auch im Unterricht selbst etabliert. Allein die Auswertung aller Kurse von 1954 bis April 2009 des Arbeitskreis für Schulmusik und allg. Musikpädagogik e.V. (AfS) zeigt: Von insgesamt 4417 Fortbildungen tragen 165 Kurse die Bezeichnung Percussion im Titel und weitere 428 Kurse können über eine Interpretation der Kurstitel dem Bereich Percussion zugerechnet werden.[10] Welche Begriffsgeschichte hinter dem Wort Percussion steht und wie der Begriff Percussion musikpädagogisch bzw. in den Interviews verwendet wird, wird im zweiten Kapitel ›Zum Begriff Percussion‹ (S. 42) dargestellt.

Doch nicht nur Fortbildungsinstitute, sondern auch musikpädagogische Veröffentlichungen greifen den Trend auf. Von 25 Sonderheften der Reihe »Musik & Bildung spezial« widmen sich ein Fünftel dem Thema Percussion.[11] Auch in

9 Ebd., S. 20.

10 Mein Dank geht an Helmut Bencker, der mir die Daten aller Fortbildungen des AfS von 1954 bis April 2009 zur Verfügung stellte. Die Datensammlung ist Teil der Dissertation von Herrn Bencker über den AfS (Arbeitskreis für Schulmusik und allg. Musikpädagogik e.V.) und ist das Ergebnis archivarischer Quellenforschung. Die Dissertation ist noch nicht fertig gestellt und trägt den Arbeitstitel »Musikpädagogische Positionen des AfS im Laufe seiner 50jährigen Verbandsgeschichte und ihre Verwirklichung«. Die Auswertung der Daten, so wie sie in dieser Arbeit hier gemacht wurde, wird sich aller Voraussicht nach von Herrn Benckers Auswertung unterscheiden, da in den beiden Forschungsarbeiten unterschiedliche Schwerpunkte hinsichtlich der Auswertung gewählt worden sind. Auch eine statistische Auswertung einer Datenbank ist eine Interpretation, zumal vor allem die Titel der Fortbildungsangebote, die oftmals unscharf formuliert sind, hier in den Fokus genommen werden. Diese Titel sind zwar eine hinweisende Bezeichnung, aber keine genaue Beschreibung, so dass einige Kurse, die zu Percussion im weitesten Sinne dazu gezählt werden könnten, nicht genommen wurden, andere aufgrund des Dozenten wiederum schon. Zum Beispiel wurden Kurse wie »Afrikanische Musik« von Volker Schütz, die unter Umständen viele perkussive Momente enthalten, nicht zu Percussion gezählt, da musikethnologische Inhalte nicht ausgeschlossen werden konnten. Dafür wurden Kurse wie »Rhyth:Mix« schon dem Bereich Percussion zugeordnet, weil Richard Filz, der Dozent, beim AfS ausschließlich perkussive Kurse anbietet.

11 Vgl. hierzu Neumann 2000; Biedermann/Hein/Müller-Waldheim 2003; Dembowski 2011; Jasper 2009 sowie Reuter/Böttcher 2008.

anderen Reihen, wie beispielsweise »Üben & Musizieren«, »klasse musik«, »mip-Journal« etc. sind zahlreiche Aufsätze zu dem Bereich Percussion zu finden. 2005 wurden die ersten beiden Bände des Akademieberichts »Percussionissimo – Percussion im Klassenunterricht«[12] von der Akademie für Lehrerfortbildungen und Personalführung Dillingen veröffentlicht, drei Jahre später folgten zwei weitere Bände. Die Akademieberichte stellen das Fortbildungsprojekt »Percussionissimo« vor und veranschaulichen die einzelnen Unterrichtsinhalte didaktisch geordnet. Percussion wird hier als eine sich von anderen musikalischen Umgangsweisen im Klassenunterricht unterschiedene Praxis dargestellt. Interessanterweise liegt die Unterscheidung nicht auf den Ebenen von Instrumenten, Klanglichkeit oder Kompositionen, sondern auf der Ebene des methodischen Umgangs: »Ein verstärktes Angebot an perkussiven Elementen impliziert den Erwerb einer deutlich höheren Methodenkompetenz als im traditionellen Unterricht«.[13] Die dieser Unterscheidung folgenden Stichpunkte erklären jedoch keineswegs die Besonderheit von Percussion, da nur eine Liste von einzelnen Kompetenzen genannt wird, die, man sollte meinen, auch im ›traditionellen‹ Musikunterricht Standard sein können:

- besonders passgenauer Abgleich des jeweiligen Schwierigkeitsgrades von Übungen mit den Fähigkeiten der Schüler: altersspezifische Elementarisierung und individuelle Binnendifferenzierung, ohne Vernachlässigung des inhaltsspezifischen Zugangs
- erweitertes methodische Repertoire für schüleraktivierende Lernsituationen und aktive Umgangsweisen mit Musik
- kleinschrittige und differenzierte methodische Vorplanung mit einem breiten Spektrum an unterschiedlichen methodischen Wegen und Schwierigkeitsgraden
- Berücksichtigung der erheblichen Heterogenität bezüglich des spieltechnischen und musikalischen Niveaus innerhalb der Klasse
- Beherrschung notationsloser Vermittlungsprozesse
- Einschätzen der Akzeptierbarkeit von Musizierergebnissen
- Reaktionsfähigkeit und Flexibilität in sehr unterschiedlichen Unterrichtssituationen
- Planung von kontinuierlicher alters- und klassenspezifischer Aufbauarbeit im Einklang mit dem Lehrplan[14]

Diese Darstellung im Vorwort des Akademieberichts lässt den Eindruck entstehen, dass die genannte Methodenkompetenz an die Inhalte von Percussion gekoppelt ist und mit anderen Inhalten – hier als ›traditioneller Musikunter-

[12] Akademie für Lehrerfortbildung und Personalführung 2005.

[13] Ebd., S. 15.

[14] Ebd.

richt‹ benannt – kaum in dem Umfang erwerbbar sei. Einerseits wird damit ausgeschlossen, dass Percussion völlig anders unterrichtet werden kann. Denkbar ist auch ein Musikunterricht, in dem nur eine Trommel in der Mitte steht, die Spieltechnik langatmig erklärt wird und dann der Schüler spielen darf, der eh schon Schlagzeug spielt. Es ist fraglich, ob – aus Sicht der Autorinnen und Autoren der Akademieberichte – hier eine »deutlich höhere[] Methodenkompetenz« angenommen werden würde, oder ob der Unterricht dann mit dem Begriff Percussion gar nicht assoziiert werden würde. Andererseits wird nicht gesehen, dass es noch andere Inhalte geben kann, die ähnliches leisten oder mit einer ähnlichen Methodenkompetenz unterrichtet werden können. Inhalt und Methode stehen somit jeweils blind für ein anderes Gegenüber nebeneinander.

Demgegenüber wird in der vorliegenden Arbeit nicht davon ausgegangen, dass es einen linear kausalen Zusammenhang zwischen Percussion als Ursache für eine bestimmte Wirkung gebe. Es wird vielmehr deutlich werden, dass Inhalt und Methode entkoppelt voneinander gedacht werden können. Dann erscheinen beispielsweise ganz andere musikalische Praxen als Lösungen für einen Umgang mit heterogenen Lerngruppen, für eine Orientierung an den Wünschen der Schülerinnen und Schüler, als Ausweg aus dem Dilemma zwischen fiktiver Unterrichtplanung und realem Unterrichtsverlauf, als methodischer Kniff, um Musik in kleine Übungen zu transformieren, als Schlüssel für körperlich-musikalische Erfahrungen, als Möglichkeit allen Schülerinnen und Schülern Instrumente bereitzustellen oder als Chance, das eher negativ behaftete Label ›Pädagogische Musik‹ zu umgehen. Dass dadurch vielfältige Alternativen in den Blick geraten können, wird im fünften Kapitel ›Kontextualisierungen‹ (S. 163) gezeigt.

II. Methodologische Grundlagen

Der Umgang mit den Daten von Interviews sollte nicht nur bei der Erfassung und Transkription sensibel sein,[15] sondern auch bei der Auswertung, da deren Ergebnisse entscheidend variieren können, je nachdem, welche Blickpunkte auf die Daten geworfen werden. Der Forderung nach Transparenz hinsichtlich Theorie und Methode und intersubjektiver Nachvollziehbarkeit, wie sie in qualitativer Forschung schon lange besteht,[16] wird in diesem Kapitel nachgegangen.

Im den ersten beiden Abschnitten werden ›kommunikationstheoretische‹ sowie ›gesellschaftstheoretische‹ Annahmen dargestellt. Hier soll insbesondere geklärt werden, *was* sich aus systemtheoretischer Perspektive mit einer qualitativen Auswertung von Interviewtranskripten erforschen lässt. Der Abschnitt unter dem Titel ›funktionale Methode‹ beleuchtet dann, wie die Texte beobachtet werden und *worauf* sich der Fokus der Auswertungen letztendlich bezieht.

Kommunikationstheoretische Annahmen[17]

Für Arbeiten, die sich mit der qualitativen Auswertung von Interviews befassen, spielt das Verhältnis zwischen individuellen Gedanken, Interviewgespräch und Vertextlichung eine große Rolle. Zwei Fragen dabei sind, was mittels einer kommunikativen Herangehensweise erforscht und worauf letztendlich das

[15] Oft wird die Transkription einer Kommunikation, die die Transkribierenden, die Notationszeichen bzw. das Transkriptionssystem, sowie die Leser des Transkripts umfasst, als erste Interpretation im Forschungsprozess gesehen (s. hierzu Hitzler 1997, S. 11. Oder auch Galindo 2006, S. 127). Doch bereits die Wahl zwischen Audio- oder Videoaufnahme, die Qualität der Mikrophonierung sowie Art der Wiedergabe stellt eine Interpretation von Kommunikationen dar.

[16] S. hierzu insbesondere Steinke 1999 oder auch Steinke 2007.

[17] Der folgende Abschnitt der »kommunikationstheoretischen Annahmen« basiert im Wesentlichen auf einem bereits veröffentlichten Aufsatz der Autorin: Wied 2012.

Interviewmaterial ›zurückgerechnet‹[18] werden kann. Niklas Luhmanns Ansatz, Gedanken und Kommunikation völlig voneinander zu trennen, selbst wenn sie sich des gleichen Mediums Sprache bedienen, ist ein möglicher Weg, auf diese Fragen Antworten zu finden.

In der Systemtheorie von Luhmann produzieren und reproduzieren sich Systeme selbst, d. h. Systeme sind autopoietisch.[19] Luhmann schließt damit an die Überlegungen Humberto Maturanas und Francisco Varelas an, die Autopoiesis für organische Prozesse beobachten.[20] Selbsterschaffung und Selbsterhaltung bedeutet aber nicht, dass Systeme »ohne jeden Beitrag aus der Umwelt«[21] existieren. Beispielsweise benötigen fast alle biologischen Systeme Nahrung in irgendeiner Form, um leben zu können. Luhmann überträgt das Konzept der Autopoiesis auf soziale Systeme (Kommunikationssysteme) und das psychische System (Bewusstsein): Genauso, wie nur Leben Leben hervorbringen kann, können nur Kommunikationen Kommunikationen und nur Gedanken Gedanken produzieren.[22] Kein System aus der Umwelt eines Systems könnte das jeweils andere produzieren, denn die dazu benötigten Elemente sind systemimmanent und in der jeweiligen Umwelt nicht vorhanden. Das soll aber nicht heißen, dass Systeme

[18] Vgl. LUHMANN 1984, S. 297. Luhmann selbst verwendet in diesen Zusammenhängen auch den Begriff der ›Zurechnung‹ von Kommunikationsinhalten auf die Psyche von Personen.

[19] »Als autopoietisch wollen wir Systeme bezeichnen, die die Elemente, aus denen sie bestehen, durch die Elemente, aus denen sie bestehen, selbst produzieren und reproduzieren. Alles, was solche Systeme als Einheit verwenden: ihre Elemente, ihre Prozesse, ihre Strukturen und sich selbst, wird durch eben solche Einheiten im System erst bestimmt. Oder anders gesagt: es gibt weder Input von Einheit in das System, noch Output von Einheit aus dem System« (LUHMANN 1985, S. 403).

[20] S. dazu MATURANA/VARELA/BEER 1980 oder auch MATURANA/VARELA 2009.

[21] LUHMANN 1992.

[22] Luhmann nennt neben diesen drei autopoietischen Systemarten noch eine weitere, dessen Vertreter er allerdings als nicht-autopoietische Systeme (Maschinen) bezeichnet. Nicht-autopoietische Systeme sind nicht selbstreferentiell und somit trivial. Während bei selbstreferentiellen Systemen ein Output immer von dem jeweiligen inneren Zustand des Systems abhängig ist und es somit trotz desselben Inputs ein »unendliches, jedenfalls unausrechenbares Repertoire an Reaktionsmöglichkeiten« gibt (LUHMANN/LENZEN 2002, S. 77), sind triviale Systeme determiniert: das kausale Verhältnis zwischen Input und Output ist an eine feste Regel geknüpft. Ein Klavier beispielsweise würde Luhmann als triviales System bezeichnen, da erstens die Mechanik von einem Klavierbauer angefertigt worden ist, also ein von außen herstellender Prozess eingegriffen hatte (vgl. ebd.), und zweitens, wenn auch die Mechanik noch so komplex und sensibel ist, ein wiederholt gleicher Anschlag einen identischen Klang produziert und somit vorhersehbar ist.

ohne einander bestehen können: Luhmann bestreitet nicht, dass Leben die Voraussetzung für psychische sowie soziale Systeme ist, und dass soziale Systeme psychische voraussetzen.[23] Ein System konstituiert sich durch eine bestimmte, systemeigene Art von Operation: Das biologische lebt (der Magen der Schülerin knurrt), das soziale kommuniziert (der Lehrer sieht, dass die Schülerin sich meldet) und das psychische denkt (»wann ist endlich Pause?«). Die Schülerin als ganzer Mensch ist kein System, auch wenn sie sich selbst oder anderen als Einheit erscheinen mag.[24]

Ein autopoietisches System kann sich einzig dadurch erhalten, dass die Operationen seiner Elemente rekursiv aneinander anschließen. Dieser autopoietische Prozess findet ohne operativen Kontakt von oder nach außen satt. Er ist in sich geschlossen. Systeme operieren also jeweils in Differenz zu dem, was sie ausschließen. Das jeweils Ausgeschlossene benennt Luhmann ›Umwelt‹. Ohne Umwelt gibt es kein System, denn ein System entsteht erst dann, wenn es eine Grenze zwischen den eigenen Operationen und all dem, was es nicht ist, d. h. seiner Umwelt erzeugt.[25] Ein System kann diese durch das Operieren produzierte Differenz einer Innen- und Außenseite selbst beobachten, indem es die System/Umwelt-Differenz in das eigene System hineinkopiert. Luhmann spricht in diesem Fall von Beobachtung in Form von Selbst-/Fremdreferenz.[26]

23 Luhmann 1995, S. 40; 110.

24 Vgl. Luhmann 1984, S. 67. Luhmann musste sich immer wieder dem Vorwurf stellen, er sei antihumanistisch, da der Mensch in seiner Gesellschaftstheorie keinen ›Platz‹ hat. Er konterte: »Die Theorie operativ geschlossener, autopoietischer Systeme, die zu einer vollständigen Trennung von psychischen und sozialen [und biologischen; Anm. VW] Systemen zwingt, […] ist radikal antihumanistisch, wenn unter Humanismus eine Semantik verstanden wird, die alles, auch die Gesellschaft, auf die Einheit und Perfektion des Menschen bezieht. Sie ist zugleich eine Theorie, die im Unterschied zur humanistischen Tradition, das Individuum ernst nimmt« (Luhmann 1995, S. 37).

25 Luhmann gebraucht für das Verhältnis von System und Umwelt die Metapher einer zwei-Seiten-Form, die ohne die jeweils andere Seite nicht existent ist. »Jede Seite der Form ist die andere Seite der anderen Seite. Keine Seite ist etwas für sich selbst. Man aktualisiert sie nur dadurch, daß man sie, und nicht die andere, bezeichnet« (Luhmann 1997). Vgl. auch Luhmann 1995, S. 28.

26 Luhmann unterscheidet drei verschiedenen Fälle von Selbstreferenz: basale Selbstreferenz, prozessuale Selbstreferenz und Reflexion. Bei psychischen Systemen kommt es zu basaler Selbstreferenz, da es für einen Gedanken keinen anderen Bezugspunkt gibt als einen anderen Gedanken. Prozessualer Selbstreferenz (Reflexivität) liegt ein Vorher/Nachher zugrunde und ist bei psychischen Systemen das Denken des Denkens. Beobachtet hingegen ein Bewusstsein nicht nur einen einzelnen Gedanken, sondern sich selbst als System, spricht Luhmann von Reflexion. S. dazu auch Luhmann 1984, S. 163–167.

Beispielsweise erzeugt ein psychisches System durch seine nur ihm vorbehaltenen Operationen (denken) einen Unterschied zwischen sich und allem anderen.[27] Diese System/Umwelt-Differenz kann es durch die Unterscheidung Ich/Nicht-Ich beobachten.

Weder gibt es zwischen den drei autopoietischen Systemarten, noch zwischen einzelnen (psychischen) Systemen einen *unmittelbaren* Kontakt. Gedanken schließen nur an Gedanken an, und zwar auch nur an die des eigenen Systems. Dennoch bleibt die Frage, wie sich Gedanken und Kommunikation zueinander verhalten, da ohne psychische Systeme keine sozialen zustande kommen würden.[28] Durch die Luhmannsche Differenzierung von psychischen und sozialen Systemen und deren operationaler Geschlossenheit besteht zwar keine wie auch immer angenommene Homologie:

> Die Geschlossenheit richtet sich nicht nur gegen andersartige, sie richtet sich auch gegen gleiche Systeme. Kein Bewußtsein hat einen direkten Umgang zu einem anderem Bewußtsein, denn das hieße: sich in dessen bewußte Operationen bewußt einschalten zu können. Gegenüber anderem Bewußtsein stehen einem Bewußtseinssystem nur zwei Arten von Operationen zur Verfügung: Beobachtung und Teilnahme an Kommunikation.[29]

Dennoch gibt es trotz dieser operativen Geschlossenheit Beziehungen zwischen Systemen und ihrer Umwelt, »aber diese Beziehungen liegen auf anderen Realitätsebenen als die Autopoiesis selbst«.[30] Die strukturelle Kopplung von Systemen, d. h., dass zwar die Systeme in sich operational geschlossen, aber zugleich aufeinander angewiesen sind, ist eine dieser Realitätsebenen, denn es handelt sich bei selbstreferentiellen Systemen zwar um autonome, jedoch nicht um autarke Strukturen.

> Selbstverständlich kann keine Kommunikation ohne beteiligte psychische Systeme zustande kommen, aber die strukturelle Kopplung von Bewußtsein und Kommunikation widerspricht

27 An dieser Stelle sei darauf hingewiesen, dass in der Umwelt dieses psychischen Systems (natürlich) andere psychische Systeme existieren. Doch die Operationen dieser anderen psychischen Systeme sind für das erstere nicht zugänglich (vgl. ebd., S. 60).

28 Vgl. Luhmann 1992, S. 22. Angemerkt sei an dieser Stelle noch, dass Niessen auf das ungeklärte Verhältnis »zwischen Gedanken und Sprache«, also auf eine Problematik um den »Prozess der Versprachlichung im Rahmen der Erhebung«, in der musikpädagogischen Forschung hinweist. Vgl. dazu: Niessen 2006, S. 80. Aufgrund der im Text auch angesprochenen Erhebungssituation von Interviews sind die Begriffe ›Sprache‹ und ›Versprachlichung‹ hier innerhalb sozialer Systeme zu denken.

29 Luhmann 1985, S. 404.

30 Ebd., S. 403.

> nicht dem Theorem der operativen Geschlossenheit beider sinnverarbeitender Systemarten. Niemals kann Kommunikation an Gedanken anschließen, sondern ausschließlich an vorherige Kommunikation.[31]

Allein das Bewusstsein kann etwas wahrnehmen,[32] und insofern sind Wahrnehmungen Teil des jeweiligen psychischen Systems.

Der Begriff Bewusstsein, als Synonym für ein psychisches System, ist bei Luhmann nicht im Sinne eines Verständnisses gemeint, wie es beispielsweise in der Wahrnehmungspsychologie vorliegt. Der Musikpsychologe Herbert Bruhn weist darauf hin, dass Wahrnehmungsprozesse auf verschiedenen Ebenen stattfinden, die nicht alle bewusstseinsfähig sind:

> Auf einer primären Verarbeitungsebene (1.) sind Prozesse nicht bewußtseinsfähig. Auf der nächsthöheren Ebene (2.) ist die Verarbeitung dem Bewußtsein zugänglich (bewußtseinsfähig), aber nicht bewußtseinspflichtig. Auf der obersten Ebene (3.) sind alle Verarbeitungsprozeduren bewußtseinspflichtig.[33]

Auch wenn Wahrnehmungsprozesse auf den ersten beiden Ebenen ›ohne‹ Beteiligung des Bewusstseins stattfinden, bestehen hinsichtlich der vorliegenden Forschung keine Schwierigkeiten, da Wahrnehmungen, die in der Kommunikation berichtet werden, vorab immer auch ›bewusst erkannt‹ werden müssen. Die Beobachtung[34] einer Wahrnehmung innerhalb eines psychischen Systems, wie sie Luhmann voraussetzt, ist auf der von Bruhn genannten obersten Ebene anzusiedeln.

Systemtheoretisch gedacht sind Wahrnehmungen nicht Teil von Kommunikation. »Aber Berichte über Wahrnehmungen sind möglich und Wahrnehmungen können auf diese Weise, ohne je Kommunikation werden zu können, Kommunikation stimulieren und ihr die Wahl des einen oder anderen Themas nahelegen«.[35]

Der Begriff der Kommunikation grenzt sich bei Luhmann von üblichen kommunikationswissenschaftlichen Verständnissen ab. Kommunikation »kommt

[31] NASSEHI 1997, S. 137. Umweltvoraussetzung ist aber auch die Kopplung mit dem neurophysiologischen System des eigenen Körpers, da ohne neurophysiologische Operationen weder psychische noch soziale Systeme operieren könnten. Vgl. LUHMANN 1985, S. 421.

[32] Vgl. LUHMANN 1995, S. 45.

[33] BRUHN 1995.

[34] »Von Beobachtung soll (im Anschluß an die Logik von Georg Spencer Brown) immer dann die Rede sein, wenn eine Operation eine Unterscheidung verwendet, um innerhalb dieser Unterscheidung die eine oder die andere Seite bezeichnen zu können. Beobachten ist mithin die Operation des Bezeichnens-anhand-einer-Unterscheidung« (LUHMANN 1985, S. 407).

[35] LUHMANN 1995, S. 45.

zustande durch eine Synthese von drei verschiedenen Selektionen – nämlich Selektion einer Information, Selektion der Mitteilung der Information und selektives Verstehen oder Mißverstehen dieser Mitteilung und ihrer Information.«[36] ›Verstehen‹ ist bei Luhmann weder psychologisch, noch umgangssprachlich als ›richtiges‹ oder ›falsches‹ Verstehen gemeint, sondern bedeutet die Unterscheidung einer Information von ihrer Mitteilung. Erst durch diese verstandene Differenz wird aus der »bloße[n] Wahrnehmung des Verhaltens anderer«[37] Kommunikation. Wenn beispielsweise ein Mann einer Frau zuzwinkert, diese aber denkt, er habe etwas im Auge, so ist nach Luhmann keine Kommunikation zustande gekommen. Denn die Frau schreibt dem Mann keine Intention für eine Mitteilung zu und beobachtet somit nur eine Information (zwinkern). Kneift hingegen der Mann sein Auge zusammen, um einem juckenden Reiz nachzugeben, die Frau denkt aber, er zwinkere ihr zu, ist Kommunikation zustande gekommen. In diesem Fall versteht die Frau einen Unterschied zwischen der Information (zwinkern) und der Intention der Mitteilung (Kontaktaufnahme). Ob daran weitere Kommunikation anschließt, ist eine andere Frage. Sollte der Mann tatsächlich flirten, die Frau dieses auch als solches wahrnehmen, ist natürlich auch Kommunikation zustande gekommen. Luhmann verabschiedet sich damit von traditionellen Kommunikationsmodellen, bei denen der Sender dem Empfänger eine Mitteilung übergibt, denn erst das Verstehen entscheidet darüber, ob Kommunikation überhaupt zustande kommt oder nicht.

Durch das Medium der Sprache werden Bewusstsein und Kommunikation zwar gekoppelt, doch »die Dynamik der eigenen Gedanken« entspricht niemals »der Dynamik des kommunikativen Geschehens«.[38] Das Bewusstsein produziert ein Vieles mehr, als in Worte zu fassen ist: imaginative Bilder, fortlaufende Wahrnehmungen, abschweifende Gedanken – selbst während einer Rede. Oft hinkt die Sprache der Komplexität der Gedanken hinterher. Doch auch die Kommunikation schafft eine eigene Komplexität, wenn z. B. in der Kommunikation Sinn entsteht, der so vorher noch nicht gedacht war.[39] Ein Gespräch kann folg-

[36] Ebd., S. 111. Vgl. auch LUHMANN 1984, S. 195. Allerdings fasst Luhmann auch eine Art der Selbst- und Fremdbeobachtung unter dem Begriff ›Verstehen‹. Nassehi unterscheidet deshalb den Verstehensbegriff in operatives und beobachtendes Verstehen (vgl. dazu NASSEHI 1997, S. 137–144).

[37] LUHMANN 1995, S. 111.

[38] NASSEHI 1997, S. 138.

[39] In Worten Luhmanns: »Psychische Systeme, die an Kommunikation teilnehmen, prozessieren in sich selbst denn auch sehr viel mehr Information, als sie in die Kommunikation eingeben. Und umgekehrt gibt der Gebrauch von sprachlich fixiertem Sinn der Kommuni-

lich kaum von einem Einzelnen vollends gesteuert oder auf ihn zurückgerechnet werden, denn »jede Reduktion kommunizierter Sachverhalte auf die Intentionalität des Sprechers würde behaupten, Kommunikationen seinen bewußt geplante, willentlich produzierte und dem Sprecher vollständig transparente und von ihm hervorgebrachte Prozesse.«[40]

Dass Kommunikation somit als ein autopoietischer Prozess bezeichnet werden kann,[41] hat entscheidende Auswirkungen auf die Auswertung von Interviews, denn in Gesprächssituationen können im Allgemeinen nur direkte Äußerungen beobachtet werden. Bestätigende Gesten oder nur gedachte (und somit nicht sichtbare) Zustimmungen lassen sich kaum oder gar nicht erfassen. Gedanken können daher nicht Gegenstand einer Untersuchung sein. Niemals wird eine Auswertung, die von einem systemtheoretischen Kommunikationsbegriff ausgeht, Daten so verstehen wollen, dass es durch ihre Analyse möglich ist, einem Individuum ›gerecht‹ zu werden. Nun ließe sich fragen, was in der Interpretation des Interviews erfasst wird, wenn weder die psychischen Systeme der Sprechenden noch ganze Menschen durch den zugrundeliegenden Text abgebildet werden können. Auf die Problematik der Reduktion des Sprechenden auf seine Äußerungen reagiert Luhmann mit dem Konstrukt der ›Person‹. Personen bezeichnen die Einheiten, die in der Kommunikation in Bezug auf psychische Systeme konstruiert werden, und sind somit »Adressen, Zurechnungspunkte, oft auch Erklärungen für Merkwürdigkeiten im Verlauf von Kommunikation«.[42] Da ein Interviewtext nichts anderes darstellt als eine ›verschriftlichte Kommunikation‹,[43] kann man durch den Text die Sprecherin oder den Sprecher auch nur als eine Person, d. h. als Zurechnungspunkt erfahren. An dieser kann man individuelle Ansichten, Erwartungen und diese oder jene Eigenschaften beobachten, doch vorausgehende Erlebnisse oder Erfahrungen sowie die darüber stattfindende ge-

kation immense Überschüsse an semantischen Selektionsmöglichkeiten, die zu Informationen verarbeitet werden können, die psychisch erst erlebbar werden in dem Moment, in dem dies geschieht.« (Luhmann 1992, S. 27). Vgl. auch Luhmann 1995, S. 119.

40 Nassehi 1997, S. 146. Vgl. auch ebd., S. 138. Der Umstand der eigenen Komplexität der Kommunikation wird häufig in der ›gängigen‹ empirischen qualitativen Forschung dahingehend verkürzt, als dass nicht nur die Antwort des Interviewten, sondern gleichwohl die Frage des Interviewenden in die Auswertung einbezogen werden soll.

41 Vgl. Luhmann 1984, S. 198, oder auch Luhmann 1995, S. 116.

42 Luhmann/Lenzen 2002, S. 30. Vgl. auch Luhmann 1992, S. 33 oder Luhmann 1984, S. 155.

43 Natürlich sei hier darauf hingewiesen, dass die Transkripte selbst eine Interpretation darstellen, und somit sind transkribierte Interviews »Texte über andere Texte, die kommunikativ erzeugt wurden und die vieldeutig sind« (Reh 2001, S. 42).

genwärtige Reflexion eines psychischen Systems sind nicht beobachtbar. Insofern stellt sich die Modellierung von diesbezüglichen Zusammenhängen schwierig dar, denn allein der Text und die sich darin konstituierende Person stehen einer Interpretation zur Verfügung.[44]

Für Leser des Textes konstituiert sich jedoch nicht nur *eine* Person. Je nachdem mit welchen Forschungsfragen der Text gelesen wird, ergeben sich andere Personen,[45] die nicht notwendigerweise so, aber eben auch nicht aus Zufall so konstituiert sind. Dass etwas auch anders möglich sein kann, bezeichnet Luhmann mit dem Begriff ›Kontingenz‹.[46] Beispielsweise sind immer mehrere Antworten auf Interviewfragen (und auch sonst) möglich. Welche Antwortmöglichkeit jeweils gewählt wird, ist für den Verlauf des Interviews und die Interpretation durchaus folgenreich. Ob die oder der Interviewte sich bewusst für eine Möglichkeit entscheidet oder aus der Menge kontingenter Antworten unbewusst eine auswählt, bleibt dem Gegenüber verschlossen – er kann höchstens Vermutungen darüber anstellen. Selbst wenn der Interviewende eine Entscheidung kommunikativ hinterfragt, entsteht erneut eine bewusst oder unbewusst zu vollziehende Wahl zwischen mehreren Antwortmöglichkeiten. Festzuhalten bleibt: »Der Umgang mit Kontingenz steht am Anfang aller Unterscheidungen, die die Interviewpartner einführen.«[47]

Wird versucht – z. B. durch Einführung methodologischer Regeln bei der Interpretation des Datenmaterials – Kontingenz zu reduzieren, bedeutet dies eine erhebliche Einschränkung von Möglichkeiten der Deutung bzw. auf das, was anders möglich gedacht werden kann. Eine solch regelgeleitete Invisibilisierung von Kontingenz wäre dann als Suche »nach einer beobachterunabhängigen Realität«[48] zu verstehen. Auf die gegenseitige Abhängigkeit von Beobachter und Beobachterposition einerseits sowie auf die Kontingenz selbst im Falle von Selbstidentifikationen andererseits wird in der qualitativen Biographieforschung insbesondere mit den dort diskutierten Begriffen ›Lebenslauf‹ und ›Biographie‹ und der damit verbundenen Homologieunterstellung zwischen Erlebtem und

44 »Wird der *Text* aufgrund der selbstreferentiellen Dynamik sozialer Kommunikation als das ausschließliche *Subjekt seiner selbst* behandelt, kann in diesem Sinne nicht mehr von *Menschen als den Subjekten der Kommunikation* gesprochen werden« (Nassehi 1997a, S. 59, Herv. i. O.).

45 Nassehi 1995, S. 357.

46 Luhmann 1984, S. 47.

47 Nassehi/Saake 2002, S. 83.

48 Ebd., S. 68.

Erzähltem verwiesen.[49] Armin Nassehi macht darauf aufmerksam, dass vergangene Ereignisse und biographische Selbstbeschreibungen interpretativ sowie situationsabhängig ausgewählt und »in der jeweiligen Reflexionsgegenwart zu einem biographischen Text, zu einer *Realität eigener Art* verdichtet«[50] werden. Auch das Nachdenken über die eigene Vergangenheit bedeutet Selektionen zu vollziehen, da niemand sich aller vergangenen, einstmals bewusst oder unbewusst wahrgenommenen Ereignisse und Erfahrungen erinnern kann. Interessant daran ist der Gedanke der mehrfachen Selektion, die sowohl im psychischen als auch im sozialen System Komplexität reduziert. Die Biographie entspricht also nicht dem Lebenslauf, sondern beobachtet diesen, und das immer wieder anders.

> Die Biografie schließlich resultiert aus der Beobachtung des Lebenslaufs als Insgesamt von Ereignissen bzw. als Ablaufmuster. Entscheidend ist, dass die erkenntnistheoretische Differenz zwischen Lebenslauf und Biografie niemals einzubeziehen ist. [...] Wenn also jemand behauptet, er erzähle sein Leben, wie es wirklich war, kann er trotz einer solchen Beteuerung nicht aus der gegenwärtigen Position eines Beobachters heraustreten, der nur das sieht, was er gerade sieht.[51]

Aus dem Vorangegangenen dürfte deutlich geworden sein, dass biographische Erzählungen kontingent sind. Daraus resultiert für die vorliegende Arbeit die Frage, inwieweit Interviews, in denen jemand sich selbst beobachtet – sei es hinsichtlich vergangener Handlungen oder Ereignisse, sei es hinsichtlich individueller Ansichten – als biographisch verortet werden können. In einem weit gefassten Verständnis können *alle* Texte biographisch genannt werden, »die den einzelnen als Beobachter seiner selbst positionieren, egal ob er erzählt, argumentiert oder gar – der Biographieforschung am verdächtigsten – reflektiert.«[52] Eine Differenzierung bezüglich verschiedener qualitativer Interviewarten, wie beispielsweise von biographischen, narrativen oder problemzentrierten Inter-

[49] Hahn 1988, S. 91–105; Nassehi 1995, insb. S. 10–69; Nassehi 1996, S. 167–186; Reh 2001, S. 29–49; Wohlrab-Sahr 1999, S. 483–494. Auch Anne Niessen weist auf Ergebnisse der Biographieforschung (vgl. Niessen 2006, S. 81) und den Diskurs um die Homologieunterstellung (vgl. ebd., S. 160) hin. Die Begriffe Lebenslauf und Biographie werden in den Erziehungswissenschaften anders verwendet: Biographie ist hier (zumeist) der erzählte Lebenslauf und stellt das individuelle und das subjektive in den Mittelpunkt, wohingegen der Lebenslauf quantifizierend Daten erfasst und versucht, möglichst objektiv zu erscheinen. Vgl. dazu Kade 2005.

[50] Nassehi 1995, S. 34 (Herv. i. O.).

[51] Nassehi 2000, S. 104.

[52] Nassehi/Saake 2002, S. 73.

views, scheint vor diesem Hintergrund nur noch auf die Methoden der Erhebung sowie der Auswertung abzuzielen.

In der wissenschaftlichen Beobachtung von Interviews werden Selbstbeobachtungen des Einzelnen thematisiert, um eine irgendwie geartete Begründung für mögliche Zusammenhänge zu erhalten. Die Frage nach Beweggründen, ist umgangssprachlich oft die Frage nach dem ›Warum‹ bzw. nach dem Motiv. Der Motivbegriff wird in wissenschaftlichen Disziplinen unterschiedlich verwendet und Luhmann kritisiert, dass ein Motiv häufig als kausale Erklärung, als »rein interne Wirkursache«[53] für ein Verhalten beschrieben wird. Eine Gemeinsamkeit verschiedener soziologischer Ansätze ist allerdings, dass ein Motiv als Kommunikationsbeitrag gesehen wird. Dieser verweist auf individuelle Handlungsbeschreibungen und versucht, Handlungen verstehbar darzustellen.

> Handlungen werden durch Zurechnungsprozesse konstituiert. Sie kommen dadurch zustande, daß Selektionen, aus welchen Gründen, in welchen Kontexten und mit Hilfe welcher Semantiken (›Absicht‹, ›Motiv‹, ›Interesse‹) immer, auf Systeme zugerechnet werden. Daß dieser Handlungsbegriff keine ausreichende Kausalerklärung des Handelns vermittelt, schon weil er Psychisches außer Acht läßt, liegt auf der Hand.[54]

Für Luhmann geschieht das kommunikative In-Beziehung-Setzen von Motiven und Handlungen der eigenen Person immer nur retrospektiv zu der Handlung. Motive sind, im Sinne Luhmanns, selbsterzeugte Konstruktionen des Befragten, in denen dieser Zusammenhänge beobachtet, die es vorher nicht gab.

> Wenn man davon auszugehen hat, daß psychische Systeme selbstreferentielle, operativ geschlossene, eigendynamische Systeme sind, die sich ständig mit selbsterzeugter Ungewissheit beschäftigen, wird es sinnlos, in diesen Systemen nach ausschlaggebenden Ursachen des Verhaltens zu suchen. Die Angabe von Motiven wird dann zu einer hochselektiven Form der Selbstbeschreibung und setzt immer nur retrospektiv ein: Erst wenn man gehandelt hat, kann man sagen warum. [...] Ein Motiv ist danach nicht eine Ursache, sondern ein vorzeigbarer Grund des Handelns. Motive werden in der Kommunikation für die Kommunikation erzeugt.[55]

In dieser Forschungsarbeit werden Gründe und Zusammenhänge für ein bestimmtes Handeln kommunikativ erhoben und anschließend selektiv in den Blick genommen. Thematisch interessante Textstellen lassen sich somit unter Luhmanns Motiv-Begriff fassen: Was die Befragten in der Interviewsituation

[53] Luhmann/Lenzen 2002, S. 36.

[54] Luhmann 1984, S. 228.

[55] Luhmann/Lenzen 2002, S. 36f.

antworten, sind Zusammenhangsbeobachtungen, die auch anders hätten ausfallen können. Fragt man jemanden beispielsweise, warum er gerade etwas getrunken hat, so ist eine Antwort, die den Durst thematisiert, naheliegend und meist vom Fragenden akzeptiert. Doch auch Langeweile, Frust, eine Übersprungshandlung oder Lust auf Geschmack im Mund könnten die Ursache für den Griff zum Glas gewesen sein. Vielleicht weiß der Gefragte gar nicht, warum er gerade getrunken hat und muss sich nun einen Grund überlegen, um diese lapidare Frage zu beantworten. Vielleicht gab es auch mehrere Ursachen, Zusammenhänge, die viel zu komplex wären, um sie einem Gegenüber zu erzählen. Es ist nicht festzustellen, ob das, was die Befragten sagen, *tatsächlich* die Ursache für ihr Handeln war. Ob sie eine von vielen Antwortmöglichkeiten bewusst oder unbewusst auswählen, ob sie noch viel mehr gedacht haben, als letztendlich erzählt, bleibt immer ungewiss. Die Gründe, die jemand angibt, bleiben ausnahmslos für die Kommunikation erzeugt und sind im Sinne Luhmanns Motive. Im Folgenden wird der Begriff Motiv nur mehr in dieser Bedeutung verwendet.

Sowohl mit Nassehi, der alle auf Selbstbeobachtung basierenden Texte als biographisch auffasst, als auch mit Luhmann, der Motivangaben allein der Kommunikation zurechnet, kann man sagen: Zusammenhangsannahmen zwischen einzelnen biographischen Ereignissen einerseits sowie Verknüpfungen dieser mit Begründungen hinsichtlich der eigenen Beobachtung andererseits werden ausnahmslos retrospektiv gestiftet und sind damit kontingent. »Die selektive Vergegenwärtigung stiftet Zusammenhänge, die es so vorher gar nicht geben konnte.«[56] Das Beobachten und Deuten dieser Begründungen sollte jedoch nicht einer »vordergründigen Inhaltsebene der Texte auf den Leim gehen.«[57] Die Notwendigkeit bei der Interpretation eines Textes, der die Person der Autorin bzw. des Autors ›als Beobachter seiner selbst positioniert‹, besteht darin, diese Selektivität zu beobachten sowie die Retrospektivität und Kontingenz der Zusammenhangsannahmen zu reflektieren. Genauso wie die Selektivität dieser interpretierenden Beobachtung wiederum beobachtbar ist: Interpretation ist nichts anderes, als die »Auswahl einer Bedeutung aus einer Vielfalt von Bedeutungsmöglichkeiten.«[58]

[56] Hahn 1988, S. 94.

[57] Nassehi 1995, S. 352. Nassehi ›löst‹ das Problem, indem er danach sucht, wie selektive Thematisierungen in Text dargestellt werden. Nassehi/Saake 2002, S. 81f. wie auch Nassehi 1997, S. 159f.

[58] Gumbrecht 1995, S. 173. Sehr ähnlich Niessen 2006, S. 87.

Gesellschaftstheoretische Annahmen

Die moderne Gesellschaft kann, Luhmann zufolge, durch funktionale Differenzierung charakterisiert werden.[59] Demnach wäre von verschiedenen Funktionssystemen (Subsystemen) auszugehen, die sich je über eine spezifische Leitunterscheidung voneinander abgrenzen. Diese Leitunterscheidungen benennt Luhmann als Codes, welche durch ihre strenge Zweiwertigkeit gekennzeichnet sind und somit einen dritten Wert ausschließen. Beispielsweise sind für die Wissenschaft der Code ›wahr/unwahr‹, für die Wirtschaft ›zahlen/nicht-zahlen‹, für die Politik ›Macht/ keine Macht‹ und für das Erziehungssystem ›vermittelbar/nicht-vermittelbar‹ zu nennen. Anders gesagt: Jedes dieser Subsysteme beobachtet die Gesellschaft bzw. gesellschaftliche Vorgänge aus einer anderen Perspektive: Ein Gemälde kann von einem Kunstkritiker als schön bezeichnet werden,[60] während die Versicherung ausschließlich über die Prämie diskutiert. Die hinzugezogene Historikerin erforscht die Echtheit des Bildes, die Museumsleitung erhofft sich politisch denkend von einem Original mehr Einfluss in der Szene und der Museumsführer versucht einer Schulklasse den Entstehungskontext zu vermitteln. Dies wären den oben genannten Funktionssystemen zugehörige Kommunikationen.

Da beide Werte des Codes, der Positiv- wie der Negativwert, die Umwelt des Systems nach Anschlusskommunikationen absuchen, kann ein soziales System durch die Leitunterscheidung feststellen, welche Kommunikationen zu seiner Reproduktion beitragen. Weder sind beispielsweise ästhetische Schönheit, wirtschaftliche Zahlungen, noch politische Macht für das Erziehungssystem[61] entscheidend, in

59 Vgl. hierzu LUHMANN 1984. Vor der funktionalen Ausdifferenzierung der Gesellschaft gab es segmentäre Differenzierung (Stammesgesellschaften) und stratifikatorische Differenzierung (Feudalgesellschaften).

60 Wobei die von Luhmann angenommene Leitunterscheidung des Kunstsystems ›schön/nichtschön‹ bzw. ›schön/häßlich‹ durchaus bereits von ihm selbst in Frage gestellt worden ist: Einerseits »wurde der Begriff der Schönheit als doppelsinnig angewandt: als Gegensatz zum Häßlichen und als Gesamturteil über das Verhältnis von schön und häßlich; oder auf figurativer Ebene und auf der Ebene der Einheit des Kunstwerks« (LUHMANN 1997, S. 309). Andererseits muss es eine binäre Codierung auch innerhalb des Kunstsystems geben, die sich an ›Prinzipien‹ orientiert: »Wäre alles akzeptabel und nichts unakzeptabel, wäre es nicht möglich, Kunst von Nichtkunst zu unterscheiden« (ebd., S. 307). Doch: »Noch immer gibt es keine überzeugende Alternative zu schön/häßlich. Diese Semantik darf aber nicht so verstanden werden, als ob es um ›schöne Gestalten‹, ›schöne Klänge‹ oder sonstige schöne Einzelformen gehe. Sie bringt, wenn man sie überhaupt beibehalten will, nichts anderes zum Ausdruck als ein zusammenfassendes Urteil über stimmig/unstimmig unter der Zusatzbedingung hoher Komplexität, also selbsterzeugter Schwierigkeiten« (ebd., S. 317). Siehe dazu auch LUHMANN 1981, S. 245–266.

61 LUHMANN/LENZEN 2002.

dem Sinne, als dass durch solche Kommunikationen das Erziehungssystem seine Einheit bestimmen kann: Nur Kommunikationen, die sich am Code ›vermittelbar/nicht-vermittelbar‹ orientieren, sind für die Pädagogik bedeutend. Für einen Lehrenden spielt die Schönheit, der Wert oder die Geltung eines Bildes – also Kommunikationen, die sich am Code ›schön/nicht-schön‹, ›zahlen/nicht-zahlen‹ und ›Macht/keine Macht‹ orientieren – nur mit der Unterscheidung ›vermittelbar/nicht-vermittelbar‹ hinsichtlich der Unterrichtsplanung eine Rolle.

Der Code des Erziehungssystems wird jedoch immer wieder in Frage gestellt. Auch Luhmann benannte anfängliche Schwierigkeiten, eine Leitunterscheidung zu finden:

> Dabei bereitet der Fall des Erziehungssystems besondere Schwierigkeiten, denn zumindest auf den ersten Blick ist nicht gleich zu sehen, wo hier der Code liegen könnte. Etwa gebildet/ungebildet? Oder gar: artig/unartig?[62]

Während er in den 1990er Jahren als Code die Unterscheidung ›besser/schlechter‹ bezeichnet, der insbesondere die Selektion innerhalb des Erziehungssystems ins Auge fasst,[63] schließt er sich ein Jahrzehnt später dem Vorschlag Jochen Kades an, von der Leitunterscheidung ›vermittelbar/nicht-vermittelbar‹ als zweiten Code des Erziehungssystems auszugehen, um nicht nur Überprüfungs-, sondern auch Vermittlungs- und Aneignungskommunikationen einzubeziehen.[64]

> Zu den wichtigsten Systemeffekten dieses ausgebauten Selektionswesens gehört die Möglichkeit einer Zweitcodierung des Gesamtsystems nach dem Schema besser/schlechter. Die Erziehung selbst läßt sich nur nach dem Code vermittelbar/nicht-vermittelbar bewerten und daraus ergibt sich kein Anhaltspunkt für die Beurteilung ihrer Erfolge. Die Primärcodierung wird daher ergänzt durch ein retrospektives Verfahren, das festzustellen sucht, ob die Vermittlung gelungen ist oder nicht.[65]

Bis heute wird über den Code des Erziehungssystems diskutiert, so schlägt z. B. Dirk Baecker die Leitunterscheidung »Wissen/Nichtwissen« vor,[66] oder Michael Urban stellt eine binäre Codierung des Erziehungssystems aufgrund der Problematik der Beobachtung und Thematisierung der strukturellen Kopplung von sozialen und psychischen Systemen generell in Frage.[67]

[62] Luhmann/Lenzen 2004, S. 27.

[63] Ebd., S. 27; 29.

[64] Vgl. Kade 1997, S. 30–70; Kade 2004, S. 213f. sowie Luhmann/Lenzen 2002, S. 7; 59.

[65] Ebd., S. 73.

[66] Baecker 2006, S. 26–66.

[67] Urban 2009.

Der Code allein stellt aber für ein soziales System noch keine Handlungsanweisung dar. Was ein System jeweils als positiven Codewert beobachtet, wird erst durch Programme bestimmt. Diese regulieren die Zuordnung der Codewerte. Im Erziehungssystem sind beispielsweise die Antworten auf das, was vermittelbar ist und was nicht, ständig am Oszillieren.[68] Verschiedene bildungstheoretische Konzeptionen, die als Programme des Erziehungssystems funktionieren, bieten hierzu Lösungen, doch finden Veränderungen statt, müssen neue Konzeptionen gefunden werden. Manche Lösungen sind zwar beständiger als andere und scheinen relativ stabil gegenüber Umwelteinflüssen, dennoch bieten auch sie keine tatsächlich dauerhafte Erfolgsgewissheit und sind insofern als ›Lösung‹ in Frage zu stellen.

Für Luhmann stellt sich hinsichtlich des Erziehungssystems die Frage, wie Erziehung möglich ist,[69] wenn unter Erziehung »üblicherweise die Änderung von Personen durch darauf spezialisierte Kommunikation«[70] verstanden wird. Dies wäre in einem systemtheoretischen Kontext insofern problematisch, als dass dann davon ausgegangen werden könnte, dass durch Kommunikation absichtsvoll psychische Veränderungen bewirkt werden könnten.

> Der Begriff bezeichnet, mit anderen Worten, einen Kausalnexus, der soziale Systeme (Kommunikation) und psychische Systeme (Bewußtsein) verknüpft, und zwar auf planmäßige, kontrollierte, wenngleich nicht immer erfolgreiche Weise verknüpft.[71]

Da, wie oben dargestellt, die Kommunikation das Bewusstsein nur irritieren kann, also keinen *direkten* Einfluss hat, und Bewusstsein ein selbstreferenzielles System ist, zielt die von Luhmann gestellte Frage nach der Möglichkeit von Erziehung auf einen zentralen Punkt. Ein Lehrender kann nicht wissen, ob das, was er gerade vermitteln will, auch genau so und genau durch die verwendete Methode bei den Lernenden ankommt.[72] Selbst wenn dies die Lehrkraft mittels eines Tests überprüfen will, ist unklar, ob der Lernende den Output bereits vorher wusste, ob andere Umwelteinflüsse als das methodische Zutun

[68] Wird hingegen der Code »besser/schlechter« für das Erziehungssystem angenommen, so lassen sich Codierung und Programmierung nicht klar voneinander unterscheiden, da sich »Erziehungsziele [...] nicht als Entscheidungsprogramme des Selektionscode begreifen« lassen (Sutter 1997).

[69] Luhmann/Schorr 1982, S. 12.

[70] Luhmann/Lenzen 2004, S. 159.

[71] Ebd.

[72] Eine Darstellung dieses Dilemmas aus neurowissenschaftlicher Sicht diskutiert Nicole Becker in ihrer Dissertation (Becker 2006, S. 25–80).

der Lehrkraft das Resultat bewirkten oder ob der Lernende es zufällig erraten hat.[73] Auch wenn mancher didaktische Kniff oder manches methodische Arrangement bestimmte Veränderungen der Lernenden besonders sicher zu bewirken scheinen, so bleiben diese letztlich doch kontingent und ungewiss. Luhmann spricht hier von dem Technologiedefizit der Pädagogik. Die an einer Unterrichtssituation beteiligten psychischen wie sozialen Systeme sind viel zu komplex, als dass man mithilfe von Strategien und Planungen Vorhersagen treffen könnte. Deshalb sind auch Unterrichtsplanungen, im geläufigen Sinne, verkürzende Zurechnungen, die niemals die gesamte Komplexität von Ursachen und Wirkungen abbilden können. Als eine Folge davon benennt Luhmann vereinfachende Linearität:

> Insofern kann man etwas überspitzt sagen: Kausalpläne sind immer ›falsch‹. Die eine Verkürzung läuft über Stoppregeln der Suche nach weiteren Ursachen bzw. weiteren Wirkungen. Einzelne oder einige wenige Faktoren werden als ›die‹ Ursache bzw. ›die‹ Wirkung ausgezeichnet, um die es in bestimmten Situationen geht. Das ermöglicht Zurechnungen und Zwecksetzungen. Eine andere wichtige Vereinfachung besteht in Linearisierungen. Zirkel und Wechselwirkungen bleiben unberücksichtigt bzw. werden aufgelöst. Solche Vereinfachungen sind nicht etwa nur Irrtümer, die man durch Aufklärung der wahren Sachlage beseitigen könnte.[74]

Andererseits helfen Kausalpläne, sich in sozialen oder gegenüber psychischen Systemen zu orientieren und reduzieren somit die Komplexität.[75]

In der Evolutionären Didaktik Annette Scheunpflugs wird deswegen Unterrichtsplanung als Als-Ob-Planung im Geiste verstanden, die »nichts über den tatsächlichen Unterrichtsverlauf«[76] aussagt. Sie gebe nur das vage Versprechen, »die potentiellen Handlungsmöglichkeiten der Lehrkraft« zu erweitern und »damit wahrscheinlicher zu einer stabilen Unterrichtssituation und zu einem attraktiveren Lehrangebot« beizutragen, »als keine Unterrichtsplanung es tun würde.«[77]

> Mit ›Plänen‹ wird nicht der Anspruch verbunden, dass sie durch die formulierten Erwartungen auch eintreffen. Pläne sind vielmehr durch kognitives Erwarten gekennzeichnet. Jedes Lehrarrangement beruht deshalb auf fiktiven Kausalannahmen […], die, wenn sie nicht funktionieren,

73 Vgl. dazu auch Dreeben 1980, S. 32. Dreeben benennt das Technologiedefizit hinsichtlich der Unterrichtssituation auch als »unverfügbare Vermittlungsperspektive«. Sehr ähnlich dazu auch Kaiser: »Bisher gibt es keinen Nachweis für eine kausale Verbindung wohldefinierter Lehrmaßnahmen mit wohldefinierten Lernresultaten.« (Kaiser 2003, S. 3).

74 Luhmann/Schorr 1982, S. 18f.

75 Ebd., S. 19.

76 Scheunpflug 1999, S. 181.

77 Ebd.

> also nicht zu den gewünschten Lernerfolgen führen, ausgewechselt werden können. Es kann dann zu anderen Arrangements übergegangen werden.[78]

Eine andere Variante versucht eine eher abstrakte, eher formale Planung vorzunehmen, die durch ihren weiten Blickwinkel viel Komplexität zulassen kann. Die Erwartung des ›Nicht-Funktionierens‹ von einzelnen Lehr-/Lernannahmen wird bereits in die Planung eingebaut. Anders als ein Ersinnen von verschiedenen Alternativen, *falls* die Planung nicht funktioniert, ist ein Nicht-Funktionieren einzelner Planungsanteile sozusagen schon geplant. Ein der Unterrichtsplanung entsprechender, funktionierender Unterricht kommt genau dann zustande, wenn ein Changieren mit unterschiedlichen Lehrarrangements stattfindet. Interessanterweise wird dieser Weg in den Interviewtexten thematisiert.

Gleich ob Unterrichtsplanung als ›Als-Ob-Planung im Geiste‹ oder als funktionierende Erwartungsreaktion eines Nicht-Funktionierens verstanden wird, in beiden Fällen wird pragmatisch mit den Kausalannahmen umgegangen:

> Es wird den Prozessen der Unterrichtsplanung nicht mehr unterstellt, über sie könne der Unterricht determiniert werden. Damit würde der Planungsprozess selbst und die Erwartungen der Lehrkraft hoffnungslos überlastet. Es wird auf der anderen Seite aber auch nicht davon ausgegangen, Unterricht sei zufällig und abhängig von der Subjektivität der in ihm versammelten Personen.[79]

Diese Einstellung hat auch Auswirkungen auf Annahmen hinsichtlich des Technologiedefizits der Pädagogik, denn die Lehrenden stehen mit ihren Planungsabsichten und -erwartungen vor einer Lerngruppe, deren Einstellung, Verständnis oder Auffassung bezüglich des Unterrichtsgegenstandes sie nicht unmittelbar erfassen können. Im Grunde sitzen der Lehrkraft viele ›black boxes‹[80] gegenüber,

[78] Ebd. »Eine Unterrichtsplanung wird damit immer als kontingent beschrieben, aber nicht beliebig oder nicht notwendig. Alle Anregungen zur Unterrichtsplanung sind selbst kontingent und könnten letztlich auch andere sein. Sie *treffen auf ein selbstreferentielles psychisches System Unterricht planender Personen* – also Lehrkräfte – und wirken damit wiederum nur indirekt auf die konkrete Unterrichtsplanung ein. Gleichwohl begrenzen sie die Möglichkeiten von Unterrichtsplanung und schaffen durch ihre Begriffe Reflexionsperspektiven.« (Ebd., S. 182; Herv. i. O.).

[79] Ebd.

[80] »Es liegt nahe zu sagen, bestimmte Systeme seien so komplex, daß man ihre Kausalabläufe nicht beobachten, nicht durchschauen, nicht einmal simulieren könne, und daß daher ihr Verhalten, obwohl determiniert, nicht vorauszusagen sei. […] Aber was geschieht wenn es mehrere, wenn es viele solcher sehr komplexen Systeme gibt, die einander nicht durchschauen können und trotzdem miteinander interagieren müssen? Dann müssen die Systeme sich wechselseitig als ›black box‹ behandeln, weil sie sich nicht durchschauen können; dann müssen sie einander wechselseitig Indeterminiertheit, spontane Reaktionsfähigkeit,

deren Zuwendung und Anteilnahme am Unterrichtsgeschehen und -gegenstand es zu erzeugen gilt.

Einerseits wird Schule die Aufgabe zugeschrieben, bestimmte Inhalte und Werte zu vermitteln, andererseits ist ungeklärt, wie es funktionieren soll. Das Technologieproblem der Pädagogik wird, solange man Lernende nicht als triviale Maschinen auffasst, nicht zu lösen sein. Die Grundprobleme »erhalten nur eine bestimmte Form und werden in dieser Form als Verhaltenslast dem Handelnden auferlegt.«[81] Genau hier finden Lehrende sich in einem Dilemma wieder: Der Unterricht soll ›funktionieren‹, also Inhalte und Werte sollen am besten zweifelsfrei vermittelt werden. Doch der Lehrende kämpft mit Ungewissheit und vielen anderen Störungen, wie beispielsweise Disziplin oder Motivation der Klasse. Das könnte zur Folge haben, dass nach Auswegen gesucht und z. B. probiert wird, über Vermutungen hinsichtlich der Vermittlungsperspektive, über Sanktionen aufgrund von disziplinarischen Störungen oder über methodische Tricks zum motivationalen Potential diese Probleme zu lösen.

Bisher wurde versucht darzulegen, unter welchen theoretischen Prämissen diese Forschung steht. In dem folgenden Abschnitt wird gezeigt, wie mithilfe der funktionalen Analyse diese Annahmen bei der Auswertung von Interviews eingehalten werden können und welche genauen Blickpunkte auf die Interviewtexte geworfen werden.

Funktionale Methode

Die funktionale Analyse ist nicht allein eine Methode der Luhmannschen Systemtheorie, sondern aus einer konstruktivistischen Epistemologie gewachsen und keiner bestimmten Theorie verpflichtet. Allerdings ist die Verbindung mit der Systemtheorie auch nicht zufällig, wie eine historische Perspektive zeigen kann.[82]

Den Begriff der funktionalen Analyse[83] prägte Bronislaw Malinowski, dessen Problem soziologischer Forschung darin bestand, »divergente soziale Phänomene

ja Freiheit unterstellen, weil sie sich anders wechselseitig nicht behandeln können« (LUHMANN 1982, S. 44).

[81] LUHMANN 1970b, S. 51.

[82] JOHN 2010 wie auch JOAS/KNÖBL 2004, S. 351–392.

[83] Die Begriffe ›Funktionale Methode‹ und ›Funktionale Analyse‹ werden in dieser Arbeit als synonym zueinander verwendet.

wie Handlungsmuster, Artefakte, Einrichtungen und Institutionen als Ausdruck menschlicher Kultur zu analysieren.«[84] Trotz formaler Beschreibungen blieben die Phänomene fremd und konnten nicht erklärt werden.[85] Erst dadurch, dass sie als vertraut behandelt wurden, und angenommen wurde, dass sie einen auch heute noch nachvollziehbaren, gesellschaftlichen Zweck erfüllten, konnte eine sinnvolle, soziologische Erklärung gegeben werden.[86] »Alle Kulturphänomene sind nach Malinowski darum als verschiedene Lösungen bestimmter Probleme zu verstehen, die sich als Zwecke gegenseitig bedingen.«[87] In diesem Sinne sind das archaische Menschenopfer wie auch das Aufstellen des Maibaumes kulturelle Riten, die es ermöglichen, mit Angst vor göttlichem Zorn oder unfruchtbaren Ackerboden umgehen zu können.

Luhmann griff die funktionale Analyse von Malinowski auf und hat gezeigt, dass über die Funktionale Methode auch ganz andere Lösungsmöglichkeiten in den Blick genommen werden können.

> Wenn Malinowski feststellt, die Funktion des Ritus sei es, die Anpassung an emotional schwierige Lagen zu erleichtern, so ist damit implizit die Frage aufgeworfen, welche anderen Lösungsmöglichkeiten es für dieses Problem gibt.[88]

Luhmann nennt ideologische Erklärungssysteme oder private Reaktionen wie Jammer, Humor oder Fingernägelkauen als Beispiele, um emotional schwierige Situationen zu bewältigen.[89] Sind Menschenopfer und das Kauen von Fingernägeln zunächst grundverschiedene Phänomene, so können sie unter diesem abstrakten Gesichtspunkt als funktionale Äquivalente behandelt werden.

Auch in dieser Arbeit werden Phänomene miteinander in Beziehung gesetzt, die nicht unbedingt offensichtlich vergleichsfähig erscheinen. Nicht nur andere musikalische Praxen wie Chorarbeit, auditive Wahrnehmungserziehung oder musiktheoretisches Analysieren werden als Alternativen zu Percussion in den Blick genommen, sondern auch Joggen im Schulhof, Bestechung, Cognitiv Tools, rhythmische Sportgymnastik oder das Nichtvorbereiten von Unterricht.

[84] JOHN 2010, S. 31.

[85] Ebd.

[86] Ebd.

[87] Ebd.

[88] LUHMANN 1970a, S. 17.

[89] Ebd.

Mit der funktionalen Methode[90] sind folglich Erkenntnisse durch den Vergleich einer Handlung mit anderen Möglichkeiten des Handelns zu gewinnen. Dies geschieht mithilfe eines Vergleichsgesichtspunkts, der der Ausgangshandlung unter einer bestimmten Perspektive funktionale Äquivalenzen, also andere Möglichkeiten des Handelns, zur Seite stellt:

> Die Funktion ist keine zu bewirkende Wirkung, sondern ein regulatives Sinnschema, das einen Vergleichsbereich äquivalenter Leistungen organisiert. Sie bezeichnet einen speziellen Standpunkt, von dem aus verschiedene Möglichkeiten in einem einheitlichen Aspekt erfaßt werden können. In diesem Blickwinkel erscheinen die einzelnen Leistungen dann als gleichwertig, gegeneinander austauschbar, fungibel, während sie als konkrete Vorgänge unvergleichbar verschieden sind.[91]

Je abstrakter der Bezugspunkt dabei gewählt wird, umso »äußerlich ganz unterschiedlich anmutende soziale Tatbestände«[92] können miteinander verglichen werden. Dabei verzichtet die funktionale Methode auf Kausalaussagen im Sinne von eindeutigen Ursache-Wirkungszusammenhängen, die, so Luhmann, ohnehin in der Komplexität von System und Umwelt nicht auszumachen sind. Luhmann wendet sich damit von kausalwissenschaftlichen Forschungskonzepten ab,[93] die lineare Ursache-Wirkungszusammenhänge untersuchen.

> Dem klassischen Forschungskonzept der Kausalität entsprach eine Theorie streng determinierter Systeme, die vollkommen isoliert existieren bzw. auf spezifische Umweltanstöße jeweils nur auf eine einzige und deshalb vorhersehbare Weise reagieren.[94]

90 Niklas Luhmann erläutert in den zwei Aufsätzen »Funktion und Kausalität« und »Funktionale Methode und Systemtheorie« die funktionale Methode und stellt ihr Potential hinsichtlich wissenschaftlicher Beobachtung dar. Aufgrund der Trennung von Theorie- und Methodenprogrammen sowie der Abgrenzung zur Kausalwissenschaft bettet er die funktionale Methode in die Systemtheorie ein. Auch in späteren Schriften, wie beispielsweise »Soziale Systeme« und »Die Wissenschaft der Gesellschaft«, beschreibt Luhmann immer wieder die funktionale Methode. Die Begriffe der ›funktionalen Methode‹ und der ›funktionalen Analyse‹ sind auch bei Luhmann synonym.

91 Ebd.

92 Luhmann 1970b, S. 44.

93 »Die Kritik des kausalwissenschaftlichen Funktionalismus ist nicht gleichzusetzen mit einer Kritik der Kausalität als Erkenntniskategorie. Sie hat nicht deren Beseitigung zum Ziel. Und es geht auch nicht darum, einen Gegensatz zwischen funktionalistischer und kausaler Forschung aufzuzeigen. Das liefe leicht auf eine Erneuerung der alten Unterscheidung von teleologischer und mechanischer Kausalität hinaus. Die Kritik zielt vielmehr auf eine Umkehr des Fundierungsverhältnisses von kausaler und funktionaler Beziehung ab: Die Funktion ist nicht eine Sonderart der Kausalbeziehung, sondern die Kausalbeziehung ist ein Anwendungsfall funktionaler Ordnung« (Luhmann 1970a, S. 20).

94 Luhmann 1970b, S. 55.

Eine solche Forschung wolle nach Luhmann andere Möglichkeiten eher ausschließen.[95] Ein systemtheoretisch orientierter Blick verabschiedet sich jedoch von solch eindeutigen Erklärungsmustern. Die Herangehensweise der funktionalen Methode versucht nicht das Phänomen zu erklären oder dessen Vorhandensein zu rechtfertigen, denn dass ein Phänomen eine bestimmte Lösung für etwas ist, sagt noch nichts darüber aus, warum es entstanden ist. Während bei kausalwissenschaftlichen Untersuchungen versucht wird »in Form eines Gesetzes eine Ursache und eine Wirkung zugleich konstant zu halten«,[96] um damit alle Unbestimmtheit auszuschließen, begnügt sich die funktionale Methode mit nur *einer* invarianten Seite, so dass ein Variantenreichtum auf der anderen Seite entstehen kann. Die Konstante ist hier der Vergleichsgesichtspunkt, der, wenn man ihn ändert, ganz andere Möglichkeiten ins Blickfeld rückt,[97] und somit als Variationsbedingung gesehen werden kann. Die funktionale Methode öffnet somit über einen Raum an Vergleichbarem die Sicht auf andere Alternativen, die über einen Vergleichsgesichtspunkt eine wissenschaftliche Beobachtung gestatten.

> Eine logische Gleichung besteht [zwar] zwischen der Formulierung eines Bezugsgesichtspunktes und der Klasse aller äquivalenten Ausführmöglichkeiten. Diese Gleichung ist ein analytisch-heuristisches Prinzip. Welche Einsatzwerte zu einer solchen funktionalen Klasse oder Variable gehören, ist dagegen Sache empirischer Erkenntnis und ergibt sich keineswegs schon aus der Formulierung des Bezugsgesichtspunktes.[98]

Da je nachdem, welcher Vergleichsgesichtspunkt gewählt wird, das Spektrum der Alternativen anders ausfällt, ist die Wahl des Vergleichsgesichtspunkts entscheidend. Percussion ist unter dem Gesichtspunkt der Anknüpfungen zu lehrplanrelevanten Themen, der Umweltbelastung oder der sportlichen Aktivität vergleichbar, ohne dass »die Wahrheit des Vergleichsresultates durch die Wahl

95 Dass auch innerhalb der funktionalistischen Methode, so wie sie in der ersten Hälfte des 20. Jahrhunderts aufkam, noch Funktionen über Kausalbegriffe definiert wurden, beschreibt Luhmann in seinem Aufsatz »Funktion und Kausalität« (LUHMANN 1970a).

96 Ebd., S. 21. »Gewiß mußte auch die ontologisch konzipierte Ideenlehre Allgemeinbegriffe durch Unbestimmtheiten erkaufen. Aber sie suchte alle Unbestimmtheit aus dem Wesen der Idee selbst auszuschließen, um die Ideen in ihrem absoluten Sein unter Ausschluß anderer Möglichkeiten zu sichern. Sie abstrahierte die konkrete Welt auf konstante Züge hin – und nicht auf Variationsregeln.«

97 Wenn weder im Bereich der Wirkungen noch im Bereich der Ursachen andere Möglichkeiten bestehen und somit die Komplexität auf ein Mindestmaß reduziert wird, sieht Luhmann dies als Sonderfall der funktionalen Analyse an (ebd., S. 22).

98 Ebd., S. 19.

des Vergleichsgesichtspunktes beeinflußt würde.«[99] Dieser möglichen Kritik aus der Kausalwissenschaft hinsichtlich der Beliebigkeit einer solchen vergleichenden Methode begegnet Luhmann mit der Integration der funktionalen Methode in die systemtheoretische Gesellschaftstheorie. Durch die Voraussetzung eines »theoretischen Bezugsrahmen[s] sachlicher Begriffe«,[100] wie ihn die systemtheoretische Gesellschaftstheorie bietet, ist die Wahl des Vergleichsgesichtspunkts nicht mehr beliebig.

> Die Strukturentscheidungen eines Systems legen bestimmte Lösungen fundamentaler Probleme fest. Daraus ergeben sich bestimmte Folgeprobleme mit enger begrenzten Lösungsmöglichkeiten, die den Rahmen für weitere Vergleiche abstecken. Es wäre dann wenig fruchtbar, ohne Klärung des Bezugsproblems einfach Ähnlichkeiten festzustellen und damit zu argumentieren. Das wäre ein Rückfall in das ontologische Gleichheitsdenken.[101]

›Fundamentale Probleme‹ oder auch ›Bezugsprobleme‹ von Systemen sind für Luhmann Probleme, die sich nicht lösen lassen, weil in einer sich ständig verändernden Umwelt die Problematik eines Systems darin besteht, sich permanent an diese anpassen zu müssen. Luhmann kritisiert damit vor allem ontologische Sichtweisen, die ein Problem als instabil und vergänglich beschreiben:

> Die funktionale Systemtheorie behandelt sie [Bezugsprobleme; VW] dagegen als permanente Gegebenheiten, die als solche die Stabilisierung von Systemen nicht verhindern, sondern nur eine kontinuierliche, aber strukturierbare Bedürftigkeit bekunden.[102]

Als fundamentales Problem der Pädagogik können Probleme des Unterrichts genannt werden: Disziplinstörungen, Gleichheits- versus Gerechtigkeitsgedanke, Heterogenität der Lernenden, Unverfügbarkeit der Vermittlungsperspektive, Inklusionsforderungen, individuelle Förderung und Leistungsdifferenzierung, zu große Klassen, mangelndes Interesse am Unterrichtsinhalt etc. Als Lösungsansätze für diese Probleme werden in der Erziehungswissenschaft sicherlich andere Aspekte genannt als in der Soziologie und die Lehrenden werden darüber anders denken als die Schülerinnen und Schüler. Systemtheoretisch gedacht, kann jede Stabilisierung im Erziehungssystem – auf welcher Ebene auch immer – als temporäre Lösung gesehen werden. Solche Stabilisierungen sind beispielsweise Schulprogramme, didaktische Konzepte oder unterrichtliche Gepflogenheiten.

Doch abstrakt gesehen eröffnen sich gegenüber dem Vergleichsgesichts-

99 Luhmann 1970b, S. 47.

100 Ebd., S. 46.

101 Ebd., S. 47.

102 Ebd., S. 51.

punkt auch unter Einbezug eines ›theoretischen Bezugrahmens‹ zu viele funktionale, äquivalente Alternativen, als dass die funktionale Methode zur Problemlösung über nur befriedigende Möglichkeiten beitragen könnte: »jede Problemlösung belastet andere Systeminteressen«.[103] Äquivalenz besagt nicht, dass alle Alternativen die gleichen oder keine dysfunktionalen Folgen haben. So gibt es für die Lösung von Unterrichtsproblemen eine Reihe von funktional äquivalenten Techniken, doch sind viele davon mit zu großen Folgeproblemen behaftet, als dass sie in der Pädagogik Einzug halten. Ein toter Schüler wird den Unterricht kaum noch stören können, dennoch ist das Töten von Schülern untersagt. Auch muss ein System mehrere Probleme auf einmal lösen, zum Beispiel kann für das Erziehungssystem die Chancengleichheit aller Lernenden und die zugleich stattfindende Selektion genannt werden, so dass nicht alle möglichen Verfahren greifen. Bei der Analyse mit Hilfe der funktionalen Methode müssen deshalb die Einschränkungen des konkreten Systems berücksichtigt werden. Beispielsweise wird Percussion in den Interviewtexten als stete sowie einfache Beschäftigung einer Klasse thematisiert. Im pädagogischen Diskurs spielt eine stete Beschäftigung der Klasse unter dem Stichwort ›Arbeitsschwung‹ zusammen mit ›Störungsfreiheit‹ eine Rolle,[104] und Percussion lässt sich somit als Reaktion auf disziplinarische Störungen beobachten. Würden Einschränkungen des Erziehungssystems – also der an den Musikunterricht gekoppelte Vermittlungsaspekt – nicht berücksichtigt, müssten Strafarbeiten, Joggen um das Schulgebäude oder Schlafen im Klassenzimmer als funktionale Äquivalente zu Percussion betrachtet werden, weil auch in diesen Fällen eine Störungsfreiheit garantiert wäre.

Um die Vergleiche nicht im luftleeren Raum zu praktizieren, werden sowohl der Vergleichsgesichtspunkt ›Probleme des Unterrichts‹ wie auch die dysfunktionalen Folgen für Musikunterricht als Blickpunkte der Forschungsperspektive gewählt. Der Abstraktion des Vergleichsgesichtspunkts fällt dabei eine wichtige Rolle zu, denn dadurch werden Nebenwirkungen nicht weiter berücksichtigt. Das heißt aber nicht, dass charakteristische Merkmale des zu erforschenden Phänomens ausgeblendet werden. Aber wenn man alle Nebenwirkungen mitberücksichtigen wollte, so gäbe es unter den Varianten eben keine Wahlmöglichkeiten mehr, jede ginge »voll individualisiert und damit unvergleichbar in die Betrachtung ein«.[105]

[103] LUHMANN 1970a, S. 26.

[104] KOUNIN 2006.

[105] LUHMANN 1970a, S. 21.

Eine Forschung mit der funktionalen Methode kann an Percussion als Lösungsmöglichkeit im Musikunterricht ansetzen, da Percussion als Phänomen in der Musikpädagogik eine gewisse Stabilität zeigt und somit für einen bestimmten Zeitraum relativ indifferent gegenüber Umweltbewegungen und -einflüssen beobachtet werden kann. Percussion ist eine musikpädagogische Praxis, die (zumeist) von den Lehrenden in den Unterricht eingebracht wird. Somit stellt sich für eine wissenschaftliche Forschung einerseits hinsichtlich der Ebene der Lehrenden die Frage, welche Erwartungen hinsichtlich Richtigkeit, Interesse oder Problemlösung an Percussion herangetragen werden, und andererseits hinsichtlich der Ebene von Konzeptionen, ob diese Erwartungen allein von Percussion erfüllt werden können.

Für die Beantwortung dieser beiden Fragen wurden zwei verschiedene und dennoch miteinander verbundene Zugänge gewählt: Eine Auswertung von Interviews mithilfe der funktionale Methode und eine daraufhin folgende funktionale Analyse der Ergebnisse der Interviewauswertung. Der Sinn dieser ›doppelten‹ funktionalen Analyse besteht in dem Austausch des Vergleichsgesichtspunkts.

Der Vergleichsgesichtspunkt der Einzelfallanalysen beobachtet Percussion als eine Selektion des Lehrenden, mit der in irgendeiner Art und Weise Unterricht gelingen soll. Was dabei ›gelingt‹, kann erst in der jeweiligen Erzählung beobachtet werden und sich auf ganz unterschiedliche Aspekte beziehen. Wenn ›Unterricht mit Percussion‹ als Reaktion auf Veränderungen bzw. als Lösungsversuch für musikunterrichtliche Probleme gedacht werden kann, sollen dazu Begründungen der Personen in den Interviewtexten beobachtet werden. Begründungen, die sich hinsichtlich der Perspektive auf musikalische Bildung, Lehr-Lern-Arrangements, motivationale Wirkungen, Schülerreaktionen, etc. unterscheiden, erscheinen hinsichtlich des Vergleichsgesichtspunkts jedoch als funktional äquivalent. Hierbei wird mittels der funktionalen Methode weder eine vorgefundene Selbstsicht nachgezeichnet noch dupliziert, sondern »das beobachtete System [wird] mit einem für es selbst nicht möglichen Verfahren der Reproduktion und Steigerung von Komplexität«[106] überzogen. Dabei geht es nicht um die Visibilisierung latenter Strukturen, sondern um die Versetzung von Bekanntem und Vertrautem »in den Kontext anderer Möglichkeiten«.[107]

Anschließend werden die zuvor in den Interviewtexten beobachteten problemlösenden Erwartungen an Percussion als invariante Vergleichsgesichts-

[106] Luhmann 1984, S. 88.

[107] Ebd., S. 89.

punkte gesetzt. Die Frage lautet jetzt, ob die thematisierten Erfahrungen und Motive auch mit anderen unterrichtlichen Praxen erzielt oder auf andere Praxen übertragen werden können.

III. Zum Begriff ›Percussion‹

Mit dem Begriff ›Percussion‹ wird in der Musik Unterschiedliches bezeichnet.[108] Im angloamerikanischen Raum ist eine teils völlig andere Begriffstradition als im deutschen zu finden und auch im Sprachgebrauch lässt sich eine Mehrschichtigkeit hinsichtlich der Verwendungsweise zeigen. Percussion kann insbesondere im Deutschen als unterschiedlich genutzter Fachausdruck verstanden werden, der immer wieder in seinen Aspekten verändert oder auf differente Bedeutungsebenen bezogen wird – ein Umstand, der eine genaue Bedeutung des Begriffs oftmals nur über eine Betrachtung des Kontexts zugänglich macht.

Lexikondefinition und Begriffsgeschichte

Perkussion bzw. Percussion stammt von dem lateinischen Verb ›percutere‹, welches unter anderem auch ›schlagen‹, ›hauen‹ bedeutet.[109] Der Wortstamm ist in vielen Sprachen adaptiert worden und ist in deutscher, französischer, italienischer, spanischer, portugiesischer, niederländischer und englischer Sprache zu finden. Jedoch wird der Begriff nicht nur in englischer Sprache häufig als ›pə'kʌʃn̩‹ ausgesprochen. Die folgende Bestimmung richtet ihren Blick insbesondere auf Nachschlagewerke, die diesen englischen Begriff führen.

Untersucht man den Begriff ›Percussion‹, so ist es nicht verwunderlich, dass er am häufigsten in englischsprachigen Lexika anzutreffen ist. Als Eintrag in einem musikalischen Lexikon findet sich Percussion bereits in dem von Ge-

[108] In anderen Fachgebieten hingegen, wie beispielsweise der Medizin oder der Waffenkunde, ist der Begriff Percussion auf eine Bedeutung festgelegt.

[109] Andere Bedeutungen sind: stoßen (heftig erschütternd); schießen; erlegen; tot schlagen; töten; verwunden; ermorden; erschüttern; enthaupten; durchstechen; durchstoßen; prägen (Münze); durchbohren. In manchen Kontexten heißt es auch: tüchtig schwingen; betäuben; jmd. prellen, betrügen; einen harten Eindruck machen; stutzig machen. Vgl. dazu: GEORGES/GEORGES 1998, S. 1573f.

org Grove 1880 veröffentlichen *Grove's dictionary of music and musicians.*[110] Allerdings mit einer anderen Bedeutung:

> PERCUSSION. The treatment of a large proportion of discords is divided into three stages – Preparation, Percussion, and Resolution. The Preparation is the sounding of a discordant note in a previous chord, Percussion is the actual sounding of the discord, and Resolution the particular mode of its release, or passage into concordance.[111]

Percussion beschreibt hier innerhalb eines Prozesses aus drei Stationen, welche die Dynamik einer Synkopendissonanz erklären, die zweite Stelle anhand der Patiensstimme. Diese Bedeutung von Percussion findet sich nur im Englischen. Ab 1890 folgte dieser Ausgabe eine Erweiterung auf vier Bände, wobei es keine Änderung oder Erweiterung hinsichtlich des Begriffs gab. Erst mit der fünfbändigen Auflage von John Alexander-Fuller Maitland ab 1904 wird der Eintrag »Percussion instruments« ergänzt:

> PERCUSSION INSTRUMENTS. Orchestral instruments are usually grouped under the headings, – strings, wind, and percussion. The percussion group includes in one section strained membranes such as drums and tambourines, and in another section plates and bars, whether of wood or other hard material, appearing as cymbals, triangles, steel chimes, the glockenspiel, castanets, and the xylophone. The modern tumbular bells, or chimes, as used in Tschaikovsky's ›1812‹ Overture, would also come under the heading.[112]

In der Blomschen Ausgabe von 1954 ist zudem ein Eintrag zu finden, der Percussion als ein bestimmtes Ensemble deklariert:

> PERCUSSION BANDS. A term used for teams in British schools, who are taught rhythm by being made to play simple percussion instruments to music played on pianoforte be the teacher.[113]

Interessant daran ist, dass das Ensemble, Percussion-Band, nur im Zusammenhang mit pädagogischer Arbeit genannt wird und nicht in einer ›wirklichen‹ Musikszene außerhalb schulischer Einrichtungen bestanden hat.

In späteren Ausgaben sind diese Definitionen nicht mehr zu finden oder sind

[110] Vgl. Grove 1880.

[111] Ebd., S. 685, Vol. II. Diese Bedeutung wird ab der Neuauflage The New Grove, 1st edition im Jahre 1980 nicht mehr geführt.

[112] Fuller-Maitland 1907, Vol. III., S. 672. Spezielle Nachschlagewerke für ›musical instruments‹ verwenden bereits davor den Begriff ›percussion instruments‹ als eine Bezeichnung, die bestimmte Instrumente kategorisiert. Vgl. bspw. Engel 1864; Engel 1875.

[113] Grove/Blom 1954–61, S. 623.

durch weit ausführlichere ersetzt. Heute ist den englischsprachigen Definitionen gemein, dass der Begriff ›percussion‹ in erster Bedeutung als Synonym zu ›percussion instruments‹ geführt wird.[114] Auf den Zusatz ›instruments‹ wird über die Jahre hin verzichtet, Percussion wird zu einem Kurzwort. James Holland definiert 2008 den Begriff als

> a term used to describe instruments, in particular Western orchestral and band instruments that are played by shaking, or by striking either a membrane [...] or a plate or bar of wood, metal or other hard material [...].[115]

Auch Gegenstände, die spezielle »sound effects«[116] aufweisen und in Kompositionen angeführt werden, werden der Gruppe der Percussion zugeordnet:

> The development of music in the 20th century has brought about a situation where any strange sound or sound effect not produced by conventional orchestral instruments ends up in the percussion section.[117]

Holland bemerkt zudem: »The term is also used to designate the section of the Western orchestra containing these instruments«.[118] Er verweist aber auch auf Instrumente »of non-European cultures«[119], die zu der Gruppe der »percussion instruments« gezählt werden. Interessanterweise stellt Holland an dieser Stelle nur einige Beispiele solcher »percussion instruments« dar, ohne eine systematische Einordnung zu versuchen.

Sehr ähnlich zu Hollands Begriffsdefinition bestimmen John H. Beck und James A. Strain den Begriff ›percussion music‹ über die Art bzw. die Klangerzeugung von Instrumenten:

> Music written for, or performed on, any one or more of those instruments acoustically or scientifically classified as producing sounds by striking, rubbing, or scraping.[120]

Die beiden Autoren haben ab 1992 bei der Analyse von percussion music zehn allgemeine Punkte festgestellt, die die Auswahl der Instrumente sowie die Pro-

[114] Vgl. hierzu auch Blades 1984, oder auch Apel 1970, S. 653.

[115] Holland 2008.

[116] Ebd.

[117] Ebd.

[118] Ebd.

[119] Ebd.

[120] Beck/Strain 2008. Ähnlich dazu auch die Einführung in Beck 1995, *S. vii–viii.*

fession/Aufgabenbereich der Instrumentalisten betreffen.[121] Insbesondere die beiden letzten Punkte erweitern die bisherigen Begriffsbestimmungen, da hier ein spezifischer Umgang von percussion music in »popular culture« angedeutet sowie percussion music in den Zusammenhang mit einer speziellen Pädagogik gestellt wird.

> Ninth, a significant number of ›novelty‹ compositions which feature striking one's body, stomping, clapping, popping bags, or other entertaining methods of creating a sound are found in the repertoire and have crossed-over into popular culture. Tenth, didactic percussion music occupies a prominent position for percussion music in the United States, in stark contrast to teaching methods employed in European or other countries throughout the world.[122]

Leider geben die beiden Autoren keine weiteren Hinweise hinsichtlich des starken Kontrasts von »teaching methods« zwischen den USA und anderen Ländern.[123]

Abschließend betrachtet scheint der Begriff Percussion im angloamerikanischen Raum in erster Linie über ein Instrumentarium definiert zu werden.

Auch in deutschsprachigen Lexika wird der Begriff Perkussion bereits Anfang des 20. Jahrhunderts aufgeführt. Hierbei ist festzustellen, dass Perkussion eine andere Bedeutung als im angloamerikanischen Raum hatte. 1913 lautet bei Curt Sachs der Eintrag:

> Perkussion nennt man beim Harmonium die Anwendung der Hammerklaviermechanik zur Ermöglichung einer sofortigen präzisen Ansprache: beim Niederdruck der Taste schlägt ein Hämmerchen gegen die Zunge und setzt sie augenblicklich in Schwingung, so daß der gleichzeitig eingeschaltete Wind nur die Bewegung aufrecht zu erhalten braucht.[124]

Diese Bedeutung von Perkussion (hier auch des Öfteren: Percussion) hat sich bis heute gehalten. Doch ist auch bei Sachs ein dem Englischen ähnlicher Eintrag zu finden, der auf Schlaginstrumente rekurriert:

[121] Vgl. Beck/Strain 2008.

[122] Ebd.

[123] Auch in einer der wenigen musikpädagogischen Fachbibliographien zur Methodik von Percussion, die von Strain selbst stammt, findet sich kein ausformulierter Hinweis auf nationale Unterschiede. Strain listet in diesem Artikel systematisch Lehrbücher über Schlaginstrumente auf; viele davon sind in den USA publiziert worden. Doch auch aus England oder Deutschland sind in dieser Auflistung viele Schriften zu diesem Thema zu finden, so dass die Annahme in dem Lexikoneintrag »Percussion music« von Beck und Strain zu stark erscheint.

[124] Sachs 1913, S. 295.

> Perkussionsinstrument = Schlaginstrument. Im engeren Sinn ein idiophones Aufschlaginstrument – etwa Glocke – im Gegensatz zu Konkussions- oder Gegenschlaginstrumenten, z. B. Becken und Kastagnetten.[125]

An diesem Zitat lässt sich zeigen, dass noch über die Art der Tonerzeugung differenziert wird. Diese Unterscheidung weicht in den nächsten Jahrzehnten immer mehr auf. Obwohl Percussion/Perkussion als Übersetzung zu ›Schlaginstrumente‹ oder ›Perkussionsinstrumente‹ angegeben wird,[126] gibt es auch in aktuellen deutschsprachigen Lexika ein ›Übersetzungsproblem‹: Einige Nachschlagewerke führen an, dass Percussion nicht mit ›Schlaginstrumente‹ übersetzt werden kann, da zu Perkussionsinstrumenten auch andere Instrumente zählen, wie z. B. die Apito, eine Samba-Signalpfeife.[127] Diese unterschiedlichen Schnittmengen sind bisweilen auch im Englischen anzutreffen, wobei hier mit dem Zusatz ›latin‹ das Instrumentarium näher bestimmt wird.[128] Es ist festzustellen, dass insbesondere neuere Forschungen sich eher um einen allumfassenden Begriff bemühen, der auch Körperklänge, Alltagsgegenstände oder eine ungewöhnliche Spielweise von ›traditionellen‹ Instrumenten einschließt. Martina Brech beschreibt in ihrem Aufsatz »Rhythmus und Metrum in der Perkussionsmusik des 20. Jahrhunderts«,[129] dass das Instrumentarium, welches zu den Perkussionsinstrumenten gezählt wird, mit dem Musikrepertoire der europäischen Kunstmusik wuchs. Nicht selten seien »ungewöhnlich aussehende Gerätschaften, die unschwer als Maschinen-, Autoteile und/oder Haushaltsgegenstände etc. zu identifizieren sind, auf den Ablagen von Schlagzeugern zu entdecken.«[130]

[125] Ebd.

[126] Vgl. Riemann 1967, S. 722; 848, oder auch Ring/Vogel-Steinmann 1997, S. 169. In folgenden deutschen Nachschlagewerken ist der Begriff Percussion/Perkussion als eigenständiger Artikel nicht zu finden: Blume/Finscher 1994–2007; Riemann 1967; Helms/Schneider/Weber 2005.

[127] Auch in dem Artikel »Schlaginstrumente« im MGG wird der Terminus Perkussionsinstrumente eher dann verwendet, wenn es um ausgefallene, nicht-europäische Instrumente geht. Vgl. Blume/Finscher 1994–2007, S. 1081f.

[128] Interessanterweise wird weder in dem Artikel zu ›percussion‹ von Holland, noch in dem zu ›percussion music‹ von Beck und Strain der Zusatz in dieser Form verwendet. Die Autoren weisen zwar darauf hin, dass »percussion music often made use of instruments from Latin America« (Beck/Strain 2008). Doch insbesondere in Artikel zu Musikerbiographien im New Grove sowie in der Encyclopedia of Popular Music wird die Unterscheidung zwischen ›percussion‹, ›drum set‹ und ›latin percussion‹ gepflegt.

[129] Brech 2005.

[130] Ebd., S. 200.

Brech stellt fest, dass insbesondere ein »abrupte[r] bzw. explosive[r] Klang[]«[131] ihnen gemeinsam sei oder ein geräuschhafter Klanganteil als Kriterium für einen Perkussionsklang gelte:

> Letztendlich ist jeder Gegenstand als Perkussionsinstrument einsetzbar, sofern mit ihm beim Aufschlagen oder gegeneinander Schlagen ein hörbarer Klang zu erzeugen ist. [...] Die Breite der Möglichkeiten des spezifischen Klanges der einzelnen Perkussionsinstrumente bringt es mit sich, dass auch
>
> a) alles, das Klang erzeugt und nicht von anderen Instrumenten des Orchesters gespielt werden kann oder soll, ebenfalls zum Perkussionsinstrumentarium hinzugezählt wird. Sirene und Peitsche gehörten zu den frühesten Instrumentenerweiterungen im 20. Jahrhundert, Steine aller Art, Wasser, (zerknülltes) Papier etc. folgten. Bei einigen dieser Gegenstände kann nicht von einem explosiven Klangeinsatz die Rede sein. Hier ist das nicht in der Grundtonhöhe fixierbare spezifisch Geräuschhafte der entscheidende Klangfaktor, diese Gerätschaften zu den Perkussionsinstrumenten hinzuzuzählen.
>
> b) alle Instrumente mit explosivem Klangbeginn, aber in der Grundtonhöhe fixierbarem weiterem Verlauf ebenfalls zu den Perkussionsinstrumenten zählen können bzw. als solche eingesetzt werden. Das sind neben Pauken, Vibraphon, Xylophon, Glockenspiel, Gongs und Steel-Drums nicht zuletzt auch Harfe und Klavier.[132]

Diese Veränderung des Instrumentariums bringt auch eine neue Art der Klassifizierung mit sich, die allein über die Klangeigenschaft Instrumente und Gegenstände als Perkussionsinstrumente einordnet. Sie rekurriert nicht auf die konventionelle Systematik von Hornbostel und Sachs,[133] bei der über die primäre Art der Tonerzeugung Instrumente klassifiziert werden. Natürlich stehen Tonerzeugung und Klangeigenschaft in einem abhängigem Verhältnis zueinander, doch kann so beispielsweise auch ein hartes Pizzicato auf das Griffbrett einer Geige als Perkussionsklang eingeordnet werden, das Instrument für diesen Moment zu einem Perkussionsinstrument werden. Auch jedes andere Instrument könnte bei bestimmter Spielweise oder Klangeigenschaft zu einem Perkussionsinstrument werden. Dies schließen Hornbostel und Sachs hingegen aus.[134]

[131] Ebd.

[132] Ebd.

[133] Hornbostel/Sachs 1914.

[134] Ähnlich der Einteilung von Brech über die Klangeigenschaft hatte bereits Victor-Charles Mahillon im 19. Jahrhundert eine Systematik entworfen, die über die Spielweise Instrumente klassifiziert (Mahillon 1893–1922). Doch Erich Moritz von Hornbostel und Curt Sachs übernahmen eine solche Einteilung nicht, da sie für einige Instrumentengruppen ungeeignet seien: »Im allgemeinen mit Recht hat Mahillon unmittelbar unter die vier Hauptklassen ›Zweige‹ gesetzt, die nach der Spielweise klassifizieren. Das ist indessen für Saiten-

Der Begriff in der musikpädagogischen Fachliteratur

Auch in musikpädagogischen Nachschlagewerken sind Angaben zu finden, die Percussion mit ›Schlaginstrumente‹, ›Perkussionsinstrumente‹ oder ›Rhythmusinstrumente‹ übersetzen.[135] Allerdings wird Percussion in musikpädagogischen Zeitschriften wie anderweitiger musikpädagogischer Literatur nicht nur als Synonym zu Schlaginstrumenten, sondern in erweiterter Bedeutung verwendet. Beispielsweise wird, wie bereits in der Einleitung angedeutet, in den Akademieberichten »Percussionissimo«[136] Percussion auch als eine Art methodisches Knowhow beschrieben.[137] Das Spiel von Percussioninstrumenten wird hier fest mit einem ganz bestimmten methodischen Vorgehen verknüpft. Beides zusammen fasst der Akademiebericht mit dem Begriff Percussion.

Ebenso sind die etwas neueren Anglizismen wie Bodypercussion oder Vocussion nicht nur nähere Bestimmungen hinsichtlich des Instrumentariums. So bemerkt Ulrich Moritz in einem Aufsatz über Bodypercussion:

> Bodypercussion ist selten eine eigene, performance-geeignete Form der Trommelkunst (wie z. B. bei ›Stomp‹), sondern eher eine bei jedem Lehrer anders geartete Methode, Anregungen aus verschiedenen Kulturen mit eigenen Möglichkeiten und Erfahrungen zu verknüpfen, um Rhythmus für uns wieder lebendig, sinnfällig und erlebbar zu machen.[138]

Auch Roland Hafen stellt verschiedene Auslegungen von Bodypercussion im Lexikon der Musikpädagogik dar: Einerseits ist es »ein künstlerischer Akt von Musikproduktion mit ›Körperinstrumenten‹« und andererseits »in mp./md./musiktherapeutischen Zusammenhängen«[139] eine Methode für Rhythmuserfahrung und Koordinationsfähigkeit.

instrumente sehr bedenklich: eine Violine bleibt doch eine Violine, gleichgültig, ob man sie mit dem Bogenstreicht, mit den Fingern pizzikiert oder col legno schlägt.« (Hornbostel/Sachs 1914, S. 556). Es ist anzunehmen, dass Hornbostel und Sachs auch eine Klassifizierung von Perkussionsinstrumenten über die Klangeigenschaft als bedenklich halten würden.

[135] Vgl. Helms/Schneider/Weber 1997, S. 96f. Oder vgl. auch Helms/Schneider/Weber 2005, S. 200f.

[136] »Percussionissimo – Percussion im Klassenunterricht« von der Akademie für Lehrerfortbildungen und Personalführung Dillingen 2005 veröffentlicht (Akademie für Lehrerfortbildung und Personalführung Dillingen 2005).

[137] S. hierzu S. 16 in dieser Arbeit.

[138] Moritz 2001, S. 9.

[139] Hafen 2005, S. 38.

Ähnlich wie in den Verwendungsweisen innerhalb der Interviewtexte ist auch hier eine Mehrschichtigkeit des Begriffs Percussion zu sehen. Es gibt keine klaren Abgrenzungen zwischen den verschiedenen Aspekten, sondern die Art des Instrumentariums, der methodische Umgang wie auch eine bestimmte Klanglichkeit spielen bei der Bestimmung des Begriffs eine Rolle. Gerade eine Mischung aus diesen Aspekten scheint den Begriff Percussion auszumachen.

Verwendungsweisen in den Interviews

In den Interviews ist zu beobachten, dass meist mehrere semantische Ebenen plausibel zugeordnet werden können, wenn der Begriff Percussion genannt ist: Percussion steht für ein bestimmtes Instrumentarium (andere, sonst gewöhnlich nicht als Instrument genutzte Gegenstände eingeschlossen) sowie für eine bestimmte Art der Klangerzeugung. Doch Percussion steht auch für eine ganz spezifische Musik, bei der insbesondere ein bestimmter Klangcharakter oder Traditionsbezüge eine Rolle spielen. Hinzu kommen zwei weitere Verwendungsweisen des Begriffs, in denen Percussion als spezifische Sozialform und als Sammelbezeichnung für eine bestimmte Musikszene zu beobachten ist. Solche Zuordnungen zu semantischen Ebenen erfolgen je nach Interview unterschiedlich, doch auch ineinander verschränkt, da der Begriff Percussion durchweg mehrschichtig verwendet wird.

»Was ist für Sie Percussion?«[140] – alle Befragten, wissend um das Thema des

[140] Eine Abweichung von der Eingangsfrage entstand im vierten Interview, das insofern eine besondere Situation darstellte, als dass die befragte Person (Herr D) sich schriftlich auf das Interview vorbereitet hatte. Aufgrund des Forschungsinteresses sowie der einleitenden Frage des Interviewleitfadens ergab sich die Kategorie ›Verwendungsweisen‹ vorempirisch. Die Unterkategorien hierzu wurden hingegen erst durch die Analaysen der Interviewtexte beobachtet. Eine solche Vorgehensweise weicht von Forschungstraditionen wie der Grounded Theory ab, denn »im Gegensatz dazu wollen wir in der Forschung mit der Grounded Theory relevante Kategorien und ihre Beziehungen untereinander entdecken und weniger die Beziehungen zwischen Variablen überprüfen. Wir wollen eher die Kategorien auf eine neue als auf standardisierte Art und Weise verknüpfen. Wenn Sie mit einer Liste von schon identifizierten Variablen (Kategorien) beginnen, könnte diese Liste – und dies ist sehr wahrscheinlich – neuen Entdeckungen im Wege stehen. In Untersuchungen mit der Grounded Theory möchten Sie Phänomene im Licht eines theoretischen Rahmens erklären, der erst im Forschungsverlauf selbst entsteht« (Strauss/Corbin 1996, S. 32). Eine solche Forschungshaltung wird unter Begriffen wie »Naturalismus« und »Kontingenzbewältigung« nicht nur in der Ethnographie (Berg/Fuchs 1993) oder der Biographieforschung (Nassehi/Saake 2002), sondern allgemein in der Soziologie kritisiert: »In der qualitativen Methodologie setzte die Grounded Theory an die Stelle der em-

Gesprächs, antworteten ohne Irritation auf diese einleitende Frage. Eine nähere Bestimmung des Begriffs Percussion lässt sich aber nicht nur aus den direkten Antworten auf diese Frage ableiten, sondern auch aus anderen Passagen innerhalb der Interviews, in denen Elemente von Percussion beschrieben werden oder die Befragten von ihrer Arbeit mit Percussion erzählen. So sind pädagogisch motivierte Erzählabschnitte dafür genauso entscheidend wie beispielsweise Textstellen, die die Spielweise von Instrumenten oder die Musikstilistik beleuchten.

Nicht jede in den Interviewtexten anzutreffende Verwendungsweise ist in der folgenden Darstellung aufgeführt, da an dieser Stelle eher typisierte als individuell differenzierte Verwendungsweisen gezeigt werden.[141]

Die erste Verwendungsweise von Percussion lässt sich auf ein bestimmtes Instrumentarium beziehen. Das ist daran zu sehen, dass die Befragten die Frage, was für sie Percussion sei, unter anderem mit Aufzählungen von Instrumenten und Gegenständen beantworten. Unbestritten zählen für die Befragten alle »lateinamerikanischen, afrikanischen und europäischen Percussioninstrumente«[142] dazu. Allerdings werden auch ganz bestimmte Instrumente wie Xylophone, Balafone, gestimmte Glocken, Boomwhackers, Pauken und etliche Gegenstände genannt, bei denen es nicht nur zwischen den verschiedenen Interviews, sondern auch innerhalb eines Textes, Unbestimmt-

pirischen Prüfung von Theorie ihre empirisch begründete Generierung – eine zeitliche Invertierung von Theorie und Empirie, die den Dualismus selbst freilich im Prinzip unberührt läßt. Dieser bestimmt jedoch auch in anderen Hinsichten die Methodologie qualitativer Forschung. Zu ihren Maximen gehört eine Offenheit des Forschungsprozesses, die sich von starken theoretischen Vorannahmen, von Hypothesenbildung und Operationalisierungen distanziert. Die Maxime entstammt einem Entdeckungsethos, das von einer betulich anmutenden Treue zu den Teilnehmerkonstruktionen begleitet wird. In der methodologischen Grundhaltung der qualitativen Sozialforschung ist – in ungelöster Spannung zu ihrem Sozialkonstruktivismus auch ein Naturalismus angelegt, der sich in der empirischen Arbeit auf jenem sicheren ›Boden der Tatsachen‹ wähnt. […] In der Grouned Theory steckt er bereits in der Basismetapher, die suggeriert, da würde ein geistiges Produkt auf empirischem Boden ›gegründet‹.« (Hirschauer 2008, S. 166f.). Die vorliegende Arbeit stützt sich zwar auf viele Analyseinstrumente der Grounded Theory, sieht diese allerdings nicht als eine Methodologie an, deren Nutzung nur ganz oder gar nicht möglich ist, um valide Ergebnisse zu bekommen. Abweichungen von einer Grounded Theory Methodology sind über das Forschungsinteresse begründet.

141 Die individuellen Verwendungsweisen von Frau A, Frau B, Herrn C und Herrn D werden im Auswertungskapitel differenziert und mit Interviewausschnitten veranschaulicht und ausführlich dargestellt.

142 Frau A [I.01/15–16].

heiten bezüglich des Ein- oder Ausschlusses zu geben scheint: Instrumentenzuordnungen zu Percussion werden in den Interviewtexten erweitert oder korrigiert, so dass mitunter ein diffuses Bild entsteht. Solche Unsicherheiten bezüglich einer Kategorisierung von Instrumenten werden von den befragten Personen meist über die Art der Klangerzeugung aufgelöst. Für einen Interviewpartner ist die Einordnung des Xylophons problematisch, doch findet er eine Lösung: »Man kann sich, ja genau, man kann das rhythmisch einsetzen, perkussiv oder melodisch. (..) Aber jetzt wirklich in dem Begriff Percussion ist es, würd ich sagen, wenn sie nur bestimmte Klänge machen würden«.[143] Dass die Aussage »nur bestimmte Klänge« relativ unbestimmt ist und einen musikalischen Kontext einschließt, bleibt von ihm unreflektiert.

Die zweite Verwendungsweise stellt die Spielweise der Instrumente in den Fokus. Eine Befragte definiert, dass »alles, was man mit den Händen machen, mit dem Körper darstellen, mit Schlägeln erzeugen kann«[144] Percussion ist. In vielen Passagen ist zu sehen, dass eine Definition von Percussion über ein bestimmtes Instrumentarium für die Befragten nicht funktioniert. Explizite Textstellen, die das Ungenügen einer solchen Definition begründen, sind zwar nicht direkt zu finden, doch würde eine Definition von Percussion, die allein über ›Merkmalsarten und Merkmale‹ eine Systematik[145] entwickelte, zu vieles ausschließen, was die Befragten selbst als Percussion verwenden. Denn in einer sequentiellen Auswertung lässt sich ein Plausibilisierungszwang[146] beobachten, der das von den Befragten im Unterricht mit Percussion verwendete Instrumentarium durch eine Umstellung von instrumentenkundlichen Definitionen auf solche, die die Spielweise bzw. die Art der Klangerzeugung fokussieren, glaubhafter darstellt.

Die dritte Verwendungsweise zeigt einen Pool verschiedener Stilistiken, der den Begriff Percussion fasst. Insbesondere Musiken anderer Kulturen werden aufgezählt, so beispielsweise afrikanische Musik,[147] »Musik aus Brasilien ganz speziell die Musik aus Salvador, nämlich diese, diese, so genannte

[143] Herr C [I.03/40–42].

[144] Frau B [I.02/436–437].

[145] Vgl. zu solcher Art Systematiken: Hornbostel/Sachs 1914.

[146] Das Bedürfnis in (erstmals erzählten) Schilderungen sich selbst bzw. eigene Aussagen rechtfertigen zu müssen, wird Plausibilisierungszwang genannt. Dieser Begriff, wie auch andere, die sogenannte ›Zugzwänge‹ beschreiben, rekurrieren auf den Soziologen Fritz Schütze. Vgl. hierzu Schütze 1987.

[147] Frau A: »die afrikanischen Geschichten« ([I.01/458]); Frau B: »westafrikanische Musik« ([I.02/1160]).

Samba-Reggae-Musik«,[148] »kubanische Musik«,[149] »Salsa-Sachen«,[150] etc., bei denen, laut Befragter, vor allem rhythmische Strukturen im Vordergrund stehen. Interessant daran ist ein Fokus auf einen bestimmten, eher außereuropäischen Klangcharakter von Musik, welcher Percussion zugeordnet wird. Auch sind diese Angaben zu bestimmten Musiken bzw. Stilistiken oftmals als Verweis auf Authentizität von Percussionmusik außerhalb der Schule zu beobachten.

Dass Percussion für die Befragten eine bestimmte Klangcharakteristik impliziert, lässt sich nicht nur an den ersten drei Verwendungsweisen – an der Spielweise, der Art der Klangerzeugung oder bestimmten Stilistiken – zeigen, sondern auch in merkwürdig anmutenden Oppositionen verschiedener »Bereiche«[151] von Musik, wobei die ›Bereiche‹ in den verschiedenen Interviewtexten nicht unbedingt identisch sind. Innerhalb dieser vierten Verwendungsweise scheint Einigkeit darüber zu herrschen, dass es rhythmische, melodische und harmonische Bereiche gibt und Percussion als Begriff für den rhythmischen verwendet werden kann. Eine andere Unterscheidung wird beispielsweise über die Begriffe Klassik und Percussion getroffen, wobei beide Begriffe hier als Labels zu sehen sind: Percussion steht für einen Bereich von Musik, der als ›Nicht-Klassik‹ eingeordnet wird und sogar ein »Gegengewicht«[152] bildet. Auch Barock oder Renaissance-Musik wird Percussion gegenübergestellt. Unklar bleibt in den Interviewtexten allerdings, welche genauen Kriterien die Befragten dabei als Abgrenzungsmerkmale haben. Ähnlich dazu finden sich Unterscheidungen, die Percussion mit Chor oder Orchester auf eine Ebene stellen und somit Percussion als Benennung eines Ensembles identifizieren. Im Fokus der Interviewtexte stehen hier jedoch nicht nur die Art der Besetzung oder eine erwartete Klanglichkeit solcher Ensembles, sondern die völlig andersartige Arbeit[153] mit ihnen.

[148] Frau B [I.02/707–709]. Auch Frau A: »Weil bei [Name] ist eine Percussion-Frau an der Schule. Aber die macht jetzt zum Beispiel, die macht Samba-Reggae, […] das heißt, die hat viele Surdos, Repiniquen, Snare, (.) Timbas« ([I.01/584–589]). Auffällig oft wird in allen Interviewtexten ›Samba‹ in Kombination mit ›Gruppe‹ oder ›Bereich‹ wiederholt, um eine Stilistik zu nennen, die unbestritten Percussion zu sein scheint.

[149] Herr D [I.04/351]. Auch Frau A: »so brasilianische Sachen, oder auch kubanische Sachen« ([I.01/418–419]).

[150] Frau B [I.02/779].

[151] Explizit hierzu Frau B [I.02/120], Herr C [I.03/32] sowie auch Herr D [I.04/605].

[152] Herr D [I.04/603].

[153] Herr C [I.03/101;807]; Frau A [I.01/22].

Die fünfte Verwendungsweise stellt genau diese pädagogische Arbeit in den Vordergrund. Interessant ist daran, dass Percussion in der Schule von den Befragten ein weiteres wichtiges Kriterium zugeordnet wird, welches als eine bestimmte Sozialform beobachtet werden kann: Percussion wird in einer ganz bestimmten Art und Weise unterrichtet, die eine spezielle Interaktion und Kommunikation zwischen Lehrendem und Lernenden ermöglicht. Diese Verwendungsweise von Percussion wird in den Interviewtexten so hervorgehoben akzentuiert, dass sie die anderen Bestimmungen beinahe in den Schatten stellt. Die Befragten selbst benutzen dafür Begriffe wie Methode,[154] Didaktik,[155] Arbeit[156] oder Betätigungsfeld.[157] Percussion erscheint hier einerseits äquivalent zu dem Begriff des Klassenmusizierens, wobei eine »didaktisch-methodisch geplante gemeinsame Ausübung«[158] im Mittelpunkt steht. Dass Percussion immer mit allen Schülerinnen und Schülern einer Klasse gemacht wird – also alle Lernenden etwas zum Spielen haben –, wird in den Interviewtexten als selbstverständlich dargestellt. Doch andererseits ist auch das Entstehen von Stücken oder Arrangements während des gemeinsamen Spiels sowie eine differenzierte und individuelle Verteilung der zu spielenden Patterns an die Lernenden ein Kriterium für Percussion. Diese Vorgehensweise lässt sich mit Jürgen Terhags Begriff des »Live-Arrangement«[159] fassen, wobei die Befragten diesen Begriff nicht nennen.

Eine weitere, sechste Verwendungsweise zeigt Percussion als einen Sammelbegriff, der etablierte Fachbegriffe wie Bodypercussion, Vocussion, Stomp[160] als Musikszene oder auch neuere Ausdrücke wie »Bankpercussion«[161] fasst. Percussion ist dann der Oberbegriff für eine bestimmte Art der Musikpro-

154 Frau B [I.02/17;21;339;351]. Herr C [I.03/756]. Herr D [I.04/102].

155 Frau B [I.02/21;793;961].

156 Frau B [I.02/17;21;339;351].

157 Frau B [I.02/10].

158 Bär 2005, S. 160. Vgl. auch Schäfer-Lembeck 2005.

159 Das Live-Arrangement »beschreibt eine zu gleichen Teilen künstlerisch und pädagogisch geprägte Methode […]. Das Live-Arrangement ermöglicht es, Musikstücke unterschiedlichster Stilistik für eine ganz bestimmte Zielgruppe während der Einstudierung zu entwickeln und diese permanent so zu variieren, dass sie in allen Phasen der Erarbeitung der unterschiedlichen Leistungsfähigkeit aller Beteiligten gerecht werden.« (Terhag/Winter 2011, S. 8).

160 Mit diesem Begriff ist Musik in Art der Gruppe STOMP gemeint, die durch das Musizieren mit Alltagsgegenständen bekannt geworden sind.

161 Frau A [I.01/328].

duktion, die explizit auf das Erzeugungsmaterial des Klangs (Körper, Stimme, Alltagsgegenstände etc.) und auf die Szene aufmerksam macht. Die Musik, die gespielt wird, ist bei einer solchen Verwendungsweise des Begriffs egal, da allein die Inszenierung eine Rolle spielt: Mozarts kleine Nachtmusik mit Besen geschrubbt kann hier genauso unter Percussion fallen, wie das Nachahmen von Candomblé-Rhythmen mit der Stimme oder das Spielen von Steve Reichs »Clapping Music«.

So getrennt die sechs verschiedenen Verwendungsweisen hier dargestellt wurden, so miteinander verwoben erscheinen sie in den Interviews. Percussion ist in den Textabschnitten selten mit nur einer Verwendungsweise zu fassen, oft ist es eine Mischung. Interessant ist an dieser, dass Percussion als Sozialform meist in der Mischung vorkommt. Diese Verwendungsweise, die einen bestimmten methodischen Umgang herausstellt, scheint von besonderer Bedeutung für den Begriff Percussion zu sein.

IV. Einzelfalldarstellungen

Dieser Studie liegen empirische Daten von vier Interviews zugrunde, welche als Leitfadeninterviews geführt und mit Hilfe von Audio-Aufnahmen vollständig transkribiert wurden. Die dafür verwendeten Transkriptionsregeln sind am Ende dieses Abschnitts zu finden. Die jeweilige Dauer der Interviews ist sehr unterschiedlich: Während das kürzeste Interview (I.01) knappe 42 Minuten dauert, misst das längste Interview (I.02) 2 Stunden und 11 Minuten. Die Entscheidung, offene Leitfadeninterviews zu führen, entsprang dem Forschungsinteresse, eine Vergleichbarkeit der Interviews zu sichern und gleichzeitig genügend Raum für Narrationen sowie individuelle Thematisierungen zu geben. Der Leitfaden überspannte die drei große Fragenkomplexe ›Was?‹, ›Warum?‹ und ›Wie?‹, wobei der erste Fragen zur Verwendungsweise des Begriffs Percussion – »Was ist für Sie Percussion?« –, der zweite Fragen zu Begründungen zu Percussion im Musikunterricht – »Warum unterrichten Sie Percussion?« – und der dritte Fragen zu unterrichtlichen Erfahrungen und Vorgehensweisen der Befragten hinsichtlich Percussion – »Wie unterrichten Sie Percussion?« – beinhaltete. Jedes Gespräch endete mit der offenen Aufforderung: »Habe ich irgendetwas vergessen, was Sie noch zu dem Thema Percussion im Musikunterricht sagen wollen oder Ihnen als wichtig erscheint?«

Die vier Befragten sind Musiklehrerinnen und Musiklehrer an vier bayerischen Gymnasien, die Percussion sowohl im Klassenunterricht als auch als Wahlfach unterrichten. Das Sample wurde über mündliche Hinweise ausgesucht und beansprucht keine Vollständigkeit bezüglich Begründungen zu Percussion im Musikunterricht. Um die Anonymisierung der Befragten zu garantieren, werden die Personen in den Auswertungen als Frau A, Frau B, Herr C und Herr D vorgestellt. Diese Reihenfolge entspricht der Chronologie der Interviewführung. Zudem wurden Orts- und Namensnennungen geschwärzt sowie zu deutliche Hinweise auf die eigene Person oder bestimmte andere Personen in zitierten Interviewausschnitten durch ähnliche Begriffe ersetzt.

Da Percussion in allen Interviews verschieden kontextualisiert wird, ist Percussion als ›Label‹ für eine (zumeist aus rhythmischen Strukturen bestehende und) dem jeweils Lehrenden eigene musikalische Praxis zu sehen. Durch das

Sampling,[162] welches Lehrende fokussiert, die Percussion gerne in ihren Klassen- sowie Wahlunterricht einbinden, wurde für diese Forschungsarbeit eine Perspektive gewählt, die Percussion als Möglichkeit zeigt, ›guten‹ Musikunterricht zu gestalten. Das soll nicht heißen, dass die befragten Personen keinen Raum hatten, Bedenken oder Schwierigkeiten hinsichtlich Percussion im Musikunterricht zu äußern, oder dass kritische Erzählsequenzen nicht in die Auswertung eingeflossen sind. Doch ist die Selektion des Samples für den fast durchweg positiven Blick auf Percussion im Musikunterricht mit entscheidend: Warum sollen die befragten Personen Percussion in ihren Klassen- wie Wahlunterricht einbeziehen, wenn sie es nicht in irgendeiner Weise positiv erleben? Als kontrastierendes Fallbeispiel wurde Herr C gewählt, da er Percussion nicht freiwillig, sondern über Anweisung seines Direktors in seinen Unterricht einbezieht. Interessanterweise stellt auch er Percussion durchweg als eine Möglichkeit dar, ›guten‹ Musikunterricht zu gestalten. Wie für die befragten Musiklehrerinnen und Musiklehrer dabei guter Musikunterricht zustande kommt, wird erst in den einzelnen Interviews sichtbar. Einiges, was die Befragten erzählen, ist für diese Forschungsarbeit nicht relevant oder erhält allein über Vermutungen zu psychischen Dispositionen Bedeutsamkeit, so dass diese Erzählsequenzen nicht in die Auswertung eingeflossen sind.

Bei der Auswertung der Interviews wurden die Texte einzeln sequentiell kodiert und ausgewertet. Die Ergebnisse werden im Folgenden bei der Darstellung der Einzelfälle in ihrer individuellen Komplexität gezeigt. Eine strikte Orientierung am chronologischen Verlauf der einzelnen Interviews erschien für die Darstellung aufgrund des Forschungsinteresses ungeeignet.

In jeder Einzelfalldarstellung wird vorab die Person und ihr zentrales Motiv für Percussion kurz vorgestellt. Im Anschluss daran wird die individuelle Verwendungsweise des Begriffs Percussion beschrieben. Hierauf folgen eine detaillierte Schilderung, zur Veranschaulichung der Motive der Person, sowie eine Zusammenfassung des Einzelfalls, in der die relevanten Blickpunkte für den Vergleich der Interviews aufgezeigt werden.

162 Sampling meint in empirisch-qualitativer Forschung die Auswahl einer Datenquelle, Stichprobe oder eines Falls. Ein theoretisches Sampling ist in verschiedenen Stadien der Forschung möglich und bezieht sich nicht nur auf die Auswahl von Interviewpersonen, d. h. auf die Erhebung von Felddaten, sondern auch auf vergleichende Auswertungsverfahren innerhalb der erhobenen Daten. Vgl. dazu STRAUSS/CORBIN 1996, insb. S. 148ff.

Transkriptionsregeln

`schnell=schnell`	schnelles Sprechen; Verschleifungen
`L`	Unterbrechung
`Abbruch-`	abgebrochenes Wort
`(undeutlich)`	undeutliches Sprechen
`°leise°`	leises Sprechen
`betont`	Betonung, Hervorhebung
`@lacht@`	lachend gesprochen
`,`	Stimmhebung
`.`	Stimmsenkung
`(.) / (..)`	Pause von 1 Sekunde / Pause von 2 Sekunden
`[...]`	Auslassung von Worten oder Sätzen
[*klatscht*]	transkribierte Geste, Anmerkungen
[...*Kontext*...]	der ausgelassene Absatz steht in diesem Kontext
`[I.02/391-394]`	Zitation, hier: Interview Nr. 2, Zeilen 391 bis 394

Frau A

Frau A ist als eine Person zu beobachten, die Percussion aus eigenem musikalischem Interesse in den Unterricht einbezieht. Frau A selbst spielt(e) in mehreren Ensembles, die perkussive Musik machen bzw. mit Percussioninstrumenten arbeiten [I.01/27ff/77ff/140ff/170ff] und bildet sich privat im Bereich Percussion/ Rhythmus fort [I.01/96ff/109ff/151ff]. Für ihre Ensembles arrangiert sie gerne und musiziert oftmals »eigene Sachen« [I.01/87]. Diese Neigung für das Arrangieren hilft ihr auch im Unterricht, da es ihr »wahnsinnig schwer« [I.01/299f.] fällt, fertige Kompositionen anderer Personen in den Unterricht einzubeziehen. Im Schuldienst bot sie Percussion anfangs nur als Wahlkurs an, doch nach und nach band sie es auch in den Klassenunterricht ein. Da Frau A der Umgang mit Trommelinstrumenten im Klassenunterricht zu laut ist, hat sie »so ne Art Konzept« [I.01/333] für Percussion entwickelt. Diese, für sie »funktionierende« Umgangsweise [I.01/526], gibt sie inzwischen selber in Fortbildungen an andere Lehrende weiter.

Frau As Erzählung fokussiert ihre rhythmischen Qualifikationen sowie Beschreibungen zu musikalischen Abläufen im Wahl- und Klassenunterricht. Oft erscheint dabei der Spaß, den Frau A daran hat oder bei ihren Schülerinnen und Schülern beobachten kann, als Begründung für Percussion [I.01/244/306/335/366]. Frau A erwartet hinsichtlich guten Musikunterrichts, dass Musik Lehrenden wie Lernenden Spaß machen und begeistern soll. Der Text erzählt diesbezüglich von Erfolg. Die Begeisterung kann im Sinne von schlichter ›Spaßpolitik‹, aber auch im Sinne von Aktivierung zu einem ›verständigen Umgang‹[163] mit Musik gelesen werden. Mit der zweiten Lesart, durch die freudiges Betätigen als günstige Voraussetzung für eine verstehende Auseinanderset-

[163] Der Begriff einer verständigen Musikpraxis wurde insbesondere von Hermann Josef Kaiser im musikpädagogischen Diskurs etabliert. Kaiser grenzt eine verständige von einer usuellen Musikpraxis ab: »Der Begriff Usuelle Musikpraxis meint das Ensemble von musikbezogenen Fähigkeiten, über das Kinder, Jugendliche und auch Erwachsene unhinterfragt verfügen und situationsbezogen jeweils aktivieren. Darin eingeschlossen ist jegliche Form des alltäglichen Musikmachens und des Hörens von Musik; gleichfalls das im Kontext der eigenen sozialen Gruppe stattfindende SichÄußern, das Stellung nehmen, die Artikulation der durch Musik angeregten emotionalen Befindlichkeiten. Gegenüber einer Verständigen Musikpraxis werden in einer Usuellen Musikpraxis alle Formen musikbezogener Tätigkeit (noch) nicht Gegenstand eines expliziten Nachdenkens, eines selbstbezüglichen NachDenkens darüber mit der Möglichkeit des DarüberSprechens. Verständige Musikpraxis dagegen ist das Ineins von musikbezogenen Tätigkeiten (wie zuvor beschrieben) und distanzierender Reflexion, das über den ›Gegenstand Musik‹ hinausgeht.« (Kaiser 2010, S. 51).

zung mit Musik aufgefasst wird,[164] sind viele Abschnitte bildungstheoretischer Relevanz in dem Text zu finden. Zudem ist eine weitere lehr- und lerntheoretische Überlegung [I.01/541–581] in dem Text zu beobachten. In dieser beschreibt Frau A, dass Schülerinnen und Schüler den Ablauf der Musik in Arrangements »geistig kontrollieren« [I.01/558] und voraushören können sollen.

Im gesamten Interview ist zu beobachten, dass Percussion für Frau A eine Lösung darstellt, die es ihr ermöglicht, eine Musik, die sie auch privat mag, in den Unterricht einzubeziehen, denn »perkussive oder rhythmische Musik hat mich schon immer interessiert« [I.01/95f]. Interessant ist nun daran nicht allein Frau As Affinität zu Percussion, sondern welche Aspekte sie für Unterricht thematisiert und welche nicht. Auch wenn der ›Spaß‹ an perkussivem Musizieren sehr zentral und oftmals eine erzählerische Letztbegründung für Percussion als musikalischer Umgangsweise im Unterricht ist, stehen wiederholt Beschreibungen zu einem Arrangieren von perkussiver Musik im Vordergrund. ›Percussion als Kompositions- und Arrangiermöglichkeit des Lehrenden‹ kann als zentrales Motiv von Frau A beobachtet werden:

```
A: [...] also ich arrangier sehr viel selber, (.) und ich steck sehr
viel Arbeit da rein, und das mach ich deshalb, weil mir das sehr
viel Spaß macht.
[I.01/305-307]
```

```
A: [...] Mein
Ansatz ist, muss ich zugeben, sehr (.) vom Selberwursteln bestimmt.
[I.01/410-411]
```

Für Frau A stellt Percussion eine Möglichkeit dar, Kompositionen und Arrangements für die jeweilig aktuelle Gruppe von Lernenden zu konzipieren, und somit auf diese zu reagieren. Dieser Aspekt kann im Text als Bezugspunkt beobachtet werden, da das Arrangieren oftmals der erzählerische Ausgangspunkt für andere Aspekte ist. Mit Percussion verbindet Frau A zudem Erfahrungen wie ihren eigenen Spaß, Begeisterung der Lernenden, Ausleben eigener Kreativität und Einbezug sowie Beschäftigung aller Lernenden. Musikunterricht mit Percussion gelingt für Frau A hinsichtlich dieser Kriterien.

Guter Musikunterricht mit Percussion ist in der Erzählung Frau As als ein Unterricht zu beobachten, der ihr als Lehrende sowie den Jugendlichen als Lernenden Spaß macht.

[164] »Motivation gilt als Grundvoraussetzung für jedes Lernen. [...] Die richtige Motivation ist hierbei eine erste Lerntechnik: Das Bedürfnis etwas *von sich aus* zu tun – etwa zu lernen –, weil der Lernende Interesse oder Spaß an der Sache an sich hat, ist weit wirksamer als die von außen aufgesetzte Motivation.« (Hobmair 1997, S. 140, Herv. i. O.).

Die Verwendungsweise des Begriffs Percussion durch Frau A

Frau A verwendet den Begriff Percussion in sehr unterschiedlicher Weise. Sie bezeichnet damit einen Ensemble an ihrer Schule, eine bestimmte Instrumentengruppe, eine bestimmte Art von Musikstilistik sowie einen bestimmten methodischen Umgang mit Rhythmus. Diese letzte Verwendungsweise stellt sie allen anderen in ihrer Erzählung voran:

```
I: Ähm, meine erste Frage wär eigentlich gleich: Was ist für Sie
Percussion?
A: (...) hm @(..)@
I:               └ @(..)@
A:                          └ (...) Also für mich ist Percussion (..) alles
was mit Rhythmusarbeit, spezieller Rhythmusarbeit zu tun hat.
[I.01/6-11]
```

Frau A gibt mit dieser ersten Aussage eine Bestimmung des Begriffs Percussion, der eine bestimmte Beschäftigung mit Rhythmus fokussiert. Diese Beschäftigung mit Rhythmus ist allerdings für sie ›speziell‹, so dass nicht jede Arbeit mit Rhythmus als Percussion bezeichnet werden kann. Jedoch wird mit dieser Aussage noch kein differenziertes Aktionsfeld der Arbeit mit Rhythmus gefasst, denn dieses kann sich genauso auf ein eigenes Erarbeiten von rhythmischen Strukturen beziehen, wie auf eine unterrichtliche Interaktion mit Schülerinnen und Schülern, wie auch auf ein Musizieren, das vor allem rhythmisch geprägt ist. Eine Vielfalt von Deutungen ist hier möglich, die sich nicht gegenseitig ausschließen müssen.

Im unmittelbaren Anschluss an das obige Textzitat zählt Frau A Beispiele auf, die dieser »spezielle[n] Rhythmusarbeit« [I.01/11] zugeordnet werden können.

```
A: [...] Also Bodypercussion, (..)
I:                            └ mhm
A:                                 └ äh, Bank-Trommelei,
[I.01/11-13]
```

Diese Begriffe (Bodypercussion, Bank-Trommelei; später erzählt sie auch von Vocussion bzw. rhythmischem Sprechen) lassen die Interpretation zu, dass für ihren Begriff der Rhythmusarbeit nicht nur bestimmte rhythmische Strukturen, sondern auch bestimmte Medien (Körper, Stühle, Tische, Stimme) bzw. ein Umgang mit diesen eine Rolle spielen. Mit dem unmittelbar folgenden Erzählanschluss an das oben stehende Zitat, wird diese Beobachtung bestätigt, da sie nun auch bestimmte Instrumente Percussion zuordnet.

```
A: [...] und natürlich aller Arten von äh, (..) lateinamerikanischen,
afrikanischen (..) europäischen Percussioninstrumenten. (..)
[I.01/13-16]
```

Einerseits sind hinsichtlich eines Begriffs von Percussion für Frau A bestimmte Medien von Bedeutung, andererseits schließt sie mit ihrer Darstellung auch fast nichts aus, da nur Instrumente, die keine Percussioninstrumente sind, aus dem Bereich an denkbaren Medien zu rhythmischem Musizieren herausfallen, unter der Voraussetzung, dass »Bank-Trommelei« [I.01/13] nicht bloß explizit als Gegenstand Tisch, sondern allgemein als ein Beispiel für Alltagsgegenstände gesehen wird. Diese Deutung lässt sich allerdings mit keinem Textzitat belegen, da Frau A nur von Tischen bzw. Stühlen und nicht von anderen Alltagsgegenständen erzählt.

Einige Zeilen weiter stellt Frau A Vocussion weder als eine Kunstform noch als einen bestimmten klanglichen Rhythmuseffekt dar, sondern als eine Methode, die die Unterrichtssituation erleichtert.

```
A: [...] Weil die Arbeit mit Percussioninstrumenten, wenn man mit
Percussioninstrumenten arbeitet, hat man ja immer Phasen zwischen-
drin, in denen man äh, Rhythmen spricht (.) oder mit Bodypercussion
arbeitet, weil das ja sonst alles viel (.) viel zu laut ist. (...)
[I.01/22-26]
```

Insgesamt fasst diese erste Textsequenz Percussion als einen sehr offenen Bereich, der nicht genau begrenzt werden kann. Im weiteren Interviewtext finden sich noch andere Hinweise darauf, was Percussion für Frau A ist.

Frau A verwendet Percussion als eine Bezeichnung für einen Wahlkurs an ihrer Schule, analog beispielsweise den Bezeichnungen Chor, Orchester oder Flötengruppe.

```
A: [...] Und seitdem habe ich Percussion als (.) Wahlfach.
[I.01/130]
```

```
A: [...Klassenunterricht...] Dagegen solche Sachen, wenn ich die in
Percussion mache, die laufen total gut,
[I.01/447f.]
```

```
A: [...] Und ähnlich ist es in Percussion dann, die können mit dem
Rhythmus so nichts anfangen, und dann machen sie den Schritt dazu
und dann ist's klar. (.) Aber das hab ich eben bei einer Klasse
nicht.
[I.01/479-482]
```

Interessant ist nun, was Frau A von dem Wahlkurs ›Percussion‹ erzählt, da davon auszugehen ist, dass in einem mit ›Percussion‹ betitelten Wahlkurs auch Percussionmusik (analog dazu bspw. Chormusik, Lieder) oder Percussioninstrumente (analog dazu bspw. Flöteninstrumente) gespielt werden.

Auffällig ist, dass Frau A in ihrer Erzählung kein einheitliches Bild davon erzeugt, welche Instrumente sie Percussion zuordnet, und welche nicht. Für sie spielen die Gegenstände, auf denen musiziert wird, eine Rolle, da sie insbesondere in Verknüpfung mit ihrem Wahlkurs ›Percussion‹ die verschiedensten Instrumente nennt, die für sie in Verbindung mit Percussion stehen, doch ist keine klare Unterscheidung zu beobachten. Dass eine »Darbuka« [I.01/92], »Djemben« [I.01/190], »Trommeln« [I.01/320], »Trommelinstrumente« [I.01/434], »Tamborims« I.01/ [590], »Timbas« [I.01/614], »Congas« [I.01/614], »Timbales« I.01/ [617] »Surdos« [I.01/619], »Rahmentrommeln« [I.01/621] und wahrscheinlich auch ein »Balafon« [I.01/572] sowie »Bass-Schlitztrommeln« [I.01/573] Percussion zugeordnet werden können, ist nicht verwunderlich. Doch sie nennt auch »Xylophone und äh, Metallophone und dings und dangs« [I.01/246] die sie im Wahlkurs ›Percussion‹ im musikalischen Stil von Minimal Music eingesetzt. Sie bezeichnet diese Musik als »Patternmusic« [I.01/251], was insofern eine Verbindung zu perkussiver Musik herstellt, als auch diese sich meist an repetitiven Strukturen orientiert. Frau A sucht »das dann auch immer mit einem melodischen Anteil zu verbinden« [I.01/253f.], für den sie »Klinger, Glockenspiele, Metallophone«, »Glocken« und sogar »ein indisches Harmonium« [I.01/254/255/257] verwendet, ähnlich »diese[n] Steve Reich Sachen, (..) Music for 18 Musicians« [I.01/250f.].[165] Festzuhalten bleibt, dass auch Instrumente, die üblicherweise nicht als Percussioninstrumente bezeichnet werden, von Frau A im Wahlkurs ›Percussion‹ eingesetzt werden. An anderer Stelle [I.01/541–578] ist zu beobachten, dass der Begriff Percussion in Erzählungen zu Arrangementabläufen auch eine ganz spezielle Gruppe von Instrumenten bezeichnen kann, die allerdings nicht genannt wird. Zu erfahren ist allenfalls, welche Instrumente Frau A hier nicht als »die Percussion« [I.01/574] bezeichnet.

> A: [...] und da spielt diese Gruppe, und da spielt diese Gruppe, und dann fangt das sechste Balafon an, dann kommt das zweite dazu, und dann kommen die, (.) wir haben noch so Bass-Schlitztrommeln, dann kommt das dazu, dann kommen die Glocken, dann spielen die (.) spielt die Percussion dann dazu, in diesem Rhyth-, also so. [I.01/570-575]

[165] »Music for 18 Musicians« von Steve Reich wurde für ein Violoncello, eine Violine, zwei Klarinetten, vier Klaviere, drei Marimbaphone, zwei Xylophone, ein Metallophon und vier Frauenstimmen geschrieben.

Dieser Textausschnitt ist verschieden interpretierbar. Durch ihre Aufzählung chronologischer Formteile bleibt unklar, ob ein »Balafon« [I.01/572], »Bass-Schlitztrommeln« [I.01/573] oder »Glocken« [I.01/574] zu Percussion gehören, da sie diese Instrumente in ihrer Aufzählung eigens abgrenzt, oder ob die antizipierte Nennung dieser Instrumente dem chronologischen Ablauf ihres Arrangements geschuldet ist, wobei dann »die Percussion« [I.01/574] das gleichzeitige Einsetzen mehrerer verschiedener Percussioninstrumente markieren würde.

Welche Instrumente als Percussioninstrumente bezeichnet werden und welche nicht, ist in Frau As Erzählung variierend und zeigt, dass der Begriff Percussion nicht in erster Linie über ein bestimmtes Instrumentarium definiert wird. Allerdings scheinen bestimmte Strukturen von Musik (»Patternmusic« [I.01/251]), bestimmte Spielweisen (»perkussiv aufbereitet« [I.01/89/147]) oder bestimmte Klangeffekte (»perkussive oder rhythmische Musik« [I.01/95]; »und dann kommt zu dem melodischen Teil halt wieder ein perkussiver dazu« [I.01/289]) für Percussion entscheidend zu sein, so dass sich eine Zuordnung von Instrumenten zu Percussion über diese zusätzlichen Kriterien schärfer fassen lässt.

Interessant ist auch, dass Frau B den Begriff Percussion insbesondere in den Kontext von Schule und Unterricht stellt. Erzählt sie von ihren eigenen, außerschulischen Musikaktivitäten, die sie insofern mit Percussion in Verbindung bringt, als diese mit »rhythmische[r] oder perkussive[r] Musik« [I.01/95f.] zu tun haben, benennt sie differenziert, welche Musikstile (»mittelalterliche Sachen« [I.01/87], »Balkan-Sachen« [I.01/88], afrikanische »Tanzbegleitung« [I.01/176/192/196/204]), Fortbildungen (»Taketina-Methode« [I.01/37], »Zusatz-Ausbildung [...], in rhythmisch-musikalischer Erziehung« [I.01/110f], Fortbildung in »Gambia« [I.01/154]) oder musikalische Strukturen (»ungerade Takte« [I.01/89], »Masterdrum-Solo-Rhythmen« [I.01/185], »zwölf achtel Geschichten« [I.01/187]) sie spielt. Der Begriff Percussion steht in diesen Erzählabschnitten meist für einen erzählerischen Brückenschlag von außerschulischen Aktivitäten zu Unterricht.

Frau A benennt auch bestimmte Musikstile, die sie Percussion zuordnet. Insbesondere Musik aus Westafrika oder Brasilien wird in dem Text immer wieder als Percussion klassifiziert. Unklar ist, inwieweit Frau A »so brasilianische Sachen, oder auch kubanische Sachen« [I.01/418f.] gänzlich als Percussion fasst, da sich in traditioneller Musik Afrikas, Brasiliens wie auch Kubas zwar viele Percussioninstrumente finden lassen, doch dort ebenso Instrumente mit exakten Tonhöhen existieren. Auch Gesang ist ein wichtiger Bestandteil dieser Musik. Darüber sagt Frau A jedoch nichts, so dass auch die Verwendungsweise des Begriffs Percussion als ein bestimmter Musikstil unscharf bleibt.

Motive von Frau A

Im Folgenden wird die Verknüpfung des Bezugspunktes ›Arrangiermöglichkeit‹ mit den einzelnen Aspekten dargestellt. Zuerst wird anhand von Erzählungen zum Wahlunterricht gezeigt, welche Freude Frau A das Arrangieren bereitet, woran sie die Begeisterung ihrer Schülerinnen und Schüler beobachten kann und wie sie methodisch mit Percussion und ihren Arrangements umgeht. Daran schließen Darstellungen über Erzählsequenzen an, die die Beschaffenheit ihrer Arrangements beschreiben, die wiederum zeigen, was Frau A außer Spaß an der Musik noch vermitteln will. Es folgen Aspekte, die sich auf Percussion als Musikpraxis im Klassenunterricht beziehen. Hier werden insbesondere ein ununterbrochenes In-Musik-Sein sowie eine körperliche Aktivität der Lernenden für Frau A wichtig.

Begeisterung für Percussion als Arrangier- und Reaktionsmöglichkeit

Nach Textsequenzen zu Beginn des Interviews, in denen Frau A ihr Engagement bezüglich des Arrangierens von Stücken in privaten Ensembles darstellt [I.01/27–32/85–90/137–149/196–200], beschreibt sie ihre Begeisterung auch für den Unterricht.

```
I: Und ähm, schreiben Sie dann Ihre Stücke alle selber?
A: Ja. (...)
I: Also keine bereits komponierte Litera-
A:            └ Nee, das kann ich gar nicht. Das fällt mir wahnsin-
nig schwer. Das geht mir übrigens beim Chor auch so, ich kann ganz
schwer (.) Sachen äh (..) nehmen. Ich muss dann irgendwie da dran
rumbasteln, wenn ich das  mach, und dann kann ich's auch gleich
selber machen, also ich arrangier sehr viel selber, (.) und ich
steck sehr viel Arbeit da rein, und das mach ich deshalb, weil mir
das sehr viel Spaß macht.
I: Und was beziehen Sie noch in den Unterricht ein? (..) Also, Sie
nehmen jetzt quasi Komponisten,
A:                          └ Ja, das  wollt ich jetzt erst mal sagen,
hier, das  läuft auf der Wahlunterrichtsschiene, ne? Und da läuft
das total gut, weil das äh, die Schüler sind da total hinterher,
und ich hab auch äh eine große Befriedigung darin, dass ich die
Sachen schreibe [...]
[I.01/296-313]
```

Auffällig hervorgehoben ist von Frau A an dieser Stelle die persönliche Erfüllung beim Arrangieren. In der Erzählung ist deutlich eine Verbindung mit Begeisterung seitens der Lernenden (»total hinterher« [I.01/311]) und einem schulisch-unterrichtlichen Gelingen (»das läuft total gut« [I.01/310f.]) gegeben. Die Beobachtung von Freude sowie von gelingendem Unterricht motiviert sie selbst wiederum zu neuen Arrangements. Dieser Zirkel ist auch später im Text bei Erzählungen über Klassenunterricht anzutreffen – guter Unterricht, feststellbar über die sichtbare Begeisterung der Lernenden, motiviert die Lehrkraft. Diese Sichtweise lässt sich als Verweis auf schulische Unterrichtssituationen lesen, in denen Lernende weniger sichtbar begeistert sind. Es scheint, als ob solche Situationen vermieden würden. Allerdings erzählt der Text von solchen Momenten kaum.

Während in dem oberen Abschnitt Frau A noch verschiedene musikalische Praxen (Chor und Percussion) erwähnt, stellt sie gleich im Anschluss das Arrangieren von Percussionstücken als eine optimale Reaktionsmöglichkeit auf die unterschiedlichen Fähigkeiten ihrer Schülerinnen und Schüler dar. Das Arrangement wird solange verändert, bis es aus Sicht Frau As funktioniert – wobei sich der Begriff ›funktionieren‹ hier durch den Kontext als ›von den Lernenden gut spielbar‹ beobachten lässt. An anderer Stelle [I.01/264ff.] spielt auch eine musikalisch überzeugende Zusammenstellung ihrer Arrangements eine Rolle.

> A: [...] und dann, (.) wobei schreiben äh (.), im kompositorischen Sinne nicht ganz richtig ist, also ich sitz da und schreib und dann wird das gespielt, sondern ich überleg mir was aus=dem Spielen raus, und dann schau ich, ob's funktioniert. Und wenn's nicht funktioniert, mach ich's nicht oder mach was anderes. Also ich muss das immer wieder schaun was geht und was nicht geht. (.) Und dann am Ende (.) ist halt ein Stück fertig. (..)
> [I.01/313-319]

Das Verändern der Arrangements ist für Frau A bei Percussion im Unterrichtsprozess selbst möglich. Inwieweit Frau A auch bei anderen musikalischen Umgangsweisen auf ähnliche Weise herangeht, erzählt der Text nicht.

Beschaffenheit und Struktur der Arrangements

Dass Frau A den Begriff des Arrangierens dem des Komponierens vorzieht, ist im Text an mehreren Stellen zu beobachten. Sie spricht in diesem Zusammenhang nicht nur über situative sowie zeitliche Umstände (»wobei schreiben äh (.), im kompositorischen Sinne nicht ganz richtig ist, also ich sitz da und schreib und dann wird das gespielt,« [I.01/313–315]), sondern auch darüber, welche Komponisten und Musikstile sie inspirieren und wie sie sich daran orientiert [I.01/250ff.]. Die Nicht-Bezeichnung dieses Vorgangs als Komponieren, lässt sich über eine Verwendung existierender Patterns bzw. Rhythmen deuten. Diese, von Frau A eingeführte Unterscheidung zwischen Komponieren und Arrangieren stellt den Umgang der Lehrkraft mit bereits vorhandenem Material in den

Vordergrund. Das Verändern und Vereinfachen bzw. das Finden der besten Zusammenstellung des Materials ist für den Erfolg des Unterrichts entscheidend.

Auf genauere Nachfrage bezüglich ihrer Inspirationsquelle, erzählt sie von ihrer eigenen Kreativität wie auch vom Einbezug verschiedenster Musikstile. Ihr Halbwissen über diese blendet sie nicht aus, sondern legitimiert erzählerisch damit ihre Arrangements, die nicht immer in einem bestimmten Stil gehalten sind. Da Frau A zu Beginn des Interviews ihre Qualifikationen hinsichtlich Percussion darstellt, wirkt ihre Erzählung an dieser Stelle sachverständig, obwohl sie auf Halbwissen über bestimmte Rhythmen hinweist. Der unten folgende Ausschnitt hebt ihre Spezialisierung auf andere Stile (bspw. westafrikanische Djembe-Musik) hervor.

> I: mhm (.....) okay. Und äh, noch mal auf die Literatur zurückzukommen, also Sie greifen sich quasi ähm von irgendwo, Sie schaun sich was an und nehmen das so ungefähr und machen was Neues draus.
> A: Ich hab äh (..) ich bin auch, ich mach zwar jetzt wirklich wahnsinnig lang jetzt Percussion, aber ich mach eigentlich ziemlich meinen eigenen Stiefel, (.) also ich bin auch gar nicht besonders fit jetzt vom Unterscheiden von äh, (...) Maracatú, °na gut, Samba Reggae kenn ich mich ein bisschen aus°, aber so brasilianische Stile zum Beispiel (.) gibt ja einige Percussion-Leute, die jetzt zum Beispiel, [...] diese ganzen Stile auch auseinander sortieren können, das kann ich überhaupt nicht. (...)
> I: └ mhm
> A: └ (...)
> Und äh, das ist (..) anders als (.) als mein Ansatz. (.) Mein Ansatz ist, muss ich zugeben, sehr (.) vom Selberwursteln bestimmt. Also ich hab mich jetzt nie so genau jetzt damit auseinandergesetzt, welche Rhythmen jetzt da, das interessiert mich schon, (.) ich schau dann auch, welche Rhythmen da äh (.) ineinander verzahnt sind, jetzt bei was weiß ich, bei brasilianischem Congo oder solchen Sachen, (.) und lass mich davon auch inspirieren, aber ich mach das eigentlich (.) zu wenig kann man sagen. (..) Also ich hab beim *[Name]*, das ist mein Trommelmeister da in Benin, von dem hab ich natürlich viel, (.) viel gelernt, aber so brasilianische Sachen, oder auch kubanische Sachen (..) da bin ich eigentlich (.) nicht besonders fit. (.) Obwohl ich die ganzen Instrumente ja auch verwende, und so ein bisschen natürlich weiß, wie die Spieltechniken sind, aber (.) ich (..) könnt jetzt nicht sagen, das ist der Stil und das ist der Stil und wenn er °schneller gespiel-° und das ist ein Rumba Guaguancó und das ist ein Rumba Columbia und so, das ist mir gar nicht äh so geläufig. (.) Sondern, ja ich wurstel vor mich hin.
> [I.01/392-427]

In diesem Ausschnitt ist zu beobachten, dass die stilistische Reinheit der Musik weniger im Vordergrund steht. Auch werden verschiedenste Instrumente verwendet und deren Einsatz wird weder als pädagogisch gewagt noch als ästhetisch unglücklich noch als methodisch undenkbar hingestellt. Der Einsatz von Instrumenten, die Frau A »so ein bisschen« [I.01/423] beherrscht, ist für sie möglich. In ihrer Erzählung erscheint kein Unwohlsein diesbezüglich, sondern sie betont einen offenen Einbezug der Instrumente.

In anderen Beschreibungen Frau As zu eigenen Percussion-Arrangements finden sich Momente, die die Zusammenstellung der Patterns über Aspekte der Innovation [I.01/196ff./244ff./291], der Spielbarkeit bzw. des Funktionierens [I.01/313ff./334ff.] oder der Begeisterung der Lernenden [I.01/347ff.] begründen. Als entscheidend für diese Art des Arrangierens scheint unter anderem die Struktur ihrer Stücke: Frau A beschreibt in verschiedenen Textsequenzen den Ablauf ihrer Arrangements.

```
A: [...] Also das ist für mich auch noch ein=n wichtiger Aspekt,
dass man äh, (..) die Form, dass die Form eine Rolle spielt (.) und
ich würd mal sagen, dass es jetzt eher ein europäischer Aspekt,
die Form ergibt sich jetzt (.) bei der afrikanischen Musik durch
das Zusammenspiel mit dem Tanz, oder durch Lieder, (..) aber diesen
Aspekt haben wir ja nicht, und äh, (.) die Form ist auch (.) schon
bei den Trommelstücken ist sie insofern frei, als dass ich die
äh Breaks einpfeife, und das ist nicht ganz klar, wie lang das
dazwischen ist, aber es ist klar jetzt, da kommt dieser Break,
da kommt dieser Break, und da spielt diese Gruppe, und da spielt
diese Gruppe, und dann fangt das  sechste Balafon an, dann kommt
das zweite dazu, und dann kommen die, (.) wir haben noch so Bass-
Schlitztrommeln, dann kommt das  dazu, dann kommen die Glocken,
dann spielen die (.) spielt die Percussion dann dazu, in diesem
Rhyth-, also so. (.) Also so Formverläufe. (.) Die sind mir schon
(...) schon wichtig. °Ja.°
I:                              └ °ja, gut.°
A:                                        └ °gut.°
[I.01/561-578]
```

Diese Beschreibungen der ›Formverläufe‹ lassen Vermutungen über die nähere Beschaffenheit der Arrangements zu, da zudem die einzelnen Strukturen meist patternorientiert sind [I.01/251/266/559]: Die Abschnitte beinhalten wenig entwickelnde, motivische Veränderung, sondern eher sich wiederholende Muster, wobei ein Hinzufügen oder Weglassen dieser Muster einzelne Abschnitte markiert. Interessanterweise stellt Frau A die Entstehung von Form über Tanz und Gesang als etwas dar, was es in Europa bzw. in der Musikpädagogik bei Percussion so nicht gebe.[166] Die didaktische Transformation dieser ›hier‹ nicht möglichen Formgestaltung in einen durch abgesprochene Signale strukturierten

[166] An dieser Stelle ist im Text der Bezug des Pronomens ›wir‹ unklar: »aber diesen Aspekt haben wir ja nicht« [566]. Da sich der unmittelbare Kontext zuvor auf die Unterscheidung europäisch/afrikanisch bezieht, dennoch der umfassende Kontext einen starken musikpädagogischen Fokus aufweist, kann keine eindeutige Zuordnung angegeben werden.

Ablauf wird als selbstverständlich angeführt. Die Reduktion von miteinander verwobener Strukturen (instrumentale Musik, Tanz, Gesang) bei (west-)afrikanischer Musik auf nur eine davon wird innerhalb einer musikpädagogischen Praxis nicht als Beeinträchtigung gesehen.

Förderung von Kompetenzen

Dieser Stelle unmittelbar vorangehend findet sich eine Textsequenz, die im weitesten Sinne Fähig- und Fertigkeiten zu einem verständigen Musikwahrnehmen beschreibt.

> I: Ähm, hab ich noch irgendwas vergessen, was Sie zu Percussion erzählen wollen? Was für Sie jetzt noch sehr wichtig wäre?
> A: (.....) Mh. (.....). Ja das hat ja (.) total (.) viele (.) Aspekte. Also bei meiner Percussionarbeit ist dann auch, (.) find ich sehr wichtig, dass die im Laufe-, wir machen ja praktisch zwei, drei Stücke im (.) im Jahr, °mit einer Gruppe°, mach ein Weihnachtsstück, das dauert schon so sieben bis zehn Minuten (..) und dann mach ich ein Trommelstück, das versuch ich auch länger zu machen, (.) auch meistens so sieben, acht Minuten, und für mich ist auch wichtig, dass die lernen (.) äh, den Ablauf zu kriegen, ich schreib ihnen schon so einen Formverlauf, (.) kriegen sie dann auch, ich schreib ihnen dann auch ihre Rhythmen auf, so in Pulsnotation meistens, (..) und die Balafonstimmen einfach mit herkömmlicher Notation, (...) aber ähm, beim Auftreten, da gibt's dann schon noch welche, die da sagen, <u>kann ich noch nen Ablauf haben?</u> aber mir geht's schon darum, dass sie äh, (.) den Ablauf auch (.) ja, einfach geistig kontrollieren können, dass sie wissen, was als nächstes kommt, und das heißt natürlich, dass man immer viel über Singen machen muss. (.) Weil in einem Pattern drin sein, ist total gut, aber jetzt äh, wie heißt jetzt der nächste Break, oder wie heißt der neue Teil, wie geht der, das ist schon schwerer.
> [I.01/542-561]

Die Beobachtung dieser Musikwahrnehmung bei ihren Schülerinnen und Schülern – Wissen um die folgende rhythmische Struktur bei gleichzeitigem Spiel der vorhergehenden – ist für Frau A möglich, da sie bei einem erfolgreichen Abschnittswechsel davon ausgehen kann, dass die Lernenden die Fähigkeiten der Reflexion für diese Situation erworben haben. Die beschriebene Voraussetzung dazu, das Singen der Patterns auf Silben, zeigt, dass Rhythmen als Sprachmelodien aufgefasst werden.[167] Allerdings wechselt Frau A zwischen den Bezeichnungen Sprechen und Singen von Rhythmussilben im Interview

[167] Exemplifiziert sie im Interview solche Rhythmussilben, sind auf dem Audiomitschnitt keine expliziten Tonhöhen erkennbar: Frau A spricht die Patterns, wobei die verschiedenen Vokale und Konsonanten bestimmte Gesten und Klänge darstellen.

immer wieder, so dass eine Tendenz zur einen oder anderen Bezeichnung nicht zu beobachten ist. Warum »man immer viel über Singen machen muss« [I.01/585f.], erzählt sie nicht. Allein am Anfang beschreibt Frau A kurz, dass dies eine Methode ist, um Rhythmen leise zu üben, »weil das ja sonst alles viel (.) viel zu laut ist« [I.01/25f.]. Das Sprechen bzw. Singen von Rhythmussilben wird als eine gängige Methode dargestellt, die nicht weiter veranschaulicht werden muss, da auch seitens der Interviewerin keinerlei Irritation zu erkennen ist.

Percussion als Beschäftigung, Disziplinierung und Bewegungsaktion

Während bisher nur Erzählungen zum Wahlunterricht herausgegriffen worden sind, weil Frau A insbesondere hier ihre Arrangements beschreibt, soll nun eine Textsequenz gezeigt werden, die den Klassenunterricht fokussiert. An dieser ist zu beobachten, dass der Vergleichsgesichtspunkt ›guter Musikunterricht mit Percussion‹ nun eher eine Art Disziplinierung bzw. Beschäftigung der Klasse ins Zentrum rückt.[168] Frau A erwähnt zuerst den Unterschied der Fähigkeiten und Fertigkeiten von Teilnehmenden der Wahlkurse zu denen einer Klasse (der Gender-Aspekt, den sie anführt, ist im gesamten Text nur an dieser Stelle zu finden) und legitimiert dann ihr weiteres Vorgehen über außermusikalische Aktivitäten.

> A: [...] (..) Und gerade wenn ich ne Neunte hab, ich hab jetzt zwei Neunte, (..) bis die mal in dem Schritt drin sind, das dauert. Dauert sehr lange, (.) gerade äh die Jungs jetzt, die Mädchen haben's natürlich schneller. Die Meisten. (...) Und, (.) aber ich probier das schon (..) immer wieder zwischendurch, weil ich das auch wichtig finde, dass die zwischendurch mal (..) aufstehen *[A macht das Aufstehen vor]*, Tische zusammenschieben und dann Eins Zwei Drei Vier und schaun und dann *[A spielt ein kurzes Bodypercussion-Pattern vor]* irgendwas dazu machen, das ist schon, das tut der Klasse schon gut.
> [I.01/482-491]

[168] In einer Textsequenz, die vor der eigentlich interessanten steht, thematisiert Frau A selbst die Disziplin innerhalb einer Klasse, so dass nachfolgende Sequenzen in diesem Lichte gelesen werden können.

> A: [...] und äh, Klassenunterricht (..) ist (.) immer (.) auch die ganze Gruppe disziplinieren (..) das kommt, ist da immer ein ganz wesentlicher Bestandteil, (..) und man hat immer ein paar, (.) die so gar nicht an Musik interessiert sind, und ein paar, die sehr interessiert sind, (...) und (..) also Hauptbestandteil von meinem (.) Klassenunterricht jetzt im praktischen Aspekt (.) ist äh Singen (..) und so Bodypercussion-Sachen.
> [I.01/436-442]

An diesen Ausschnitt schließt eine Frage der Interviewerin an, die sich auf den Kontext davor bezieht. Trotz dieser Unterbrechung kommt Frau A am Ende der unmittelbar anschließenden Sequenz wieder auf eine ähnliche Begründung ihrer Methode zu sprechen.

> A: Und dann eben dazu zu singen, und dann lass ich sie äh (..) oft auch wieder sitzen, sing die Strophen, dann lass ich sie auch wieder aufstehen und lass sie neben den Bänken machen, also das ist (..) ein (..) Konzept um rein zu kommen, das funktioniert. [I.01/522-525]

Der Text erzählt von einem Konzept, das sich vor allem mit dem Wechsel von Aktionen für die Lernenden auseinandersetzt. Die Aktionen finden zwar in der Rahmung von aktivem Musikmachen statt, sind aber nicht immer Elemente des Musizierens: Aufstehen, Tische zusammenschieben, hinsetzen, sich neben die Bänke stellen etc. lassen sich eher als außermusikalische Bewegungselemente beschreiben, da hier keineswegs der Klang (bspw. das Schrappen beim Tischerücken) eine Rolle spielt.

Interessant ist auch die Erzählsequenz zwischen diesen beiden zuletzt zitierten Abschnitten, in der Frau A ihr Vorgehen beim Klassenmusizieren beschreibt. Wird dieser Abschnitt mit dem Fokus auf ein aktionsreiches Konzept für guten Unterricht gelesen, so fällt auf, dass insbesondere ein fortwährender musikalischer Fluss dieses ermöglicht.

> I: Also Sie unterrichten aufbauend, also quasi vom Schritt rauf und dann mehr Körper dazu, oder-
> A: Ich mach natürlich Bankpercussion mach ich jetzt ohne Schritt, (.) aber dann fang ich an mit dem Schritt, und versuch des (...) soweit wie möglich, Sachen zu dem Schritt dazu zu machen.
> I: └ Und das geht, ich vermute mal, über Call, Call, also-
> A: └ Ja immer, über Vor- und Nachmachen.
> I: └ mhm, (..) ohne was dazwischen zu sagen, also ich schätze das geht ineinander über,
> A: └ ja, ja, ich versuch immer den Schritt zu halten, auch wenn ich was sage, hier, (ein drin, zwei drin) rechts rechts, dann wieder umdrehen, weil es ist spiegelverkehrt, natürlich, äh, durcheinander bringen, (..) aber ich versu- <u>und ich</u> mach mir dann Playbacks. (..) Also zum Beispiel um reinzukommen, ich hab mir ein Playback gemacht für, (.) äh, Don't worry, (.) und das läuft die ganze Zeit durch, (.) und dann mach ich (...) *[A schnipst Beat]* das Stück, ist ein relativ langsamer Schritt, (.) schwer, (.) Tempo ist sehr wichtig, aber dann schau ich, dass *[A spielt ein Bodypercussionpattern vor]* dudum dumdum dag da, also den dazu kriegen *[A spielt das gleiche Bodypercussionpattern vor]*, didim didim da, dann fang ich an mit *[A singt kleinen Melodieausschnitt (Anfang) von Don't worry vor]* du dut dudu dut dudu dudu

dudut, *[A spielt danach ein Bodypercussionpattern vor]* und dann wissen sie's, dann kennen sie's schon, das haben sie irgendwie im Ohr, und dann können sie's vielleicht auch dazu singen, vielleicht können sie das auch dazu machen, und das ist dann schon (..) äh ein ganz guter Anfang, das Stück mögen sie, das motiviert sie, (...) im Schritt drin zu bleiben. °Und hier, ja ah, so geht das°. *[A schnipst Beat]*
[I.01/492-521]

Bei den musikalischen Elementen, von denen Frau As Konzept erzählt, wird deutlich, dass vor allem das ›Spielen‹ und nicht das ›Reflektieren‹ im Mittelpunkt steht. Frau A lässt keine Pause aufkommen, sondern beschäftigt die Schülerinnen und Schüler über den Zeitraum des Klassenmusizierens ohne Unterbrechung, da selbst in Situationen, in denen sie etwas sagt, der ›Schritt‹[169] weiterläuft. Somit ist ein Teil der Musik (Schritt als Beat) immer präsent und verlangt stets etwas Aufmerksamkeit von den Schülerinnen und Schülern. Frau A erzählt sodann, dass die Lernenden über eine ihnen bekannte, für sie angenehme Musik (Popsong) zu dem Schritt motiviert [I.01/521] werden können. Ist eine motivierende Musik gefunden, werden durch die Bewegungselemente Variationen der zu singenden oder spielenden Abschnitte eingeführt. Das Konzept der dauerhaften Beschäftigung (in Musik) funktioniert.

Konträr zu dieser Beobachtung erzählt Frau A etwas früher, dass insbesondere einfache Bodypercussion-Gesten Schülerinnen und Schüler motivieren, einen Popsong zu singen. Hier kann sie den Spaß der Lernenden beobachten. Der Text erscheint an dieser Stelle in sich unschlüssig, inwieweit eher der Popsong zu Bodypercussion oder Bodypercussion zum Singen eines Popsongs motiviert. Auflösen lässt sich diese Unschlüssigkeit eventuell über die Art der Bewegung: Der Schritt markiert den Beat und wird von den Lernenden nicht als Rhythmus

[169] Der erwähnte ›Schritt‹ ist eine Bewegung, die durch den Positionswechsel der Füße vier Markierungspunkte innerhalb eines Metrums ergibt. Ausgangsposition ist eine parallele, hüftbreite Fußstellung. Für die Betonung der Schwerpunkte (oftmals Beat) bewegt sich zuerst der eine Fuß nach innen, dann wieder nach außen, hierauf folgt der andere Fuß nach innen, dann nach außen und nun beginnt wiederum der erste Fuß. Einige Musikerinnen und Musiker beginnen die Schrittfolge auch mit einer Bewegung nach außen und nicht nach innen. Frau A erklärt, warum sie sich für die erstere Variante entschieden hat:

A: ∟ ich hab eigentlich diesen Vierer-Schritt immer genommen, also innen außen innen außen *[A trommelt mit Fingern 4er Schritt auf dem Tisch nach]* wobei Viele es auch umgekehrt machen, (..) ich find den Schritt, da ich dann viel mit Surdos auch gearbeitet hab *[hustet]* find ich den auch äh, sinnvoll (.), weil die äh, die Gewichtsverlagerung ist ja immer auf zwei und vier (.) und das entspricht ja eigentlich dann den äh äh, dem offenen Schlag auf der Surdo, wenn man *[A trommelt Surdo-Pattern mit Fingern auf den Tisch]* diesen Schlag hat,
[I.01/55-63]

wahrgenommen, während aktionsreiche Bodypercussion-Gesten die Schülerinnen und Schüler begeistern.

```
I: Mhm, und warum machen Sie's in der Klasse? Also ist da irgendwie
eine musikpädagogische Konzeption im Hintergrund, oder macht Ihnen
das  auch Spaß, oder-
A:       └ ich geh eigentlich vom Spaß aus, ich geh (...) aus davon
äh, dass die auf einmal wach sind, dass sie=dass sie rausschauen,
dass sie's probieren, wenn sie's Gefühl haben das ist so ein biss-
chen kindergartenmäßig, erzähl ich ihnen auch gerne dass=das
Rechts- und Linkshirn verbindet, Koordination und so weiter, (.)
aber im Wesentlichen ist es das, dass ich die da hab und dass ich
mit allen (.) das  machen kann und, dass die Klasse in dem Moment
lebendig ist,
I: Warum glauben Sie, dass die Klasse bei so was  lebendiger ist,
als bei (.) ja nem Popsong.
A: Weil um das  richtig zu machen muss man schon mal hier, so, äh
sitzen [A setzt sich in eine aufrechte Position], das  ist schon ein
Unterschied, (.) beim Singen ist es schon schön, wenn sie gerade
sitzen, muss man auch immer wieder fordern, aber im normalerweise
geht die Schwerkraft äh nach unten. (..).
I:                                       └ mhm
A:                                          └ (...) Beim-, ich sing
gerne Popsong, aber ich hab die Erfahrung gemacht, wenn dann- (.)
Singen ist auch körperlich, aber ein (.) noch ein anderer körperli-
cher Aspekt dazu kommt, dass das  einfach äh lebendiger und wacher
wird °dadurch°.
[I.01/363-386]
```

Frau A begründet hier den Spaß der Lernenden nicht über klangliche, sondern über ›körperliche Aspekte‹ [I.01/365]. Während Frau A beim Singen eine bessere, »wachere« [I.01/386] Körperhaltung der Lernenden »immer wieder« [I.01/379] einfordern muss, beschreibt sie Bodypercussion als ein Bewegungsprogramm, das Lernende anscheinend automatisch zu einer wacheren Körperhaltung animiert. Somit deutet sie beobachtbare Verhaltensweisen als Spaß (Wirkung) von Percussion (Ursache). Der Text erzählt an dieser Stelle auch, dass der Einbezug aller Schülerinnen und Schüler für Frau A wichtig ist: »aber im Wesentlichen ist es das, dass ich die da hab und dass ich mit allen (.) das machen kann« [I.01/371ff.]. Durch die Begeisterung an Percussion gelingt ihr dieses Vorhaben. Da aber Frau A den Spaß bzw. die Begeisterung der Lernenden zumeist über körperlich sichtbare Reaktionen beschreibt und begründet,[170] blendet sie andere mögliche Aspekte für eine hier anschließende Auswertung aus.

170 Eine Ausnahme ist eine kurze Textsequenz in den Zeilen 516 ff., in denen Frau A die Motivation ihrer Schülerinnen und Schüler über die Bekanntheit der vernommenen Musik ver-

Zusammenfassung

Die Freude, die Frau A an perkussiver Musik hat, ist ein wichtiger Grund für die Einbindung von Percussion in den Wahl- und Klassenunterricht. Auch das Arrangieren von Stücken begeistert sie. Hier lässt der Text zwar offen, ob Frau A ebenso bei anderen Musikpraxen die Stücke in diesem Maße selbst arrangieren würde, dennoch zeigen etliche Passagen, dass die Musik, die Frau A unter Percussion subsumiert, diese Arrangiertätigkeit begünstigt. Über den Vergleichsgesichtspunkt ›guter Musikunterricht mit Percussion‹ lässt sich eine besondere Stellung ihrer Arrangiertätigkeit in diesem Text beobachten, da die Beschreibungen ihrer Arrangements oftmals Ausgangspunkt für Aspekte gelingenden Unterrichts sind.

Begeisterung der Lernenden ist beobachtbar

Bei Percussion zeigen Lernende mehr körperlich sichtbare Reaktionen, die als Spaß gedeutet werden können, als bei anderen musikalischen Praxen. Da Frau A mitunter über sichtbare Reaktionen beurteilt, ob Unterricht gut ist oder nicht, ist Begeisterung bzw. Spaß eine Bestätigung für guten Musikunterricht. Aufgrund dessen, dass Frau A die Begeisterung seitens ihrer Schülerinnen und Schüler Percussion zurechnet, ist Percussion eine musikalische Praxis, mit der guter Unterricht gelingt.

Arrangieren als spontane Reaktion

Das Arrangieren im Prozess des Unterrichtens ist eine optimale Reaktionsmöglichkeit auf die Niveauunterschiede hinsichtlich der Fähigkeiten von Schülerinnen und Schüler. Somit gelingt guter Unterricht insbesondere über eine individuelle und schnelle Reaktion des Lehrenden. Für Frau A ermöglicht Percussion diese Art des Unterrichtens.

Genaue Gründe dafür sind im Text nicht zu finden. Dennoch lassen sich die folgenden Punkte als Argumentation dafür auffassen:

- Die Verwendung von Frau A bekannten Strukturen (Patterns bzw. Rhythmen) erleichtert das Arrangieren, da über Modifikationen einzelner Strukturen sowie ihrer Zusammensetzungen neue Stücke geschrieben werden können.

mutet. Zwar ist auch hier das Mitmachen (»im Schritt drin zu bleiben« [520f.]) für Frau A ein sichtbares Merkmal für den Spaß, jedoch nicht die Begründung.

- Die Verknüpfung verschiedener rhythmischer Stile wird als Chance dargestellt.
- Die Form der Arrangements entspricht einer Art ›Baukastensystem‹, so dass durch Hinzufügen oder Weglassen diese in der Unterrichtssituation verändert werden können.

Beschäftigung als Disziplinierung

Eine Disziplinierung der Klasse ist durch permanente Beschäftigung möglich, wenn ein störungsfreies Mitmachen aller Lernenden als disziplinierte Unterrichtssituation gesehen wird. Frau A erzählt in diesem Zusammenhang auch von außermusikalischen Aktivitäten (Tischerücken) sowie von einem Bewegungskonzept (aufstehen, hinsetzen), welche sie nicht explizit von einer musikalischen Aktivität unterscheidet. Insbesondere der schnelle Wechsel von Aktionen, unabhängig von der Frage, welcher Art sie zugerechnet werden, ist in dem Text als Lösung für ein Gelingen von gutem Musikunterricht zu beobachten.

Ununterbrochenes In-Musik-Sein

Ein ununterbrochenes Spielen von Musik mit zeitgleich gesprochenen Kommentaren der Lehrkraft wird bei Percussion realisierbar, da selbst bei Anweisungen oder Erklärungen Frau As ein Teil der Musik (Schritt) weiterklingen kann.

Persönlicher Musikgeschmack

Die Beschäftigung mit Musik im Unterricht, die Frau A privat anspricht und selbst musiziert, wird als Motivation für die Lehrkraft dargestellt, da nicht nur der persönliche Geschmack, sondern auch bereits gemachte Erfahrungen in den Unterricht einbezogen werden können.

Frau B

Frau B erzählt, dass sie von Stücken, die »rhythmisch prägnant« [I.02/457] sind, immer schon »wie ein Magnet angezogen« [I.02/457f.] wurde. Als sie nach dem Einsatz an einem musischen an ein »normales Gymnasium« [I.02/493] versetzt wurde, bemerkte sie, dass sie im Unterricht »was ganz was anderes« [I.02/495] brauchte, um mit den Schülerinnen und Schülern musizieren zu können. Erst jetzt »ging eben die Suche los« [I.02/495] und Frau B integrierte immer mehr Percussion – anfangs vor allem Bodypercussion wegen »Ermang'lung [...] der Instrumente« [I.02/496] – in den Unterricht. Solche didaktischen Überlegungen zum Einsatz von Percussion im Klassenunterricht sind im Interviewtext an mehreren Stellen zu beobachten: Frau B begründet über die Wahrnehmung von unbefriedigenden Unterrichtsarrangements ihre Entscheidungen. Jedoch stellt sich Frau B nicht nur als Pädagogin, sondern auch als Musikerin dar, da sie viele Workshops sowie Ausbildungsangebote hinsichtlich Percussion besuchte und in vielen Ensembles musizierte. Inzwischen ist Frau B oftmals selbst Dozentin bei Workshops oder Fortbildungen.

Zudem ist beobachtbar, dass Frau B sich bzw. ihre Handlungen als außergewöhnlich darstellt: beispielsweise ihr Organisationstalent (»systematisch (.) ähm Geld an Land zu ziehen« [I.02/55f.]), ihr Instrumentarium (»einzigartige Ausstattung an der Schule« [I.02/57]), ihre Qualifikation (»ich hab natürlich auch bei vielen Profis auch immer mal wieder Unterricht genommen« [I.02/312f.]), ihr Verständnis von Schulkonzerten (»klingt's halt immer so, hmm, na ja, so wie diese berühmten Schulmusikerkonzerte, wo dann jeder spielen darf, und des will ich nicht. Ich will Musik aufführen mit meiner Gruppe dann, die (.) dem Original entspricht.« [I.02/757–760]). Durch diese erzählerische Inszenierung zeigt sich Frau B einerseits als eine Person, die sich von anderen Musiklehrerinnen und Musiklehrern abgrenzt und mitunter darin ihre Motivation für ihr großes Engagement findet. Andererseits erscheint Frau B als eine Person, die eben durch dieses Engagement über Jahre hinweg Vieles zustande gebracht und so »einen ganz guten Weg gefunden« [I.02/1746] hat, ihr Ziel, »dass die selbstständig Musik machen« [I.02/1744f.], zu verwirklichen.

Percussion ist für Frau B eine funktionierende Methode. Dies ist in Frau Bs Erzählung auch das zentrale Motiv:

> B: [...] Du hast ein Betätigungsfeld, des ist in meinen Augen mit (.) nichts anderem aufzuwiegen. [...] und du hast hier eine Bandbreite (.) dieser Methode zur Verfügung, Didaktik, die ist mei, wirklich einzigartig,
> [I.02/11-12/20-22]

Frau B beschreibt Percussion als eine Methode, die immer funktioniert, da »das Urphänomen Rhythmus« [I.02/28] jeden Menschen anspreche. Durch Rhythmus als anthropologische Konstante und Percussion als eine Methode, die sich insbesondere auf rhythmische Musik bezieht, verbindet sie die Erfahrung, dass Lernende motiviert sind, sich in einer Weise mit Musik auseinanderzusetzen, die ihre Fähigkeiten und Fertigkeiten erweitert. Für Frau B ist Percussion eine Praxis im Unterricht, da sie hier alle Lernenden individuell in ein Musizieren einbeziehen kann. Über ein Differenzieren des Schwierigkeitsgrades gelingt für sie Musikmachen im Unterricht, bei dem sich die Lehrkraft aus der Leitungsposition zurückziehen und ein selbstständiges Musizieren der Lernenden beobachten kann.

In Frau Bs Erzählung sind starke Kontraste und in der Tendenz polarisierende Darstellungen zu erkennen. In diesem ›Schwarz-Weiß‹ werden der einen Seite positive Eigenschaften (Sympathie, Fachwissen, Eignung), der anderen Seite die Negationen jener Begriffe zugeordnet. Eine beide Seiten kombinierende Äußerung wie ›sympathisch, aber unkundig‹ ist in dem Text nicht zu finden. So wundert es nicht, dass Frau B für Percussion ohne Ausnahme die ›weiße‹ Seite wählt (»Methode […], Didaktik, die ist mei, wirklich einzigartig [I.02/21f.]«), während Personen, die Percussion weniger bevorzugen oder Frau B Hürden in den Weg stellen, ausnahmslos der anderen zugeordnet werden [I.02/534ff./1221ff.]. Diese strenge Unterscheidung ist deshalb interessant, da – sind Zuordnungen einmal gemacht – sich auch folgende Erzählsequenzen danach richten. Somit werden Erzählungen über Probleme in Bezug auf Percussion oder Frau Bs eigener Person external attribuiert: Ein Nichtgelingen guten Unterrichts mit Percussion liegt nicht an der Methode, sondern beispielsweise an der grundsätzlichen Einstellung der Teilnehmenden oder an situativen Bedingungen.[171] Allerdings wird nur von Schwierigkeiten berichtet, die bereits gelöst wurden. Offene Probleme oder solche, die in die Zukunft weisen, werden nicht angesprochen.

Guter Musikunterricht ist in Frau Bs Erzählung als ein Unterricht zu beob-

[171] An einer Stelle, die von fehlender Motivation der Lernenden erzählt, reagiert der Text über eine Begründung, die einen Gender-Aspekt mit einer bestimmten Schulform verbindet.

> B: […] Wobei natürlich auf'm musischen überhaupt's keine Chance, weil ich hab's in meinem Leistungskurs versucht, mein Gott, (.) wollt ich mit denen einfach so eine rhythmische Gschichte machen, s=so, so a Calypso-Nummer mit denen äh, erarbeitet, und die fanden des so affig, die waren, wieso-, na gut, des waren nur Mädchen, des spielt vielleicht auch noch ne Rolle, aber äh, (..) die haben gmeint, ich mach mit ihnen Kindergarten draus, die konnten überhaupt net, des war unglaublich, ich konnte ihnen einfach keine vernünftige Einstellung zu diesem Rhythmusbereich vermitteln, [I.02/927-935]

An anderer Stelle wird über den Mangel an Platz zum Musizieren argumentiert.

> B: […] (.) Und ich hab einfach gemerkt, dass die Realität in der Schule ungeeignet ist dafür. (..) Und, das erste, schlimmste Erfahrung dafür war, dass es einfach viel zu kleine Musikräume gibt. (…) Das war das Schlimmste, weil ich hab mir gedacht, hey, ich kann ja net einmal die aufstehen lassen, und was machen. Dann bin ich wahnsinnig gworden. Und dann hab ich angefangen Tische rumzuräumen und dann war ich @hehe@ Platz zu schaufeln. Oder=oder dann war ich ja schon glücklich an eine Schule zu kommen, wos dann diese Klappbänke gibt, die zwar zu Schreiben zum Teil katastrophal sind, (..) aber die man, mir die Chance geben, dass ich was machen kann. [I.02/524-534]

achten, der der Lehrkraft sowie den Lernenden eine Methode bereitstellt, die die Ungewissheit von Vermittlung unwahrscheinlicher macht.

Die Verwendungsweise des Begriffs Percussion durch Frau B

Für Frau B ist Percussion einerseits eine bestimmte Methode im Unterricht und andererseits eine bestimmte Art der Klangerzeugung. Auch subsumiert sie unter Percussion eine ganz bestimmte Art von Musik. Gleich am Anfang des Interviews erklärt sie Percussion als eine Art Methode:

> B: [...] du hast im Bereich Percussion, wobei ich dann auch vielleicht erklären müsste, wie ich Percussion (.) für mich selber definiere und, und, und was ich mit meinen Schüler mache. Du hast ein Betätigungsfeld, des ist in meinen Augen mit (.) nichts anderem aufzuwiegen. Du hast äh problemlos nicht nur eine ganze Klasse, sondern die schwierigsten Schüler genauso super dabei, wie jetzt (.) ähm, ja, Schüler, die sich jetzt sonst nicht so irgendwas mit Musik machen trauen, oder sonst=Probleme hätten, sie machen alle mit, natürlich muss ich differenzieren und kann nicht jedem den gleichen Schwierigkeitsgrad anbieten, aber das liegt ja auch in dieser Methode drin, das es eine Sache ist, die von ganz leichten Figuren bis zu (.) schw-, sag ich's mal in Anführungsstrichen professionellen Figuren alles beinhalten kann, innerhalb einer Klasse, und du hast hier eine Bandbreite (.) dieser Methode zur Verfügung, Didaktik, die ist mei, wirklich einzigartig, und das ist das, was mich seit (..) ja, weiß nicht fuffzehn Jahren dazu bewogen hat, dass ich das einfach als mein Kernpunkt in mein Schwerpunkt im Musikunterricht verwende. Von der Fünften bis rauf zu den Großen.
> [I.02/7-25]

Frau B benutzt die Worte »Betätigungsfeld« [I.02/10], »Methode« [I.02/17/21] und »Didaktik« [I.02/21]. Im weiteren Interviewtext ist zu beobachten, wie Percussion als Methode neben der Differenzierbarkeit der musikalischen Struktur, die es ermöglicht, alle Lernenden einzubeziehen, auch als ein spontanes Reagieren auf die Fähigkeiten und Fertigkeiten der Lernenden während des Musizierens beschrieben wird. Nach einer Passage, in der Frau B von ihrem Unterricht erzählt, fragt die Interviewerin, ob Frau B dabei nach »irgendeiner Konzeption«, »einer musikpädagogischen« [I.02/403] handelt, oder ob es »aus [ihrem] Denken heraus« [I.02/404] entstanden ist. Frau B übernimmt die Worte der Interviewerin und antwortet knapp: »Des ist aus meinem Denken entstanden. Ja.« [I.02/406]. Daraufhin fragt die Interviewerin, ob Frau B der Begriff ›Live-Arrangement‹ geläufig sei, und erläutert diesen, da Frau B um eine genauere Auskunft hierzu bittet.

```
I:                        └ Also Live-Arrangement ist eben, dass ich
auch mit unterschiedlichen Schwierigkeitsgraden arbeite, ich geh
mit einem Modell in die Klasse rein, und ich ähm, schau wie die
einzelnen Schüler darauf reagieren und verteile dementsprechend das,
was gespielt werden kann, oder verändere die Patterns, und erstelle
aus dieser Live-Situation,
B:                        └ okay.
I:                        └ wie die Klasse gerade ist, ein Stück. Ich
passe also mein Modell, während des Spiels laufend an die aktuelle
Situation der Klasse an.
B:          └ Richtig. Passiert natürlich. (.)
[I.02/415-425]
```

Dieser Abschnitt ist insofern für Frau Bs Verwendungsweise des Begriffs Percussion von Bedeutung, als dass sie später in ihrer Erzählung diesen Begriff des Live-Arrangements aufgreift.

```
B: [...] (.) und ich hab auch gmerkt, dass der Weg ähm, (.) zu-fer-
tige Arrangements einfach, bei Body-Perccusion halt ganz extrem,
ihnen zu bieten, (.) dass die Schüler net so drauf angesprungen
sind und mir hat's auch keinen Spaß gemacht. (..) Und, ähm, also das
fertige Arrangement net, sondern also da kommt jetzt dieser Begriff
mit dieser, wie nennst du das? Live-Pädagogik,
I:                    └ Live-Arrangement
B:                              └ Oder Live-Arrangement, (..) also
ich hab gmerkt, dass das einfach meins is. Ähm, (..) ich bin mit
natürlich klaren Vorstellungen, Ideen, in meine Klasse hineingegan-
gen und hab je nachdem, wie das glaufen is, ich mein, jede Klasse
is net gleich, [... Erzählung zu bestimmen Klassentypen ...] (..) und
damit war's natürlich auch eine Ebene, mit der ich sag, ich kann (.)
ja, (.) wenn ich net mit so einem festen Rahmen komme, sondern ein-
fach flexibler bin, hab ich mehr Möglichkeiten.
[I.02/615-633]
```

Während sie an dieser Stelle schildert, wie sich diese Interaktionsweise mit den Lernenden in ihrem unterrichtlichen Handeln entwickelt hat, benennt sie Percussion zu Anfang des Interviews als genau diese Methode. Zudem ist hier zu beobachten, dass Percussion bzw. »Body-Percussion« [I.02/617] nicht die Methode selbst, sondern nur die Musizierweise ist. Auch der Rest des Textes lässt nicht daran zweifeln, dass *man* Percussion genau *so* unterrichtet. Ein spontanes Reagieren auf die Fähigkeiten und Fertigkeiten der Lernenden während des Musizierens ist ein Bestandteil von Percussion, »aber das liegt ja auch in dieser Methode drin« [I.02/17].

An anderer Stelle definiert sie Percussion allerdings nicht als Methode, sondern als ein bestimmtes Agieren in Musik.

```
I: [...] Was ist denn für dich Percussion?
```

B: Was das für mich ist?
I: └ Du wolltest es vorher auch schon mal definieren.
B: └ ach so ja, genau, da hab ich schon mal angesetzt, genau. Ähm, (...) Also ich seh Percussion so- äh, äh,(..) jetzt fang ich mal andersrum an. Ich seh Percussion nicht so isoliert, dass man es nur auf Trommeln irgendwas beziehen würde. Sondern Percussion ist für mich alles, was ich mit meinen Händen (.) machen kann, was ich mit meinem Körper darstellen kann, (..) ähm, was ich mit Schlägeln in irgendeiner Form erzeugen kann, also in diesem riesigen Topf ist für mich alles Percussion drin.
I: Also,-
B: └ da seh ich jetzt sonst keinen anderen Begriff dafür.
[I.02/429-441]

Frau B unterscheidet den Klang oder die Erzeugung des Klangs von Percussion von anderen Bereichen, die sie als »harmonische[]« und »melodische[] Bereiche« [I.02/120] bezeichnet.

Diese beiden Verwendungsweisen – Percussion als Methode und Percussion als eine Art der Klangerzeugung – stehen sich in dem Text nicht dualistisch gegenüber, sondern sind miteinander verknüpft. Wird in dieser Art und Weise Klang erzeugt (d. h. Percussion gemacht), ist dies in der Schule auch immer mit dieser Methode verbunden (es wird Percussion unterrichtet).

Sehr interessant ist für die Beobachtung von Frau Bs Verwendungsweise des Begriffs Percussion auch eine Textpassage, in der sie die Musik, die sie unter Percussion subsumiert, näher beschreibt. Diese Beschreibungen schränken ihre bisherigen Definitionen von Percussion ein, da sie nun Percussion die Eigenschaft ›frei‹ zuspricht.

Einerseits hängt diese Eigenschaft mit der Art und Weise zusammen, wie Percussion als Methode eingesetzt wird, da »Percussion [...], diese, diese Art von Musik, diese Freiheit, [...] das hat mit dieser akademischen, wissenschaftlichen Arbeit am Notenständer überhaupt nichts zu tun« [I.02/1276ff.]. Percussion vom »Notenständer« [I.02/1246] aus zu unterrichten, dabei »schön im Stuhl [zu sitzen], mit einem Notenblatt davor« [I.02/1247f.], hat für Frau B »mit Percussion nichts zu tun« [I.02/1250.]. Damit schließt sie unterrichtliches Vorgehen, das nicht ihrer zuvor beschriebenen Methode ›Percussion‹ entspricht, aus ihrer Verwendungsweise des Begriffs aus. Diese Textpassage unterstützt die vorherige Beobachtung, dass für Frau B Percussion in einer ganz bestimmten Art und Weise unterrichtet wird.

Andererseits spielt für Frau B der Anteil und der Umgang von rhythmischen Elementen in Musik eine wichtige Rolle, um eine bestimmte Musik Percussion zuzuordnen. Auch hier ist für sie die Eigenschaft ›frei‹ bedeutsam, wobei sie diese nun interessanterweise oft mit »Tanzmusik« [I.02/1293/1302/1303/1336] in Verbindung bringt. (Unmittelbar vor der folgenden Textsequenz dreht sich der Gesprächskontext um vergangene Fortbildungsangebote, die mit »Percussion in der Barockmusik, Percussion in der Klassik« [I.02/1269f.] bezeichnet waren.)

> B: └ Da find ich ist da, da, Begriff, irgendwo, (.) weil des Feld so eng ist. (..) Du hast halt eine, äh, (.) eng definierte Trommelfigur, (.) wenn ich jetzt Tanzmusik anschaue, oder Mittelalter, Renaissance, und so weiter, wenn'st (instau) mal schaust, wobei Mittelalter noch viel, viel freier ist, Renaissance noch freier ist, bis es dann wieder rausgeschmissen *[B schnippt einmal]*, weil die Instrumente auf einmal so dominant sind, und der Rhythmus also, eigentlich, oder das tänzerische, das als Rhythmus eher im Hintergrund ist, (.) darum find ich, passt halt da überhaupt net, jedenfalls sträubt irgendwie sträubt sich bei mir da was, des als Percussion zu, zu definieren. In der Klassik scho gar nimmer, (.) in der Romantik a nimmer, nur zu diese, des is ja kei Tanzmusik, was die komponieren, ja? Es gibt natürlich Tanzmusik, aber da hat man so, da musste man net an Walzer mit einer Trommel unterlegen, oder sonst was, also, (....) passt irgendwie net.
> [I.02/1286-1305]

Und einige Zeilen weiter:

> B: └ @(   )@, Ja, ich find, dass der Begriff Percussion, so wie ich ihn einfach grundsätzlich versteh, in dieser (.) traditionellen (.) Historie, (.) fehl am Platz ist. (....) Also es ist schon in der Barockmusik, äh, find ich hört's schon einfach irgendwann auf, weil ja auch der (.) Tanz in dem Sinn aufhört, diese Freiheit, ja, und (.) in den nachfolgenden Epochen sowieso. (..) Da, da gibt's ja auch ein ganz anderes Musikverständnis dafür.
> [I.02/1332-1338]

Welcher genaue Zusammenhang für Frau B zwischen einer ›freien‹ Musik, ›Tanzmusik‹ und Percussion besteht, lässt sich am Text nicht beobachten. Zudem werden die Begriffe Tanz bzw. Tanzmusik nur in dieser Passage genannt. Allerdings schließt der unmittelbar folgende Text mit der Erwähnung von »dem Entdecken von anderen Kulturräumen« [I.02/1339] an, was die Vermutung nicht abwegig erscheinen lässt, dass Frau B Percussion mit traditioneller Musik beispielsweise aus »Brasilien« [I.02/707/743/912/1594] in Verbindung bringt, die oftmals auch Tanzmusik ist.

Trotz der Andersartigkeit dieser Einschränkungen findet eine Verknüpfung statt, da in beiden Fällen ›Freiheit‹ als gemeinsamer Bezugspunkt für eine Schärfung ihrer Verwendungsweise gesehen werden kann. Es ist zu beobachten, dass Frau B durch die Eigenschaft ›frei‹, die sie Percussion zuspricht, ihre Definition von Percussion als eine *ganz bestimmte* Methode bekräftigt, da sie andere

Herangehensweisen, die für sie nicht so frei sind, nicht als Percussion bezeichnet. Ihre Definition von Percussion als eine bestimmte Art der Klangerzeugung schränkt sie durch die Eigenschaft ›frei‹ ein, da nun nicht mehr »alles, was ich mit meinen Händen (.) machen kann, was ich mit meinem Körper darstellen kann, (..) ähm, was ich mit Schlägeln in irgendeiner Form erzeugen kann« [I.02/436ff.], unter Percussion subsumiert werden kann. Frau B beobachtet diese Einschränkung wohl selbst, da sie daraufhin reagiert:

```
B: [...] Also, da, da hab ich schon ein Problem damit, dass des, äh,
(.) °in den gleichen Topf geschmissen wird.° (...) °Da müssten wir
des irgendwie sehr, ja gut° da wir vorher gsagt haben, Percussion
ist der Oberbegriff für alles, ist natürlich nach wie vor für mich,
ist dann scho a sehr, sehr äh, (..) weiß net, eng zugeschnürtes
Paket was man da so anhängen kann, (.) also, (.) passt irgendwie net
so.
[I.02/1342-1348]
```

Ob das »eng zugeschnürte[] Paket« ein nun eingeschränkteres ›Alles‹ meint, »was man da«, an den Oberbegriff, »so anhängen kann« [I.02/1347] oder ob das »eng zugeschnürte[] Paket« eine ›unfreiere‹ Musik bezeichnet, »was man da so«, unpassenderweise auch »anhängen kann«, ist dem Text nicht zu entnehmen. Ferner ist der Halbsatz »also, (.) passt irgendwie net so« [I.02/1348] jeweils verschieden interpretierbar, da unklar ist, was hiermit gemeint ist – Percussion in der Barockmusik oder Percussion als Oberbegriff.

Insgesamt stellt Frau B den Begriff Percussion, wenn sie damit die ›Methode Percussion‹ bezeichnet, in einen musikpädagogischen Kontext, den sie aber mit ihrer Verwendungsweise ›Percussion als eine bestimmte Art der Klangerzeugung‹ oder auch mit ›Percussion als eine freie Musik‹ verlässt.

Motive von Frau B

Im Folgenden wird nun gezeigt, inwieweit für Frau B Percussion eine funktionierende Methode ist und warum alle Schülerinnen und Schüler davon begeistert sind. Anschließend wird Frau Bs Ziel für Musikunterricht bzw. Percussion dargestellt, bevor ihre Schwierigkeiten und Lösungswege dazu gezeigt werden, die sich nicht nur auf Percussion, sondern auch auf ein allgemeines Klassenmusizieren beziehen lassen. Es folgen Blickpunkte, die Percussion als eine andere, eine bessere als andere Musikpraxen einordnen. Hier wird Percussion in den Kontext von musischen und nicht-musischen Gymnasien gestellt sowie von den Bereichen der Melodik und Harmonik abgegrenzt. Im Zusammenhang mit dieser Abgrenzung ist Percussion als etwas zu beobachten, das »einfach« funktioniert, da erstens eine bestimmte Spieltechnik Percussion sehr zum Vorteil gereicht, zweitens Percussion als orale Praxis möglich ist und drittens hinsichtlich des musikalischen Anspruchs gut differenziert werden kann, so dass sogar »Originalarrangements« [I.02/718] möglich sind.

Percussion als funktionierende Methode und anthropologische Konstante

Unmittelbar an die Eröffnungsfrage anschließend (die Interviewerin bittet Frau B das eben Gesagte zu wiederholen, da Frau B zu sprechen begonnen hatte, bevor das Mikrofon eingeschaltet war) ist ein Bezugspunkt des Textes zu beobachten, an den im Folgenden alle weiteren Aspekte zu Percussion anschließen.

> B: [...] Du hast ein Betätigungsfeld, des ist in meinen Augen mit (.) nichts anderem aufzuwiegen. Du hast äh problemlos nicht nur eine ganze Klasse, sondern die schwierigsten Schüler genauso super dabei, wie jetzt (.) ähm, ja, Schüler, die sich jetzt sonst nicht so irgendwas mit Musik machen trauen, oder sonst=Probleme hätten, sie machen alle mit, natürlich muss ich differenzieren und kann nicht jedem den gleichen Schwierigkeitsgrad anbieten, aber das liegt ja auch in dieser Methode drin, das es eine Sache ist, die von ganz leichten Figuren bis zu (.) schw-, sag ich's mal in Anführungsstrichen professionellen Figuren alles beinhalten kann, innerhalb einer Klasse, und du hast hier eine Bandbreite (.) dieser Methode zur Verfügung, Didaktik, die ist mei, wirklich einzigartig, und das ist das, was mich seit (..) ja, weiß nicht fuffzehn Jahren dazu bewogen hat, dass ich das einfach als mein Kernpunkt in mein Schwerpunkt im Musikunterricht verwende. Von der Fünften bis rauf zu den Großen. [I.02/10-25]

Percussion wird als eine Methode dargestellt, die auf bestimmte unterrichtstechnische Probleme reagiert: Einbeziehung aller Lernenden (»ganze Klasse« [I.02/11]), disziplinarische Störungen (»schwierigsten Schüler« [I.02/11]),[172] motiviert wirkendes Verhalten (»nicht so irgendwas mit Musik machen trauen« [I.02/13]), Reaktion auf unterschiedliche musikalisch Fähigkeiten und Fertigkeiten (»kann nicht jedem gleichen Schwierigkeitsgrad anbieten« [I.02/15]). Die Methode Percussion löst diese Schwierigkeiten für Frau B, indem sie »problemlos« [I.02/11] alle Schülerinnen und Schüler integriert und der Lehrkraft ein Werkzeug breitstellt, welches hinsichtlich des Leistungsniveaus differenzierbar ist. Interessant an diesem Ausschnitt ist die Unterscheidung, die einerseits die motiviert wirkende Perspektive der Lernenden (»sie machen alle mit« [I.02/15]), andererseits die pä-

[172] Die Zuordnung dieses Textzitats zu der Kategorie der disziplinarischen Störungen ist durchaus anders denkbar, da es einerseits auch der Kategorie motiviert wirkendes Verhaltens zugeordnet werden könnte und andererseits der gesamte Kontext kaum auf etwas, das mit dem Begriff der Disziplin gefasst werden könnte, eingeht.

dagogische Perspektive der Lehrenden greift (»natürlich muss ich differenzieren« [I.02/15f.]). Während im Text zur zweiten Perspektive immer wieder Erzählungen zu beobachten sind, erzählt Frau B einmalig in der unmittelbar anschließenden Textsequenz, warum alle Schülerinnen und Schüler »super dabei« [I.02/13] sind.

> I: Warum glaubst du, spricht das alle Schüler an? Warum hast du alle dabei?
> B: Das glaub ich, das ist einfach das Urphänomen Rhythmus, dass äh, jeder Mensch sofort auf irgendwelche rhythmischen (.) Botschaften reagiert. Also wenn's jetzt sehr beatlastig ist, so (.), wirkt das wahrscheinlich nicht so sehr, aber sobald es ein bisschen so groovig wird, ist es völlig egal, wer das ist, jeder springt drauf an, (..) und dann kommt natürlich noch eins dazu, dass zum Beispiel Trommeln ein, ein (.) Magnet sind. Also ich brauch bloß eine Trommel hinstellen und jeder wird-, hat a Lust auf diesem Instrument zu spielen.
> [I.02/26-36]

In dieser Passage ist auffällig, dass Frau B andere Möglichkeiten ausblendet, indem sie das Phänomen Rhythmus als anthropologische Konstante begreift. Somit kann die Aufgabe der Lehrenden nur sein, alle anderen Schwierigkeiten zu lösen, da die Motivation schon im »Urphänomen Rhythmus« [I.02/28] angelegt ist. Obgleich für Frau B »das Urphänomen Rhythmus« [I.02/28] existiert, sind verschiedene Stufen von motivationaler Resonanz zu beobachten. Frau B spricht zum einen musikalische Strukturen von Rhythmus an (»beatlastig«/»groovig« [I.02/30/31]), zum anderen die Art des Instrumentes, welche für sie entscheidend ist (»Trommel«/»mit den Händen klatschen«/»irgendein Gerät« [I.02/34/161/162]).

Frau Bs Ziel

Frau B setzt ihr Ziel, »dass die selbstständig einfach musizieren können« [I.02/1741f], stark mit Percussion in Verbindung, da sie durch Percussion »einen ganz guten Weg gefunden« [I.02/1744] hat. Weiter vorne im Text erzählt sie, worauf sie im Musikunterricht hinaus will.

> I: Mhm. Mit welchem <u>Ziel</u> machst du des, lässt es sie im Klassenunterricht lernen?
> B: (..) Ja, Ziel halt überhaupt einmal, dass sie, dass sie einfach, dass diese Didaktik, die ich da entwickelt habe, ab der fünften Klasse weiter aufbauend ist, und halt einfach komplizierter, komplexere Figuren dazukommen, dass man von diesem hand-to-hand auch mal weggehen kann, Tumbao zum Beispiel. (.) Äh, dass die lernen verschiedene Grooves miteinander zu musizieren, (.) dass sie einfach das Miteinander erleben können, und äh, natürlich immer, was selbstverständlich ist, dass die soziales Lernen haben, (..) zum Beispiel, äh, dass ich differenzieren kann, leistungsdifferenziert

arbeiten kann, (..) dass sie aber alle durchaus einmal Soli spielen müssen, (..) also sie müssen, sich selber mal dann °was weiß ich° vier Takte (.) zum Beispiel (.) Figuren selber ausdenken (.) und die ganze kleine Band, das sind vielleicht Gruppen von vier, fünf Leuten, vier Leute spielen Groove, (.) und einer muss jetzt solieren dazu. (.) Ja? (.) Ähm, mit welchem Ziel? Sich zu verbessern und das Ziel ist natürlich auch immer irgendwie, Leute (.) hmm ranzuziehen, die Lust haben in meinen Wahlkurs zu gehen, dass des halt einfach so des (..) das Endziel in der Schule, wo ich sag, soweit kann man jetzt kommen, wenn'st du da jetzt Spaß hast (.) probier's mal aus, komm mal vorbei (.) und ich bring so Leute zum Musizieren damit. (.) Also das find ich halt total wichtig.
[I.02/790-812]

Neben ihrem zentralen Ziel, »Leute zum Musizieren« zu bringen [I.02/811], benennt Frau B weitere Ziele: die Vermittlung bestimmter instrumentaltechnischer wie musikalischer Fähigkeiten und Fertigkeiten, das Ermöglichen eines »sozialen Lernens« [I.02/799], die Verbesserung ihres eigenen methodischen Vorgehens sowie die Vergrößerung der musikalischen Wahlkurse. Diese einzelnen (Teil-)Ziele hängen zusammen: Infolge des Kompetenzzuwachses (»komplexere Figuren« [I.02/795], »hand-to-hand«[173] [I.02/795], »verschiedene Grooves«[174] [I.02/797])

[173] ›Hand-to-hand‹ ist eine Spieltechnik, bei der rechte und linke Hand immer abwechselnd auf der kleinsten rhythmischen Ebene (Mikrotiming) pulsieren, so dass sich der Handsatz des zu spielenden Rhythmus aus dieser durchlaufenden Bewegung und der Position der Akzente ergibt. Die nicht akzentuierten Pulse können dabei unhörbar mitbewegt oder leise hörbar, als sogenannte Tips, mitgespielt werden. Manchmal, und besonders bei sehr schnellen Tempi, bewegen sich die Hände aber nur während der akzentuierten Pulse/Pulsationen. Das verschafft dem Spieler ›Ruhepausen‹, organisiert den Handsatz aber auf gleiche Weise, wie man ihn mit bewegter Pulsation spielen würde.

[174] Der Begriff Groove ist in seiner Definition mehrdeutig und dann oft durch andere Termini ersetzbar, so dass viele Musikwissenschaftler auf den Begriff verzichten (vgl. Jost 2003, S. 581–691, hier S. 619). Martin Pfleiderer fasst den Begriff dahingehend zusammen, dass »die Unterscheidung zwischen dem musikalischen Fachterminus Groove, der sich auf bestimmte rhythmisch-klangliche Strukturen bezieht, und einem eher allgemeinen Verständnis von Groove als einer bestimmten Art der Musikerfahrung« grundlegend ist (Pfleiderer 2010). Diese Musikerfahrung im Groove unterscheidet er in vier Dimensionen: »*Die strukturell-kognitive Dimension*: Grooves sind rhythmisch-melodisch-harmonisch-klangliche Strukturen, die erst einmal wahrgenommen und kognitiv verarbeitet werden müssen. Die zyklische Wiederholung standardisierter Patterns und deren Variation spielt hierbei eine zentrale Rolle. [...] *Die Bewegungsdimension*: Groove wird als eine körperliche Bewegung erfahren und ermöglicht aufgrund von metrischen Regelmäßigkeiten und Zyklizität synchronisierte Körperbewegungen und Tanz. Darüber hinaus wird die Fähigkeit, mit Musikinstrumenten Grooves zu erzeugen, mit der körperlichen Präsenz und mit den Spielbewegungen der Musiker in Verbindung gebracht. *Die emotionale Dimension*: Wie jede Musikerfahrung hängt auch das Groove-Erleben mit einem bestimmten Feeling, mit einer

wird ein »Miteinander erleben« [I.02/799] ermöglicht, welches das »soziale Lernen« [I.02/799] begünstigt. Was genau der Unterschied zwischen einem ›Miteinander‹ und einem ›sozialen Lernen‹ ist, sagt Frau B nicht. Unklar bei der Auswertung des Textes bleibt auch, in welcher Relation Frau Bs methodisches Vorgehen zu den zuvor benannten Zielen steht. Einerseits ist die Lesart möglich, dass es durch die Beispielebene an das soziale Lernen angebunden ist (»zum Beispiel, äh, dass ich differenzieren kann, leistungsdifferenziert arbeiten kann« [I.02/799ff.]), andererseits ist es auch denkbar, in der zweisekundigen Pause »(..)« [I.02/799] einen Bruch zu sehen, so dass »diese Didaktik« [I.02/793] durch das Beispiel der Leistungsdifferenzierung erläutert wird. Festzuhalten bleibt, dass für Frau B ein leistungsdifferenziertes Arbeiten wichtig ist. Dieses ist ein Teil von Percussion, welches ein (eigenständiges) Musizieren der Lernenden fördert.

Frau Bs Schwierigkeiten und Lösungen

Eines der ersten Probleme beim Unterrichten und Umsetzen ihrer Ziele bestand für Frau B in der Abwesenheit einer guten instrumentalen Ausstattung an ihren jeweiligen Schulen, da ein nicht vorhandener Klassensatz an Instrumenten sogar die Motivation durch das »Urphänomen« [I.02/28] hemmt:

B: [...] (..) Wobei jetzt in dem Zusammenhang, jetzt hol ich mal gleich groß aus, äh, das steht und fällt mit der Ausstattung. (.) [I.02/36-37]

B: [...] und ähm (..) wenn du dich interessierst für diese Geschichte, die steht und fällt, dass ein Klassensatz Instrumente da ist. Es gibt nichts schrecklicheres als zwei, drei Instrumente zu haben und dann hab ich eben diese zwei, drei Schüler, die das jetzt mal schnell probieren dürfen. (..) Das ist tödlich. Ich hab diese Phase durchleben müssen, und ich hab nicht eher so richtig mit der Arbeit begonnen, bevor ich nicht den Klassensatz gehabt habe.
[I.02/129-136]

Stimmung und mit Gefühlen zusammen. Positiv erlebte Erregung, Freude, Ausgelassenheit und gute Laune sind in der Regel, aber nicht ausschließlich die emotionalen Komponenten der Groove-Erfahrung. *Die soziale Dimension*: Groove bezieht Hörer, Tänzer und Musiker körperlich, emotional und kognitiv in das musikalische Geschehen ein. Diese Partizipation hat sowohl soziale Voraussetzung [...] als auch soziale Folgen für bestimmte Menschengruppen und soziale Gemeinschaften (ebd. (Hervorhebungen von VW)). Für eine historische wie detaillierte Beschreibung des Begriffs Groove s. auch Pfleiderer 2006, S. 297–301.

In den Interviewtexten werden alle vier Dimensionen von Groove angesprochen, jedoch unterschiedlich gewichtet. An der oben zitierten Textpassage des Interviews werden mehr die strukturell-kognitive sowie die soziale Dimension von Groove deutlich.

Frau B löste dieses Problem in mehreren Phasen, da der finanzielle Aspekt eines instrumentalen Klassensatzes zusätzliche Schwierigkeiten bereitete. Es ist auch zu beobachten, wie durch solche Erzählungen zu ihrem Organisationstalent der Text auf die ersten beiden Sequenzen [I.02/10–36] reagiert, in denen Percussion als immer funktionierende Methode und Rhythmus als »Urphänomen« [I.02/28] dargestellt wird: Ihre Erzählung zeigt Frau B als für den Unterricht notwendige sowie methodisch und didaktisch versierte Pädagogin.

> B: [...] Also ich hab in meiner Verzweiflung noch keine Instrumente da zu haben, (.) ähm, (.) angefangen mir diese, diese Gummi-Pads vom Schlagzeug zu kaufen, diese, die man auf die Snare drauflegt zum Üben, diese Gummi-Pads, ich weiß nicht, ob du's kennst,
> I: └ mhm, doch
> B: └ (..) und, dann bin ich rumgefahren, zum Getränkemarkt und hab gefragt, ob die irgendwelche Biertische haben, die sie aussortieren. Okay, dann hab ich Biertische aufgebaut und auf jeden Biertisch (.) passen so ganz gemütlich vier Pads drauf,
> [I.02/142-151]

Ähnlich der Begründung, dass Trommeln wie ein »Magnet« [I.02/33] wirkt, ist an dem folgenden Ausschnitt die Verwendung von Sticks als motivierend für die Lernenden zu beobachten.

> B: [...] das war zum Beispiel eine Ebene, oder dass man einfach nur mit Schlagzeugsticks überhaupt Rhythmen gearbeitet haben, natürlich, (.) ist ansprechender für die Schüler gewesen, als wie wenn sie jetzt mit den Händen klatschen, weil sie einfach irgendein Gerät in der Hand haben, und ein Schlagzeugstick macht schon mal wahnsinnig was her, (.)
> [I.02/158-163]

Frau B reagiert auf die von ihr wahrgenommene Motivation ihrer Schülerinnen und Schüler. Da Frau B keine persönliche Vorliebe zu einer bestimmten Form von Percussion zeigt, die sie aufgrund ihrer eigenen Begeisterung in den Unterricht integriert, stehen vor allem Überlegungen im Vordergrund, die insofern pädagogisch genannt werden können, als Frau B auf Beobachtungen, die sie im Unterricht macht, reagiert.

Frau B erzählt in dem Zusammenhang mit Klassenmusizieren auch von einer Situation, die sich als Dilemma mit der Machtposition, die sie als Lehrende hat, beschreiben lässt. Sind nicht genügend Instrumente da, sieht sie sich als Lehrerin letztendlich gezwungen, über das Verfahren der Vergabe dieser zu entscheiden. Frau B ist zur Selektion gezwungen, möchte dies aber wegen möglicher gedachter Zurechnungen seitens der Lernenden vermeiden. Durch einen Klassensatz an Instrumenten wird die für Frau B als problematisch empfundene Selektion unnötig.

B: [...] Also, äh, (..) ich denke, dass es schon fast egal ist, welches Alter, (.) ähm, (..) des is a Ebene, wo ich so einen Frust erzeuge, find ich. Weil ich bemüh mich jetzt um was, jetzt sag ich mal so ganz, also ich versuch mich jetzt mal so in einen Schüler rein zu versetzten, das ist eigentlich völlig egal in welchem Alter, (.) äh, dass vielleicht ein Fünftklässler da noch emotionaler reagiert, (.) und=und=und noch beleidigender findet, als ein Größerer, der das vielleicht bisschen mehr einschätzen kann, aber ich glaub, (.) da tut sich interessanterweise net wahnsinnig viel, das heißt jetzt, (.) wenn ich als Lehrer jetzt jemanden auswähle zum Beispiel, (..) das ist ja Wahnsinn,
I: └ mhm, einfach nur fies,
B: └ hab dreißig Leute net g'sehn, (.) ja? Oder (.) äh, warum darf jetzt der, ich kann's jetzt aber genauso gut, und was weiß ich, diese, diese ganzen Dinge, die da sofort hochkommen in einem ähm, des, des möchte ich eigentlich nicht erzeugen dabei.
[I.02/1674-1690]

Doch in einer folgenden Textsequenz sind nicht nur allgemeine Skrupel Frau Bs gegenüber dieser Selektion, sondern auch didaktische Überlegungen bezüglich eines Klassensatzes beobachtbar. Die gleiche Handhabbarkeit bzw. der gleiche Klang eines Instruments sind für Frau B entscheidend, um etwas (bspw. ein Pattern oder instrumentaltechnische Aspekte) zu erarbeiten.

B: └ zum Beispiel drum bin ich so wild auf einen Klassensatz Xylophone. (...) Wo ich anfange jemandem ein Metallophon oder Glockenspiel zu geben, (...) passt schon net, solang ich net (.) äh, das gleiche Instrument für alle, anbieten kann, hab ich a Problem. Wenn ich mal in einer anderen Phase bin, dass ich sag, ich hab jetzt was einstudiert, und jetzt suchen wir uns andere Sounds, nehm ma a Glockenspiel, a Metallophon oder so was, dann (Sinn macht). Aber wenn's darum geht, dass alle erst mal was Gleiches erarbeiten, (.) dann macht's Sinn, dass alle das gleiche Instrument in der Hand halten.
I: └ Ja, im Zeichenunterricht ist es ja auch so, dass jeder zeichnen muss und im Basketball macht auch jeder den Korbleger,
B: └ (..) jeder hat seinen Ball in der Hand, ja. Also, phh, es ist (.) äh, es ist einfach, da fehlt das Denken in der Musik überhaupt,
[I.02/1708-1723]

Frau B erzählt, dass Percussion »täglich im Unterricht« [I.02/81] stattfindet, dass sie bereits mit den fünften Klassen anfängt einen rhythmischen »Standard« [I.02/106] zu erarbeiten, so dass ihre Schülerinnen und Schüler nach drei Monaten »den Beat gehen, dass sie mit den Händen ähm (..) ja, meistens schon die ganzen drei-zwo-Clave klatschen können, und dazu singen's noch ein Lied« [I.02/101ff.]. Bei Frau B gibt es »keine (.) Lieder eigentlich ohne Bewegung« [I.02/89f.], wobei der Gesprächskontext an dieser Stelle Bewegung als »so Body-Percussion-Sachen« ausweist [I.02/214ff.].[175] Diese Darstellung der Normalität von »Standard« [I.02/106] in Frau Bs Unterricht (»im Klassenunterricht ja, natürlich« [I.02/84]), später auch die Erzählung über den »internen Lehrplanentwurf für Percussion« [I.02/117ff.], heben den Unterschied zu anderen Schulen/Unterrichten hervor.

Frau B erzählt von Klassenmusizieren auch als eine derzeit musikpädagogisch wie politisch gewünschte Perspektive, wobei ihre Erzählung nicht als Begründung für ihr eigenes Handeln fungiert. Sie beschreibt, dass sich »jetzt endlich mal, auch in Hochschulen […] (.) manche Verkrustung aufzulösen« [I.02/1212f.] beginnt und Lehraufträge für Percussion ausgeschrieben werden. Ihre Vision formuliert sie sodann als Wunsch und ihre Feststellung der aktuellen Lage als rechtfertigende Genugtuung.

```
I:    [...]    Wo siehst du Percussion in 20 Jahren?
B: @(  )@ Also wenn's nach meinem Traum geht, dann ist des ein
Schneeballprinzip,
[I.02/1186-1189]

B: [...] äh, (.) ja, und, dass des jetzt immer mehr reingeht und
dass dieses praktische Musizieren einfach immer einen größeren
Stellenwert nimmt.
[I.02/1219-1221]
```

In dem Kontext der beiden oben zitierten Ausschnitte konstatiert Frau B, dass ein Musizieren im Klassenunterricht auch aufgrund der Geschichte Deutschlands zu wenig stattfand [I.02/1189ff.]. Warum ein Musizieren im Musikunterricht für Frau B so wichtig ist, erzählt sie erst gegen Ende ausführlicher. Am Schluss des Interviewtextes [I.02/1734–1745] wird ihr Wunsch nach musikalischer Selbstständigkeit der Lernenden laut. Diese soll über den Erwerb von Fertigkeiten gefördert werden: »ich möcht ihnen Handwerkszeug geben« [I.02/1736f.]. In Frau Bs Erzählung ist somit ein Verständnis von Musizieren zu erkennen, welches eher handwerklich genannt werden kann. Demgegenüber spricht Frau B ästhetische Erfahrungen wie reflexive Fähigkeiten nicht an.

```
B:  [...]  Aber es hat natürlich mit einem Musikunterricht so wie
ich ihn persönlich jetzt (.) versteh, überhaupt nichts zu tun. Ich
möcht nicht der Geschichtenerzähler sein, sondern ich möchte (.)
nur der Impulsgeber sein. Ich möchte ihnen was zeigen, ich möcht
ihnen Handwerkszeug geben, ich möchte ihnen zeigen, wenn sie das
können, was ich für Bausteinchen zusammensetzen kann, für was a
Break da ist, und wann ich ein Intro spiel, das da a Groove ist,
und wie ich  die Grooves kombinieren kann blablablabs, dass des
was wird, dass die selbstständig einfach musizieren können. Das ist
einfach das, das größte Anliegen überhaupt bei mir am Haus. Dass
```

[175] An anderer Stelle wird Musik und Bewegung auch auf eine perkussive Praxis mit Alltagsgegenständen (vgl. Stomp) bezogen [I.02/1365ff.].

```
die selbstständig Musik machen. (..) Da, denk ich mir, hab ich einen
ganz guten Weg gefunden. (..)
[I.02/1733-1744]
```

Diese Feststellung belegen weitere Textstellen, die sichtbare Ergebnisse (bspw. »Beat gehen können, den Clave klatschen können und den Pocito Canto oder sonst was singen können dazu.« [I.02/249–252]) erwähnen, die Frau B »schul[t]« [I.02/246].

Percussion als etwas anderes

Während diese, wie auch einige der bisher angeführten Textstellen sich als Loblied auf Instrumentalklassen an sich lesen lassen, in denen Percussion als nur eine unter mehreren möglichen Praxen gesehen werden kann, schließt die folgende Sequenz wieder an Frau Bs allererste Erzählung [I.02/10–25] an. Percussion als eine Methode, die besser funktioniert, weil sie anders ist.

```
B:   [...] also ich hab (.) wirklich Workaholic war ich da, (..) und
(.) dann bin ich versetzt @worden, an a,@ ein ganz normales Gymna-
sium, und über Nacht hab ich gmerkt, hey, @hehe ich brauch was ganz
was anderes@, und dann ging eben die Suche los, und dann hab ja,
ich in Ermanglung natürlich der Instrumente hab ich dann einfach
(.) für mich so's suchen angefangen. Und hab für mich dann (.) Body-
Percussion immer mehr entdeckt, und hab halt dann so Sachen ent-
deckt, wie ich vorher schon gesagt hab, mit diesem Schlagzeug-Pads
und so weiter, (..) und bin dann auf, (.) auf die Suche gegangen,
und wie ich dann vierundneunzig hier in [Ortsname] ans Gymnasium
gekommen bin, (...) ähm, (.) dann, (.) hab ich einfach versucht,
diese, diese äh, Bewegung immer mehr in die Musik zu integrieren,
und aus dem heraus ist des dann für mich entstanden. (.)
[I.02/492-505]
```

Percussion wird als eine Reaktion des Lehrenden auf die Umstände an einem ›normalen Gymnasium‹ (im Gegensatz zu einem musischen Gymnasium) beschrieben, wobei Percussion nicht nur etwas anderes, sondern etwas »ganz« [I.02/495] anderes ist. Es stellt sich die Frage, was dieses ›ganz andere‹ ist und ob der Text Hinweise darauf gibt. Auch an einer anderen Textsequenz [I.02/927–951] ist zu beobachten, dass Percussion an einem musischen Gymnasium nicht funktioniert, weil ein »musisches Gymnasium, irgendwie @(.)@, scheinbar, doch @sehr elitär@« [I.02/945f.] ist. Damit sieht Frau B den Vorteil von Percussion als musikalische Praxis vor allem für den Unterricht an nicht-musischen Schulen. Obwohl sie zu Anfang erzählt, dass Rhythmus als »Urphänomen« [I.02/28] alle Menschen berührt und Percussion eine Methode ist, wo alle »super dabei« [I.02/13] sind, hat es an dem musischen Gymnasium nicht funktioniert. Den Grund attribuiert Frau B wiederum external: die sind »elitär« [I.02/946]. Ihre Erzählung gibt – bis auf einen Hinweis, der sich um das Vermitteln von Notenwerten bzw. Notation dreht, ein Wissen, das an musischen Gymnasien erwartet werden kann – keine weiteren Anhaltspunkte auf die Unterscheidung musisch/nicht-musisch.

Bereits zu Anfang des Interviews ist Percussion als etwas zu beobachten, auf das ›jeder anspringt‹ [I.02/32]. Rhythmus, im Unterschied zu Melodik und Harmonik, steht hier im Vordergrund. Die gleiche Unterscheidung lässt sich auch an einer späteren Textsequenz zeigen, in der Frau B von ihrem »internen Lehrplanentwurf für Percussion« [I.02/117] erzählt, dessen Struktur ihr »Kollege für die (.) melodischen und harmonischen Bereiche auch noch« [I.02/120f.] übernimmt. Interessant ist daran, welche Aspekte Frau B hinsichtlich einer Methodik bzw. Didaktik von Percussion hervorhebt, da im Anschluss an die Erwähnung des internen Lehrplanentwurfs Erzählungen zu Unterrichtsgeschehen und -planung folgen. Diese schließen einerseits generelle Angaben eines klassenmusikantischen Vorgehens ein, wie oben bereits teilweise dargestellt wurde, und enthalten andererseits spezifische Aspekte in Hinblick auf Percussion, die im Folgenden gezeigt werden sollen.

Percussion als »einfach« funktionierend

Das Kriterium der Auswahl einiger zentraler Aspekte war unter anderem Frau Bs Bezeichnung jener als »einfach« funktionierend:

> B: [...] so, solche, Übungen, das heißt (.) einfach mit Sprachspielgedichten, mit Bodypercussion, mit Lieder wo ich dann irgendwelche Klatschfiguren dazu hab, so dass sie einfach reagieren müssen, dass sie was singen und eine Pause wird aufgefüllt mit irgendeiner Klatschfigur und so weiter.
> [I.02/233-237]

> B: [...] (.) und wenn du das konsequent machst, so jede Stunde einfach so dein Programm, und wenn's nur zehn, fünfzehn Minuten san, dann haben die des einfach intus, das heißt, das muss sich, dieses Pulsfeeling das muss sich einfach automatisieren.
> [I.02/266-270]

> B: └ Und das ist auch das Tolle, des=is, des=san so ganz einfache Figuren im Prinzip, mit denen ich in der Fünften anfang, und die bleiben einfach hundertprozentig sitzen.
> [I.02/308-310]

> B: [...] Und damit *[hand-to-hand; VW]* lernen sie von Anfang an (..) sauberes Spiel, (.) es gibt einfach keine rhythmischen Fehler mehr in diesen System.
> [I.02/333-335]

> B: └ Und auch, dass ich eine Methode hab, die=die einfach hundertprozentig läuft. (.)
> [I.02/338-339]

> B: [...] was ich persönlich grad noch für mich so wichtig finde, dass es auch eine Methode ist, dass ich sicher sein kann, dass es funktioniert, wenn sie alleine sind.
> [I.02/350-352]

Zwar sind diese Textausschnitte des Zusammenhangs beraubt, doch ist zu erkennen, dass sie an die allererste Sequenz des Textes anknüpfen. Auffällig ist, dass die Möglichkeit eines Nicht-Funktionierens der Methode ausblendet wird. Für das Funktionieren der Methode gibt Frau B drei Beispiele:

(1) Die Methode funktioniert im Zusammenhang mit der Pulsation von Rhythmus oder der Umsetzung der rhythmischen Pulsation auf ein hand-to-hand-Spiel. Dieses schafft für die Schülerinnen und Schüler ein abstraktes sowie visuell und motorisch wahrnehmbares »System« [I.02/335] in dem es »keine rhythmischen Fehler mehr« [I.02/335] gibt. Inwiefern Frau B die Pulsation in ihrem Unterricht auch abstrakt verwendet, zeigt eine spätere Sequenz; zuvor spricht sie Pulsation als visuelle wie motorische Hilfestellung an.

> B: [...] Und also was ich zum Beispiel äh für mich (.) gemerkt hab, wie hilfreich es ist, wenn äh (.) gut, muss=a-, also zumindest in dies=diesen äh ersten Jahren, dass sie lernen immer hand-to-hand zu spielen. Das heißt, dass sie immer den Puls mitspielen müssen. Und diesen Puls, den lass ich auf dem Oberschenkel spielen. Die Bewegung ist größer und damit klarer. Das heißt, @jetzt muss'd das *[B zeigt auf das Aufnahmegerät]* mal hochnehmen,damit's nicht vibriert,@ also meine erste Figur, die die spielen ist *[B trommelt: r l r l r l r l r l r l r l r l r l r l r l r l r l r l r auf Tisch und Schenkel]* so ein Intro, ja? Das heißt, sie haben den Oberschenkel, als wie es eine Trommel noch wäre, dabei. Und damit lernen sie von Anfang an (..) sauberes Spiel, (.) es gibt einfach keine rhythmischen Fehler mehr in diesem System. Und die lernen ganz schnell auch miteinander zu spielen. (.) Ja?
> [I.02/323-336]

Pulsation bzw. hand-to-hand-Spiel bieten Frau B einen Weg, um komplexe Rhythmen in ein für Lernende überschaubares System zu übertragen. Einerseits ist die Vermittlung von Pulsation bzw. die Verwendung der hand-to-hand-Technik keineswegs ›nur‹ eine didaktische Transformation von Rhythmus, ist sie doch vielen Musizierenden eigen, andererseits eröffnen sie jedoch einen beinahe mathematischen sowie motorischen Zugriff auf Rhythmus (wenn beispielsweise Betonungen in einem Sechzehntel-Raster abgesprochen sind oder die rechts-links Motorik der Hände Sicherheit bietet). Frau B gibt durch diese Herangehensweise auch musikalisch weniger erfahrenen Schülerinnen und Schülern eine Hilfestellung. Sie beschreibt zudem, dass durch Pulsation bzw. hand-to-hand-Spiel als einer Ebene von Rhythmus die Lernenden »ganz schnell auch miteinander zu spielen« lernen [I.02/335f.]. So ist es möglich, nach Einführung neuer Patterns [I.02/340f.] die Schülerinnen und Schüler selbstständig arbeiten zu lassen, ohne dass Frau B »dabei sein muss« [I.02/343], denn sie möchte sich »auch (.) zurückhalten können als Lehrer« [I.02/343f.]. Der Wunsch nach Emanzipation der Lernenden kann für Frau B mitunter durch das Angebot dieses Pulsations-Systems realisiert werden.

(2) Obgleich Frau B für das Erlernen von Rhythmen keine Notentranskripte verwendet, sondern über eine orale Praxis vorgeht, führt sie die Notation von Rhythmus über das Pulsationssystem gleich in der fünften Jahrgangsstufe ein [I.02/373–394]. Sie begründet ihr Vorgehen, dass dies »praktisch noch ein=ein=ein extra Fenster quasi noch mal gibt« [I.02/356f.]: Einerseits geschieht das »Wahrnehmen von, von dem Rhythmus, den ich jetzt gerade gehört hab« [I.02/393] bei Rhythmusdiktaten auf eine andere Weise als beim Musizieren, und andererseits erfüllt Frau B somit einen Lehrplaninhalt, der das Umgehen mit traditioneller Notenschrift und die sichere Notation einfacher musikalischer Verläufe verlangt.[176]

Jedoch ist zu beobachten, dass sich Frau B in den Angaben widerspricht, ob zuerst ein Hören bzw. Wahrnehmen von Rhythmus oder dessen Symbolisierung durch Notation zu erfolgen hat: Sie reduziert erzählerisch einen zirkulären Sachverhalt (»Hand in Hand« [I.02/394]; »alles miteinander verwoben« [I.02/398]) auf eine linear-kausale Darstellung (»allererster Schritt/vorher« [I.02/375/376]; »erst mal/dann/jetzt/zweiter Schritt« [I.02/382/383/384/385]; »das erste/der wichtigste Schritt« [I.02/392/393]). Dies verweist aus Frau Bs Sicht auf das Dilemma, das zwischen einer von Lehrplänen vorgegebenen Musikvermittlung durch Notation und dem auditiven Erleben von Musik besteht.

B: [...] ich mach's so, dass ich diese Kreuzchen setzen lass. Das ist mein allererster Schritt. Und wenn ich, wenn's das verstanden haben, (.) ich hab ja vorher Notenwerte natürlich schon erklärt und die, und die ganze Art und Weise, wie man bei uns halt Notenwerte schreibt. Ich verwende von der ganzen Note bis zur Sechzehntel Note, ja? Dann hab ich fünf verschiedene, mehr kommen nicht vor, und weil ich ja auf diese sechzehner Teilung gehen möchte und mein Beat ist einfach Viertel. Das ist immer, (.) vereinfacht. Und

176 Auch wenn der engere Kontext hier keinen direkten Hinweis auf die Erfüllung des Lehrplans gibt, so ist zu beobachten, dass Frau B sich der Angaben des Lehrplans bewusst ist, da sie an anderer Stelle ein Andocken von Percussion an Lehrplaninhalte darstellt: »Also es ist so, dass ich dann sage, jetzt machen wir mal so einen intensiveren Block, (.) zum Beispiel Salsa oder so was, oder, ja zum Beispiel, machen wir's jetzt in Kombination mit=dm, mit=dem Lehrplan, äh, Rock und Pop Musik.« [I.02/286ff.].

(.) äh, jetzt geht es mir darum, dass sie einfach erst mal hören lernen, und, und sich orientieren lernen in diesem sechzehner Puls-system, dann müssen sie die Kreuzchen setzen, und dann sag ich, so und jetzt kommt der zweite Schritt, jetzt versucht einmal das Kreuzchen in Notenwerte zu übertragen. Und dann gibt's eben folgende Aufgabe, dass ich keine Fähnchen haben möchte, womöglich, sondern nur Balkennotation, und, dass weiß und grau nicht verbunden werden darf. (.) Das heißt, ich möchte damit auch ein=ein optisches Bild schulen, dass sie damit einfach in diesem Viertel- äh Beats äh lesen lernen. Und das geht dann Hand in Hand mit diesem Kreuzchen. Wobei das Kreuzchen natürlich das erste und wichtigste ist, das ist der wichtigste Schritt, das is (.) äh, Wahrnehmen von, von dem Rhythmus, den ich jetzt gerade gehört hab. Also das geht alles so Hand in Hand.
I: └ Okay.
B: └
Also des ist diese, (des is nicht irgendwas isoliertes,) sondern äh, alles miteinander verwoben.
[I.02/374-398}

Dass für Percussion allerdings eine Notation innerhalb des Klassenmusizierens nicht notwendig ist, beschreibt Frau B auch als Freiheit und Flexibilität, die sie genießt. Während die Aussage »diese Art von Musik, diese Freiheit« [I.02/1276] Percussion als Musikart ausweist, die über eine orale Tradition »mit dieser akademischen, wissenschaftlichen Arbeit am Notenständer überhaupt nichts zu tun« hat [I.02/1277ff.], erzählt Frau B bereits an früherer Stelle in dieser Hinsicht von Percussion als ›flexible‹ Methode [I.02/635]: Eine orale Praxis (»Call-Call« [I.02/347]) erleichtert ihr das Eingehen auf die unterschiedlichen Leistungsniveaus ihrer Schülerinnen und Schüler.

(3) Auch erzählt Frau B von Problemen, bereits fertige Kompositionen bzw. Arrangements in ihren Klassenunterricht einzubinden. Auf der einen Seite benennt sie Motivationsschwierigkeiten aller Beteiligten (wobei der Kontext offen lässt, ob Frau B aufgrund der fertigen Arrangements oder der Nichtbegeisterung der Klasse selbst daran keinen Spaß gefunden hat), auf der anderen, dass insbesondere ein Reagieren auf die Fähigkeiten der Lernenden bei der Stundenvorbereitung wie in der Lehrsituation selbst durch die vorgegebenen Strukturen schwer zu bewerkstelligen ist.

B: [...] Oder hab mir so, so, da gibt's doch so Body-Percussion-Arrangements zu kaufen, hab mir die Sachen mal angeschaut, hab das mal versucht mit den Schülern (.) und ich hab auch gmerkt, dass der Weg ähm, (.) zu-fertige Arrangements einfach, bei Body-Perccu-sion halt ganz extrem, ihnen zu bieten, (.) dass die Schüler net so drauf angesprungen sind und mir hat's auch keinen Spaß gemacht. (..) Und, ähm, also das fertige Arrangement net, sondern also da kommt jetzt dieser Begriff mit dieser, wie nennst du das? Live-Pädagogik,
I: └ Live-Arrangement

B: └ Oder Live-Arrangement, (..) also ich hab gmerkt, dass das einfach meins is. Ähm, (..) ich bin mit natürlich klaren Vorstellungen, Ideen, in meine Klasse hineingegangen und hab je nachdem, wie das glaufen is, ich mein, jede Klasse is net gleich, es gibt Klassen (.) da brauchst fast nix tun, und des ist ein Selbstläufer, und andere Klassen, die san träge ohne Ende, die sind rhythmisch einfach net so versiert, spätestens wenn schon ein, zwei Schlagzeuger in der Klasse drin sitzen, hast du natürlich schon mal einen ganz anderen Stellenwert, (.) als wie wenn da Leute drin sitzen, die halt einfach überhaupt keinen Nerv haben für so was, (..) und damit war's natürlich auch eine Ebene, mit der ich sag, ich kann (.) ja, (.) wenn ich net mit so einem festen Rahmen komme, sondern einfach flexibler bin, hab ich mehr Möglichkeiten. Und des war wieder ein Punkt so in meinen Bausteinchen, wo ich gsehen hab, des läuft so viel besser, und ich bin halt mit so, so kleinen Arrangement-Ideen reingegangen, und hab dann versucht diese Ideen dann umzusetzen. Und so ist des dann Schritt für Schritt (.) °immer mehr entstanden, ja.°
[I.02/613-640]

Indem Frau B mit Percussion auf die unterschiedlichsten Leistungsniveaus und Bedingungen innerhalb einer Klasse reagieren kann, macht sie aus ihrer Sicht guten Unterricht. Diese Möglichkeit zur Differenzierung hinsichtlich des Leistungsniveaus ist für Frau B so entscheidend, dass sie die zu spielende Musik aufgrund dieses Kriteriums aussucht. Da sie sowohl im Wahlunterricht wie im Klassenunterricht mit großen Gruppen musiziert und ihr eine originalgetreue Umsetzung der jeweiligen Musik wichtig ist, muss sie verschiedene Niveaustufen anbieten können. Sie erzählt von verschiedenen perkussiven Musikstilen, die sie unterschiedlich bewertet: Der bereits erwähnte Aspekt der Leistungsdifferenzierung spielt dabei genauso eine Rolle (»dazu kommt, dass diese Musik relativ, ähm, sehr dankbar zum Spielen ist, (..) unheimlich gut zum Differenzieren ist vom, vom, vom Leistungsgedanken jetzt her, und (..) da hab ich einfach gmerkt, des ist einfach super.« [I.02/711ff.]), wie die Größe des Originalensembles (»man merkt's dieser Musik an, die is, die is, dass sie für kleinere Ensembles gedacht ist, (.) je größer das Ensemble wird, desto schwerfälliger wird es,« [I.02/722ff.]), oder der Anspruch an die Besetzung (»weil's auch, grad, weil's ja sehr solistisch ist, diese Musik, von einer Professionalität geprägt ist, die ist Wahnsinn,« [I.02/728ff.]). Musikstile, die diese Aspekte eher negativ berühren, lässt Frau B außen vor, denn »die kannst du mit Schülern, vielleicht ganz vereinzelt mal erreichen in einer kleinen Besetzung,« [I.02/730f.], aber dies ist nicht ihr Ziel. Ihr Ziel ist es in großen Besetzungen, wie beispielsweise einer ganzen Klasse ›Originalmusik‹ zu musizieren.

B: [...] Mein Ziel ist, dass ich große Gruppen hab, wie zum Beispiel im Klassenverband, oder dann meinen Wahlkurs, halt im End-

effekt dann zwei Klassen, dass ich mit den großen Gruppen einfach hervorragende Sachen spielen kann, (.) und des ist halt mein Anliegen, und da hab ich jetzt gmerkt, über viele Jahre, es gibt nichts Besseres, als diesen ganzen Bereich aus Salvador. Und des ist jetzt so mein großer Schwerpunkt geworden, vor allem auch in meiner äh Percussionarbeit im Wahlkurs, dass ich vorwiegend Musik aus dieser Region verwende. Alles andere ist eben wahnsinnig speziell. Also grad zum Beispiel Rio, ich selber bin fasziniert natürlich von Rio-Musik und selber schon gespielt, war auch in Salvador, übrigens schon auf Workshop, und (.) äh, also in Brasilien vor Ort, (.) und hab einfach gmerkt, was die in Rio spielen, (.) das ist einfach nicht mehr äh, aufführbar für die Schule. Gesetzt den Fall, du möchtest Originalarrangements spielen, und möchtest das Tempo spielen. Spätestens da hört's auf. Also ich denk, dass ich schon einiges kann, @ aber, hhh,@ mit dem Tambourin hinzustellen und im Original, heutzutage, der Samba ist ja immer schneller geworden, das Originaltempo von den Sambas zu spielen, das heißt, wo der Beat inzwischen bei 144 liegt und dann noch die endlos 16tel-Ketten auf dem Tambourin zu spielen, also ich kann's auf einem kurzen Zeitraum, und ich kann's nicht auf Dauer. Da hört's bei mir (.) dann einfach auf. Da merk ich, ich fang's Verkrampfen an und dann geht's nicht mehr. Und also, dann (.) brauch ich meine Schüler überhaupt nicht in diese Ecke hinschieben wollen, weil wenn wir das dann aufführen klingt's halt immer so, hmm, na ja, so wie diese berühmten Schulmusikerkonzerte, wo dann jeder spielen darf, und des will ich nicht. Ich will Musik aufführen mit meiner Gruppe dann, die (.) dem Original entspricht.
[I.02/704-760]

Frau B ist als eine Person zu beobachten, die sich aus pädagogischen Gründen für bzw. gegen etwas entschieden hat. Sie erscheint durch ihre kenntnisreiche Erzählung zu Besonderheiten verschiedener Musiken als eine sehr qualifizierte Person, die sich ihrer Grenzen bewusst ist, da sie selbst auf Schwierigkeiten beim Spielen der Musik im Originaltempo stößt. Eine Änderung, unter der der Klang der jeweiligen Musik leiden würde,[177] ist für Frau B eine pädagogische Ausrichtung, die sie nicht will. Hier ist eine Kritik an Schulmusik zu beobachten, die aufgrund einer unterrichtlichen Machbarkeit Musik didaktisch in eine ›pädagogische Musik‹ transformiert.[178] Für Frau B, die mit ihren Schülerinnen und

177 Kriterien außerhalb einer Beispielebene dafür, was als musikalisch unzulängliche Klangänderung anzusehen ist, nennt sie nicht. Frau B benennt nur das Tempo [I.02/750] sowie ein Instrumentarium [I.02/1595f.] als etwas, was ihr ästhetisches Urteil hinsichtlich eines Originalklangs beeinflusst.

178 Verena Weidner stellt in einem Aufsatz dar, dass der Begriff der ›Didaktischen Reduktion‹ eine Bewertung mit sich führt, die »oft mit einer Abwertung der im schulischen Kontext verhandelten Inhalte« einhergeht. Deswegen schlägt sie als Alternative den Begriff der ›didaktischen Transformation‹ vor: »Als Bezeichnung würde sich ein Begriff wie ›didaktische Transformation‹ anbieten. Er umfasst sowohl die didaktische Reduktion von in dem Fall

Schülern Musik machen will, »die (.) dem Original entspricht« [I.02/759f.], ist Percussion eine Lösung für das Problem der ›pädagogischen Musik‹, da hier aufgrund der oben genannten Aspekte die didaktische Transformation nicht den ›Klang‹ der Musik berühren muss.

Zusammenfassung

Frau B beschreibt Rhythmus als ›Urphänomen‹, das große Resonanz in jedem Menschen auslöst (anthropologische Konstante). Sie nutzt dieses Phänomen für den Unterricht in Form der Methode Percussion. Percussion bindet jedoch nicht nur ein Motivationspotential an sich, sondern reagiert als Methode auf unterschiedliche Probleme, die ein Gelingen von gutem Musikunterricht stören könnten.

Differenzierung des Leistungsniveaus

Aufgrund der Struktur von perkussiver Musik ist eine genaue Differenzierung hinsichtlich des Leistungsniveaus für Frau B möglich. Somit kann sie einen Einbezug eines jeden Lernenden im Klassen- und Wahlunterricht gewährleisten. Da einfache sowie anspruchsvolle Figuren bei Percussion gleichzeitig vorkommen, ohne dass darunter ein Klangergebnis die ihm eigene ›groovige‹ Wirkung verliert, hat sich Frau B für Percussion als musikalische Praxis und Methode entschieden.

Live-Arrangement

Die Möglichkeit einer unmittelbaren Reaktion auf die Fähigkeiten und Fertigkeiten ihrer Schülerinnen und Schüler im Prozess des Unterrichtens ist Frau B wichtig, da auch eine noch so genaue Stundenvorbereitung nicht alle möglichen Unterrichtsituationen erfassen kann, und Frau B eine spontane Reaktion als Voraussetzung für eine gelungene Vermittlung von Musik sieht. Dass insbesondere Percussion diesen Vorzug bietet, hat unter anderem die Gründe, dass eine orale Vermittlung dieser Musik sowie die Modifikation von Patterns ohne großen Aufwand möglich sind. Dadurch entsteht für Frau B eine Flexibilität.

Musikalische Selbstständigkeit

Percussion als Methode reagiert auf ein defizitäres Angebot in Bezug auf die Anleitung zur Eigenaktivität der Lernenden, da durch das hundertprozentige

wissenschaftlicher Komplexität als auch die sich anschließende didaktisch motivierte Komplexitätssteigerung zunächst auf neutrale Weise, ohne eine Kritik ›falscher Übersetzungen‹ auszuschließen.« (Weidner 2012).

Funktionieren der Methode Frau B sich als Lehrerin irgendwann zurückziehen kann und somit ein selbstständiges Arbeiten fördert. Durch die Einführung der rhythmischen Pulsation, motorisch erlebbar in der hand-to-hand-Technik, bietet Frau B den Lernenden ein Bezugssystem an, das einen anderen als einen ›nur‹ musikalischen Zugriff auf Rhythmus ermöglicht. Der Vorteil dieses Systems liegt unter anderem darin, dass es keine reine ›Erfindung‹ der Musikpädagogik ist, sondern auch von Musikerinnen und Musikern verwendet wird. Dies schließt direkt an den nächsten Punkt an, der den Unterschied zwischen ›Originalmusik‹ und ›pädagogischer Musik‹ bewertet.

Spielbare Originalmusik

Für Frau B ist es unbefriedigend, Musik aus pädagogischen Gründen derart zu ändern, dass der Klang darunter ›leidet‹. Eine didaktische Transformation, deren Notwendigkeit Frau B nicht abstreitet, sollte nicht in ›pädagogischer Musik‹ enden. Frau B unterscheidet zwischen dieser und Originalmusik, wobei sie für sich die Veränderung des Klangs der Musik (bzw. einige Aspekte davon) als nicht erstrebenswert darstellt. Perkussive Musik ermöglicht ihr zusammen mit ihren Schülerinnen und Schülern ein Musizieren, das durch eine befriedigende Klanglichkeit motiviert.

Klassensatz

Obwohl die motivierende Wirkung von Rhythmus im ›Urphänomen‹ angelegt ist, können bestimmte Instrumente sowie eine ausreichende Anzahl derselben diese unterstützen. Ein Klassensatz löst zudem das Problem der Selektion, welches Frau B hatte: Sie muss nun nicht mehr entscheiden, wer ein Instrument spielen darf und wer nicht, und kann ähnlich wie im Instrumentalunterricht die gleichen Aspekte bei den gleichen Instrumenten vermitteln.

Herr C

Der Interviewtext stellt Herrn C insofern anders als die anderen befragten Personen dar, als Herr C Percussion nicht aufgrund seines eigenen Interesses in den Unterricht einbezogen hat. Obgleich Percussion ursprünglich nur von der Schulleitung erwünscht war und Herr C sich erst mit Instrumenten und Rhythmen vertraut machen musste, ist für ihn Percussion nun Praxis, mit der sich guter Musikunterricht gestalten lässt.

Am Anfang des Interviews trifft Herr C eine Unterscheidung, die für seine

Perspektive weithin maßgeblich ist, denn er unterscheidet seine jetzige Tätigkeit als Musiklehrer von seiner früheren Tätigkeit als Kirchenmusiker. Einerseits erscheint ihm seine eigene Qualifikation bei den beiden Tätigkeiten als ungleich, da er sich als Kirchenmusiker kompetenter einstuft denn als Musiklehrer. Andererseits erzählt er, dass die motivationelle Einstellung der Teilnehmenden bei den Veranstaltungen jeweils anders geartet ist. Er beobachtet Schulunterricht als »Neueinsteiger« [I.03/729] bzw. als Beobachter von außen, »weil ich komm halt von der Kirchenchorarbeit praktisch, ne?« [I.03/100f.], und zeigt sich erstaunt über manche Prozesse, die ihm innerhalb der Schule begegnen. Für den Musikunterricht benennt Herr C ein klares Ziel, welches er zuerst einmal nicht ausschließlich mit Percussion in Verbindung bringt. Percussion ist nur eine mögliche Musikpraxis; prinzipiell ist jegliche Form von Musik zum Erreichen seines Ziels möglich, wenn dabei ›gearbeitet‹ werden kann. Allerdings ist Herr C von Percussion überrascht, weil er hier eine andere Reaktion der Lernenden als bei anderen Musikpraxen beobachtet. Aufgrund einer höheren Beteiligung der Schülerinnen und Schüler kann er mit Percussion eher so arbeiten, wie er es sich vorstellt und dadurch wiederum sein Ziel erreichen.

Er erklärt dies darüber, dass Percussion eine Musik-Sprache ist, die die Jugendlichen verstehen. Dies kann als sein zentrales Motiv beobachtet werden:

> C: [...] (..) Irgendwie ist (.) ich weiß nicht, von der Sprache, (.) sind die angesprochen, als wär das ne Sprache, die sie irgendwie verstehen,
> [I.03/258-260]

> C: [...] wenn's so rhythmisch ist halt, (.) dann hab ich das Gefühl, dass da wirklich (..) ähm, (.) eine Sprachebene gefunden wird, auf die die Jugendlichen reagieren.
> [I.03/267-270]

Herr C erzählt von Erfahrungen mit Percussion, die insbesondere die Beobachtung eines Zugangs der Jugendlichen zu Musik betonen. Dabei vergleicht er Musik mit Sprache und findet in Percussion eine Musikpraxis, die die Lernenden verstehen. Zugleich sieht er die Möglichkeit mit der ganzen Klasse sinnvoll zu musizieren (zu arbeiten), da Percussion für ihn eine Art von Musik ist, die bereits auf einer musikalisch weniger anspruchsvollen Ebene gelingt.

Obwohl Herr C »nach der Schulmusik Kirchenmusik studiert hatte« [I.03/104] und somit eine fundierte Ausbildung hinsichtlich Musik und Musikpädagogik durchlief, zeigt sich Herr C als eine pädagogisch suchende und offene Person. Während er seine Qualifikation im Bereich der Kirchenmusik nicht in Frage stellt, da er dort Ensembles leitete, bei denen er »einfach viel mehr (..) Hintergrund« [I.03/577f.] hat, zweifelt er hingegen in der Schulmusik seine Kompetenzen an und möchte sich gerne weiterbilden [I.03/123–132/134–138/143].

Aufgrund Herrn Cs Darstellung, wo und wie er sich weiterqualifizieren möchte, erscheint Percussion als eine Musikpraxis, die sich von anderen Praxen auch hinsichtlich der Methodik unterscheidet und völlig anders als das ist, was Herr C in seiner Ausbildung gelernt hat. Obwohl man erwarten könnte, dass Herr C mithilfe seiner Ausbildung in Kirchen- und Schulmusik Methodik und Didaktik innerhalb des Musikunterrichts meistern könnte, er aber von seiner Unsicherheit im Unterricht erzählt, ist Herr C nicht als inkompetent, sondern als bescheiden, suchend und reflexiv zu beobachten. Die immer wiederkehrende, erzählerische Unterscheidung zur Kirchenmusik reagiert auf diese Unsicherheit hinsichtlich Schulunterricht und Percussion: Das Gebiet, in dem Herr C sich unsicher und suchend zeigt, wird somit eingegrenzt und Herr C erscheint durch die völlig andersartige Darstellung in der Kirchenmusik als kompetenter Leiter und Musiker [I.03/633–640]. Dass er diese Darstellung in der Schulmusik erzählerisch nicht aufrecht erhält, sondern von Unsicherheiten und Situationen berichtet, in denen er sich inkompetent verhalten hatte, schmälert aber – durch das wiederholte Einholen der Unterscheidung – das Bild eines kompetenten Musikers nicht.

Guter Musikunterricht mit Percussion ist in Herrn Cs Erzählung als ein Unterricht zu beobachten, der die Lernenden dazu bringt, sich auf Musik einzulassen und in einer verständigen Weise wahrzunehmen.

Die Verwendungsweise des Begriffs Percussion durch Herrn C

Herr C ist sehr klar in seiner Verwendungsweise des Begriffs Percussion. Er verwendet den Begriff Percussion zwar auch in Anlehnung an Chor und Orchester als eine Bezeichnung für eine bestimmte Gruppierung, doch vorrangig ist Percussion für ihn alles, was »irgendwie mit Geräusch und Rhythmus zu tun hat« [I.03/14], also in den »Bereich des Rhythmischen« [I.03/32f.] gehört. Er grenzt diesen Bereich von »dem was mit Harmonik zu tun hat und mit Melodik« [I.03/10f.] ab. Dabei betont er, dass nicht die Art der Instrumente für ihn entscheidend ist, sondern wie diese eingesetzt werden. Seine Unterscheidung ist hierbei ein eher »rhythmisch[es]« bzw. »perkussiv[es]« zu einem »melodisch[en]« [I.03/40] Spiel der Instrumente.

I: Meine erste Frage eigentlich gleich, was ist denn eigentlich für Sie Percussion?
C: @(   )@ Percussion ist für mich eigentlich alles (..), alles, was mit Rhythmus zu tun hat, im Unterschied zu dem was mit Harmonik zu tun hat und mit Melodik. Und ich hab mich auch gewehrt es als Sambagruppe zu bezeichnen, es war eigentlich mein Auftrag, ich hab gesagt, ich mach eine Percussiongruppe, (.) und erlaube mir da alles zu machen, was irgendwie mit Geräusch und Rhythmus zu tun hat.
[Wanduhr schlägt 11x, kurzes Gelächter.]
I: Also Sie grenzen das so richtig auf den rhythmischen, perkussiven Bereich ab?
C: └ ja.
I: └ Und alle Klinger oder so was würden sie nicht mit reinziehen?
C: └ Also gut, halt, Pauken, Surdos, des schon, also schon Percussioninstrumente, die Töne haben, (.) und des ist so, des wäre meine Definition, ich hab mich allerdings nicht so richtig damit beschäftigt. Und so hab ich des mal aufgefasst (.) und es wär für mich auch kein Problem mal andere Instrumente dazu zunehmen, wenn sich des ergibt. Also ich weiß von dem (..), der am [Name]-Gymnasium, der macht auch viel damit, mit, E-Gitarre und Saxophonen, des wäre für mich auch in dem Rahmen, aber des wäre für mich kein Percussion mehr. (.) Diese Instrumente, auch wenn man's kombinieren kann. Des wären für mich Kombinationen.
I: Das heißt, Sie würden Percussion auf die Instrumente eingrenzen.
C: (..) Ne, eher, eher auf den Rhythmus, auf den Bereich des Rhythmischen, egal, ob man jetzt Besteck nimmt, (.) aber alles für mich, was jetzt eben rhythmisch ist.
I: └ und wenn ich jetzt ähm, auf den Xylophonen was Rhythmischen spiel?
C: (...) ähm, (....) das wär so eine Randzone, das würde dann auch reinkommen, das wär für mich so Grenzbereich, weil man auf dem Instrument beides machen kann. Man kann sich, ja genau, man kann das rhythmisch einsetzen, perkussiv oder melodisch. (..) Aber jetzt wirklich in dem Begriff Percussion ist es, würd ich sagen, wenn sie nur bestimmte Klänge machen würden.
[I.03/7-42]

Bei dieser Definition ist zu beobachten, dass die Unterscheidung zwischen rhythmisch bzw. perkussiv und melodisch insbesondere den produzierten Klang als Einordnungskriterium für Percussion wählt. Herr C stellt die Begriffsdefinition Percussion damit nicht in einen unterrichtlichen oder schulischen Kontext. Er erzählt zwar auch, dass Percussion auf eine andere Weise unterrichtet wird, als beispielsweise »Orchester oder Chor oder irgendwas« [I.03/53], doch verweist er hiermit darauf, »wie überhaupt Percussion gearbeitet wird« [I.03/198f.] und nicht auf seine Verwendungsweise des Begriffs selbst.

Desweiteren ist am Text zu beobachten, dass Herr C Percussion als etwas sieht, das innerhalb der Musikpädagogik erst vor kurzem aufgegriffen wurde.

Dies zeigt sich an vielen Stellen, in denen er beschreibt, dass ein Ausbildungsangebot im Bereich Percussion hinsichtlich musikpädagogischer Vermittlungstätigkeit erst im Kommen ist.

> C: └ und ich muss noch sagen, das Problem ist halt, ich weiß ja nicht, wie des jetzt unterrichtet wird, wird Percussion eigentlich schon unterrichtet an der Hochschule? (...) °Immer noch nicht, ne?° [I.03/853-855]

Motive von Herrn C

Um zeigen zu können, welche Lösungen Percussion Herrn C bietet, wird im Folgenden zuerst Herrn Cs Unterscheidung zwischen Kirchen- und Schulmusik dargestellt, denn damit sind insbesondere Erzählungen über Probleme, auf die er in der Schule gestoßen ist, sowie über seine Zielvorstellung für Musikunterricht verbunden. Anschließend wird deutlich, warum Percussion für Herrn C nicht mehr gleichwertig zu anderen musikalischen Praxen, sondern eine bessere Lösung für guten Musikunterricht darstellt.

Unterscheidung zwischen Kirchen- und Schulmusik

Während Herr C als Kirchenmusiker eine freiwillige Teilnahme am Geschehen kennt, stößt er innerhalb der Schulmusik auf eine »Zwangszusammenführung« [I.03/641].

> C: [...] weil ich mit dieser Situation echt kämpfe. Und zwar mit der Situation, dass ich mich überhaupt verständlich machen kann, (.) und, ähm, einen Unterrichtsrahmen hab, wo ich arbeiten kann, wie ich mir das vorstelle. (.)
> I: └ Was meinen Sie mit verständlich machen? Auf die Ebene der Schüler kommen, oder-
> C: └ Also ich bin ja ein netter Mensch, (.) und hab, ähm, (..) normalerweise einen guten Draht zu den Leuten, wenn sie freiwillig zu mir kommen. (..) Und das war auch meine Art zu arbeiten in der Kirchenmusik. (.) Dass es einfach so ist, ich mach das so und so, und die kommen, sind in der Regel ziemlich begeistert, weil ich dann (.) irgendwie gu-, sehr intensiv arbeiten kann. Also die Gruppen, die bei mir entstehen, sind sehr starke Gruppen. (.) Und in dem Schuldienst war ich @total von den Socken@ durch diese Zwangszusammenführung @(.)@, [I.03/627-641]

Probleme und Lösungsansätze

Durch eben diese unfreiwillige Teilnahme der Schülerinnen und Schüler am Unterricht entstehen (nicht nur) bei Desinteresse Disziplinprobleme innerhalb der Klassen. Herr C zeichnet sich als eine Person, die nicht von Anfang an diese problematischen Situationen souverän in den Griff bekam, sondern erst nach Lösungsmöglichkeiten suchen musste.

> C: [...] (.) und ähm, (...) ja, (....) also allgemein fällt's mir schwer überhaupt (.) was zu=zu (.) phh, höhere Ziele zu sagen, weil ich mit dieser Situation echt kämpfe. Und zwar mit der Situation, dass ich mich überhaupt verständlich machen kann, (.) und, ähm, einen Unterrichtsrahmen hab, wo ich arbeiten kann, wie ich mir das vorstelle. (.) [I.03/626-630]

> C: [...] Des war ich halt diese Arbeit nicht gewöhnt, dass ich so, (.) diese Unterrichtssituation so schaffen muss. Des war in der-, ich hab ja nur mit Freiwilligen eben gearbeitet und da ist es halt so, die kommen rein und setzten sich hin. (..) [I.03/736-740]

Dieser für ihn problematischen Situation begegnet Herr C aktiv mit verschiedenen Ansätzen. Für den Klassenunterricht hat er sich eine Methode überlegt, welche klare und offengelegte Machtverhältnisse innerhalb des Unterrichts schafft. Herr C spricht selbst von einer ›Militarisierung‹ [I.03/653] des Unterrichts: Er begegnet der Unruhe der Klasse nicht zuerst mit Motivation über musikalische Inhalte, sondern mit Weisungen, die die Situation regeln. Allerdings erlebt Herr C nach dieser ihm »widerstrebenden« [I.03/667] Machtdemonstration eine Veränderung der Lage und muss nun seine Autoritätsposition nicht mehr wiederholt unter Beweis stellen.

> C: [...] und das probier ich jetzt, das ist einfach ein Versuch, wobei das der erfolgreichste Versuch ist, den ich je gestartet habe. (..) Ich hab das Gefühl, ich muss reinpfeffern, und muss sagen, die kommen ja immer alle, dürfen wir, dürfen wir, dürfen wir, und am Anfang ja natürlich, und ich bin ja so nett, und wir wollen ja gut zusammenarbeiten, und wenn ihr von mir aus dürft, dann seid ihr auch lieb und ruhig und dann können wir und so weiter und das hat überhaupt nicht funktioniert, und @ich weiß auch nicht, es ist krass, aber@ es funktioniert echt am besten für mich, wenn ich des hinkriege, dass ich einfach sag, so jetzt wird hingesetzt, ihr setzt euch alle nach Nummer, also militaristisch. (.) Und das widerstrebt mir vom Kern meiner Persönlichkeit, ja, aber ich hab das Gefühl, wenn ich das mach, empfinden sie mich nicht als schwach, also ich hab das Gefühl, die Schüler empfinden mich, wenn ich nett bin als schwach und zwar sowohl die interessierten, als auch die, die nicht interessiert sind. Und wenn ich jetzt reingehe und sag, setzt euch alle hin, brauchst fragen,

dürfen wir, nee, ihr dürft gar nichts, können wir, wir können gar nichts, ihr sitzt nach Nummern, wie's nach der alphabetischen Liste ist und zack, zack, zack, zack und wer jetzt schwätzt kriegt Referat und je stärker ich mich überwinden kann und des durchziehe, (.) desto stärker kommt dann irgendwann ein Punkt, wo sie (.) entspannt sind, (.) und, wenn ich dann nett bin, auf einmal bin ich ein guter Lehrer, und das ist so ganz komisch. Man muss so, (.) so reinhauen irgendwie in einer ganz, mir widerstrebenden, Weise, als wenn man dann irgendwie Zeichen setzen müsste, und wenn sie dann ruhig sind, dann auf einmal finden sie, des=is-, ich bin 'n guter Lehrer. Und bei dem lernt man was, bei dem [Name].
[I.03/642-670]

Der Text zeigt diese disziplinarische Methode immer in Verknüpfung mit dem Ermöglichen eines musikalischen Lernangebots, welches nicht nur auf ein Machen, sondern auf ein Erleben abzielt. Es stehen nicht das ›Überleben‹ der Lehrkraft oder das Bändigen der Klasse im Mittelpunkt, sondern das Erreichen seiner Ziele: Nur durch ruhige und aufmerksame Phasen können Lernende neue Fähigkeiten und Fertigkeiten erlangen, durch die sie dann wiederum eine »andere Erlebnisebene« [I.03/611] erfahren. Dieser Zusammenhang wird später für Percussion als gute Musikpraxis nochmals entscheidend sein.

Auch im Wahlunterricht möchte Herr C so unterrichten, wie er es aus der Kirchenmusik gewohnt ist. Da es hier eine Äquivalenz zu seiner früheren Tätigkeit als Kirchenmusiker gibt – die freiwillige Teilnahme der Lernenden – war Herr C erstaunt, dass er auch im Wahlunterricht für Disziplin sorgen muss. Herr C löst das durch einmalige Klarstellung der Machtverhältnisse:

C: [...] Also da hab ich denen gesagt: Leute hier ist auch-, hier hab ich keine Lust auch immer um Ruhe zu sorgen, habt ihr einfach still zu sein, sonst fliegt ihr einfach raus. Und das kam an die Botschaft und da kann ich arbeiten, wie ich das gewöhnt bin und ich gerne arbeite,
[I.03/155-159]

An einer inhaltlich ähnlichen Erzählsequenz ist zu beobachten, dass Herr C »Pädagogik« [I.03/747] als jene Momente des Unterrichtens bezeichnet, in denen wiederholt disziplinarische Maßnahmen ergriffen werden müssen, um Rahmenbedingungen für die Möglichkeit des Lernens zu schaffen. Seine »militaristische Methode, (.) @diese krasse@« [I.03/1073], zählt er zu Pädagogik, während er das Bereitstellen von musikalischen Bildungsangeboten oder methodisch vielfältige Vermittlungsversuche im Text nicht der Pädagogik zurechnet (obwohl Herr C sehr wohl davon spricht, Bildungsangebote machen oder methodische Vielfalt in seinen Unterricht einbeziehen zu wollen [I.03/602f./681f./910f./1150f.). Zwar ist in der Textsequenz [I.03/747–752] dazu ein Widerspruch zu beobachten, da er in dem Moment, in dem er sagt »liebe Leute, (.) hier gibt's keine Pädagogik. Hier gibt's nur mitmachen oder rausfliegen.« [I.03/747f.] seinen eigenen Begriff von Pädagogik anwendet, doch geht diese Rede dem Beginn des Wahlunterrichts voraus, so dass sich der Widerspruch über eine zeitliche Ebene auflöst. Erziehungsmaßnahmen, die ein bestimmtes Verhalten wahrscheinlicher machen, will er im Wahlunterricht nicht immer wieder anwenden müssen, da er dies aus seiner früheren Tätigkeit als Kirchenmusiker so nicht kennt, es für ihn anstrengend ist und er dadurch weniger Zeit für ein für ihn positives Arbeiten (= keine ›Pädagogik‹) mit den Schülerinnen und Schülern hat. Pädagogik wird hier als ein Moment beschrieben, welches, wenn es gut läuft, gar nicht zur Anwendung kommt.

> C: [...] Und dann hab ich halt gesagt
> liebe Leute, (.) hier gibt's keine Pädagogik. Hier gibt's nur mitmachen oder rausfliegen. Und das hab ich wirklich nur einmal gesagt und dann sind die Schüler, mit denen ich sonst nie klar komme ganz ruhig. (.) Und dann sagen sie, ach das ist ja toll hier, hier ist es so leise in Percussion, ne. Dann sag ich ja, (.) (wie) komisch. @( )@
> [I.03/746-752]

Obwohl für den Wahlunterricht eine freiwillige Teilnahme besteht, schafft Herr C durch seine Ansagen [I.03/747f] von Anfang an klare Verhältnisse. Welche anderen Unterscheidungen er hinsichtlich Wahlunterricht und Kirchenmusik trifft, da diese beiden Unterrichtsformen nicht gleich zu sein scheinen, ist im Text nicht zu beobachten.[179]

Ziele

Herr C spricht immer wieder von seinem Ziel: Er will den Schülerinnen und Schülern eine »neue Ebene« [I.03/680] in und durch Musik vermitteln. Hinweise auf musikgeschichtliche oder musiktheoretische Anhaltspunkte, die diese »neue Ebene« [I.03/680] fundieren, sind dabei nicht zu finden, sondern allein Bemerkungen, die auf ein Spielen von Instrumenten oder auf einer Art ästhetischer Perspektive von Musik bezogen sind. Herr C will ein (anderes) Wahrnehmen von Musik durch eigenes und konzentriertes Musizieren erreichen. Dabei scheinen ihm die Arten des Musizierens beliebig.

> C: [...] Ich will, (..) dass sie in so ne Sammlung kommen, oder dass sie so, (..) irgendwie runter kommen von diesem Trallali (.) und alles muss cool und so sein, sondern, dass sie so, (..) in die Musik reinkommen, und dass sie sich da drauf total konzentrieren, und da

[179] Eine mögliche Unterscheidung steht in Zeile 742: »Hammerkinder«. Hier könnte in Bezug auf das Alter und den Reflexionsgrad unterschieden werden. Der folgende Text leitet die obige ›Pädagogik-Stelle‹ ein:

auf einer anderen Ebene auch wieder, ähm, (.) sozusagen eine coole Erfahrung machen. Und des ist so, (..) mein, sozusagen fachübergreifendes Ziel, egal, mit was ich's mache. Ob ich das mit Flöten mach, oder mit Chor, oder mit Percussion, (....) und, (..) also ich möchte sie (..) auf ne andere Erlebnisebene bringen.
[I.03/602-611]

Ein wenig später äußert Herr C:

C: [...] (...) aber jedenfalls das ist so mein-, (..) wo ich denk, das ist meine Aufgabe sie ihnen-, eine ganz andere Erlebenstiefe zu vermitteln und des ist was wo ich merk, wo ich immer wieder hin will, und wo ich witzigerweise jetzt mit dieser ähm, Methode-, oder des ist was, was ich ausprobiere, des, (.) wo ich, aber eben (.) wo's am meisten funktioniert bis jetzt, so richtig (...) unangenehm reinhauen, und dann ist es ruhig, (.) und dann kann man echt mal arbeiten und dann lassen sie sich auch ein, auf eine andere Ebene. Nicht immer, aber so überhaupt die Möglichkeit erst mal überhaupt da hin zu kommen, (...) und alles andere hat gar nicht funktioniert im Klassenunterricht bei mir. (....) Ja, so ist das.
[I.03/752-763]

Sein Ziel, den Lernenden eine »neue Ebene« [I.03/680] in Musik anzubieten, hängt eng mit seiner Art und Weise des Arbeitens an und in Musik zusammen. Denn nur aufgrund einer bestimmten Arbeitsweise und Einstellung zum Üben können die Lernenden »sozusagen eine coole Erfahrung machen« [I.03/607].

Der Begriff des Arbeitens ist in dem Text insofern bedeutsam, als er einerseits die bereits oben dargestellte Unterscheidung zwischen Kirchen- und Schulmusik latent mitschleppt, und andererseits im Text sowohl hinsichtlich Herrn C als Lehrer wie auch auf Schülerinnen und Schüler verwendet wird. Herr C erzählt von einem »Unterrichtsrahmen« [I.03/629], den er als Lehrer ›herstellen‹, also erarbeiten muss:

C: [...] Des war ich
halt diese Arbeit nicht gewöhnt, dass ich so, (.) diese Unterrichtssituation so schaffen muss. Des war in der-, ich hab ja nur mit Freiwilligen eben gearbeitet und da ist es halt so, die kommen rein und setzen sich hin. (..)
[I.03/736-740]

C: [...] (..) Und des fand ich jetzt eben dieses Jahr im September, da hatte ich dann 25, da dachte ich oh Gott, (.) da sind auch so Hammerkinder drin, die ich vom Unterricht schon kenne, wo ich mich frag, warum kommen sie überhaupt ins Percussion, wenn sie mit mir nur anecken im Unterricht, (.) und dacht, das kann ja echt lustig werden, wenn von 25 mindestens schon mal zehn solche Schüler drin sind.
[I.03/740-746]

Doch auch ein Arbeiten aus Sicht der Lernenden ist zu beobachten:

> C: [...] Und dann hören sie's auch und das ist wahrscheinlich das, was sie investieren müssen, dies, was ich als Arbeit bezeichne, (.) sie müssen arbeiten, damit sie im Laufe der Zeit immer feiner hören, damit sie dann von selber was ganz klar strukturieren wollen, was ganz sauber spielen wollen.
> [I.03/978-982]

Meist jedoch stellt Herr C das Arbeiten, wenn es nicht auf die Erhaltung von Disziplin gerichtet ist, ähnlich einem Üben im Instrumentalunterricht dar, das als paradigmatisch für das, was Üben ist, bezeichnet werden kann.

> C: [...] und da kann ich arbeiten, wie ich das gewöhnt bin und ich gerne arbeite, also einfach, dass man halt an Stücken arbeitet, (..)
> [I.03/158-160]

Durch dieses Arbeiten bzw. Üben wird eine »andere Ebene« [I.03/606] des Erlebens von Musik erreicht. Die Voraussetzung dafür ist wiederum eine ruhige und konzentrierte Phase (»Sammlung« [I.03/603; 716; 1095]), in der an und in Musik gearbeitet werden kann. Um sich sammeln zu können, müssen die Schülerinnen und Schüler »runter« [I.03/589; 604] kommen.

> C: [...] Ich
> will, (..) dass sie in so ne Sammlung kommen, oder dass sie so, (..) irgendwie runter kommen von diesem Trallali (.) und alles muss cool und so sein, sondern, dass sie so, (..) in die Musik reinkommen, und dass sie sich da drauf total konzentrieren, und da auf einer anderen Ebene auch wieder, ähm, (.) sozusagen eine <u>coole</u> Erfahrung machen.
> [I.03/602-607]

Für Herrn C ist klar, dass, wenn die Lernenden in so eine Arbeitsphase kommen, es auch eigentlich keinen Zweifel mehr bezüglich des Erreichens einer anderen Erlebnisebene gibt: Wenn man Arbeit investiert, wird der »Lustgewinn« größer [I.03/685]. Genau an diesem kausalen Zusammenhang (Ruhe ermöglicht eine konzentrierte Arbeitsphase, welche wiederum den Erwerb von Fähigkeiten und Fertigkeiten bewirkt und so eine andere Erlebnisebene erreicht) setzt für Herrn C Percussion als musikalische Praxis an, denn damit gelingt es ihm, die Lernenden zu Konzentration und einer Arbeitsphase zu motivieren.

> C: [...] Und mit diesem Percussion des find ich irgendwie gigantisch, weil man da <u>ganz viele</u> anspricht. Ich hab das Gefühl, dass die jetzt=die jetzige Generation da besser abholbar ist.
> I: └ Warum? (..) Was glauben Sie?
> C: └ Hhhh (....) Ich weiß nicht, (.) weil interessanterweise arbeiten die da auch konzentriert. (.) Also es ist gar nicht, also ich hab vorher immer gedacht, dass

```
die Jugendlichen nicht mehr arbeiten wollen, (.) also keine Arbeit
investieren um zu einem guten Ergebnis zu kommen (.), bei dem
Percussion, machen sie's. Da kann ich sagen, jetzt machen wir mal
diese Übergänge, da möchte ich mal, dass die sauber gehen, und das
machen sie. (.)
[I.03/230-242]
```

Percussion wird für den Unterricht nicht als bildungsrelevanter oder leichter handhabbar beschrieben, sondern allein als eine bessere Methode, um Schülerinnen und Schüler zu motivieren, sich überhaupt auf ein konzentriertes Musizieren im Musikunterricht einzulassen. Damit setzt Percussion erzählerisch genau an der zweiten Stelle des oben dargestellten, kausalen Zusammenhangs an. Herr C kann zwar durch seine Macht als Lehrer für Ruhe und Disziplin sorgen, aber nicht dafür, dass die Schülerinnen und Schüler wirklich in Musik arbeiten. Er ist über den aktivierenden Aspekt von Percussion überrascht und versucht das Phänomen zu erklären. Dabei trifft er Unterscheidungen, durch die er Percussion immer als eine etwas andere Musikpraxis hinsichtlich ganz verschiedener Gesichtspunkte einordnet.

Percussion als eine etwas andere Methode

Im Folgenden soll diese Andersartigkeit von Percussion differenziert anhand von Textsequenzen dargestellt werden. Zuerst wird unter (1) gezeigt, dass Herr C Percussion eine andere Umgangsweise als anderen Musikpraxen zuordnet, dann unter (2), dass sein Anspruch an Percussion als Musikpraxis geringer ist. Anschließend wird unter (3) dargestellt, inwieweit die Wirkung von Percussion sich von anderen Praxen unterscheidet. Im letzten Punkt (4) wird Percussion als etwas beobachtet, auf das Jugendliche motivierter reagieren.

(1) Während Herr C sehr genau weiß, wie bei einem Chor, einem Flötenensemble oder anderen Ensembles zu unterrichten und vorzugehen ist, weiß er es bei Percussion nicht. Er erlebt Percussion als eine Musikpraxis, welche eine andere Herangehens- und Umgangsweise erfordert. Somit will er sich nicht nur instrumental und musikalisch in Percussion weiterbilden, sondern auch didaktisch und methodisch.

```
C: [...] der hat mir dann eben gesagt, wie man so ein Stück aufbaut,
also ich hatte wirklich gar keine Ahnung, wusste nicht, wie man
diese Stücke aufbaut,
[I.03/79-82]
```

```
C: [...] und hab mir da Informationen geholt und hab auch Sachen
ausprobiert, hab ihn gefragt, was mach ich, wenn, die Gruppe gähnt
```

@(..)@, dann hat er gesagt, ja, dann musst du mehr so und so arbeiten, und, ähm, weil ich komm halt von der Kirchenchorarbeit praktisch, ne?
[I.03/97-101]

Percussion erscheint damit als eine Musikpraxis, die sich hinsichtlich der Ensembleleitung von anderen Musikpraxen unterscheidet.

C: [...] Aber wenn ich jetzt was Passendes finden würde, dann würde ich auch gerne in eine Gruppe gehen (..) zunächst mal, um einfach ein Gefühl zu kriegen, wie überhaupt Percussion gearbeitet wird, weil, ja, ich kenn nicht so den Umgang,
[I.03/196-199]

Darüber, was diese andere Umgangsweise von Percussion ist oder wie sie aussieht, kann Herr C wenig erzählen, »weil, ja, ich kenn nicht so den Umgang« [I.03/199]. Dennoch ist ein direkter Hinweis im Text zu finden, der Percussion von Chorleitung unterscheidet.

C: [...] Und ich versuche des aber jetzt, des kommt glaub ich aus der Chorarbeit, ich rede noch zu @viel@@@. Also, mein-mein-, dieser ähm, [Name] sagt, man muss sie mehr spielen lassen, aber da, da bin ich noch am Suchen oder da wu-, da würd ich gerne mal in einer Gruppe üben, wie die des einstudieren. (.)
[I.03/806-811]

Herr C stellt Percussion auch im weiteren Gesprächskontext als eine Art der Ensembleleitung dar, bei der Anweisungen während des Spiels ohne Unterbrechung desselbigen gegeben werden. Der Fluss des Musizierens steht im Vordergrund.

(2) Im Text ist zu beobachten, dass Herrn Cs Einstellung gegenüber Percussion anders als zu anderen Musikpraxen ist. Seine Ansprüche an eine instrumentale Technik erscheinen geringer. Er stellt sich auf diesem Gebiet als weniger bewandert dar, setzt kleinschrittigere Lernziele und ist bereits mit bescheidenen Erfolgen zufrieden. Percussion erreicht dabei nicht das Niveau, welches er bei Chor oder Orchester verlangen würde. »Sinnvoll musizieren« [I.03/1292] sieht bei Percussion anscheinend anders aus als in klassischen Bereichen.

I: Nein, ähm, Sie haben vorher gesagt, Sie fänden wenn dann nur Percussion- und Chorklassen sinnvoll, aber nicht Bläser und Streicher
C: └ ach so, ähm (....) weil da man-, weil man da, find ich, sinnvoll von Anfang an in der Gruppe arbeiten kann, (..) so mein ich des. (..) Natürlich, sagt wahrscheinlich ein ausgebildeter Schlagzeuger, das ist Käse, weil man lernt natürlich auch keine gescheite Technik, (.) weil des vermiss ich natürlich nicht, weil ich selber keine Technik kann, ja, (.) aber man kann halt relativ schnell, find

ich, halt sinnvoll musizieren und ähm , (.) da ist wahrscheinlich mein Gedanke gewesen, dass man auf dieser allgemeiner Musizierebene bleibt, wogegen Geige ist ja dann doch das Ziel, dass man einfach technisch weiter kommt. (.) Dass man auch eine andere Literatur spielen kann, als dass man nur (.) irgendmal nen Tanz musizieren kann gemeinsam. (.) Und da kann man bei Percussion viel in der Gruppe machen, find ich, (.) genau,
[I.03/1283-1298]

(3) Herr C ist überrascht und begeistert, welche Wirkung er ganz im Gegensatz zu klassischen Ensembles bei Percussion feststellen kann. Diese Wirkung, die er nicht nur für Musizierende, sondern auch für Zuhörende ausmacht, erstaunt ihn deshalb so, weil er das Gespielte als »nichts Besonderes« [I.03/295] wahrnimmt. Er beschreibt im Zusammenhang mit der »gigantisch[en]« Wirkung [I.03/338] differenziert, was diese Wirkung auslöst.

C: [...] (..) Aber das ist, glaub ich, das ist immer dieser Wechsel plötzlich, es läuft so ein Rhythmus, ich glaub das ist auch so ne Wirkung, die ich so faszinierend finde, es ist so ein Rhythmus, auf einmal, auf <u>einen</u> Schlag ist was ganz anderes, und was-, und wenn's nur ist tak (.) tak (.) tak (.) tak (.) und dann geht's wieder weiter. (.) Und dieses Unterbrochene und dann läuft es wieder, ich glaub das ist (.) was, (.) was so, was so stark berührt, oder was einen so mitnimmt. (.)
[I.03/338-345]

Herr C kommt immer wieder darauf zu sprechen, wie »einfach« [I.03/296/320/331/333], »simpel« [I.03/331/334], »nichts Besonderes« [I.03/295/332] der Rhythmus sein kann und dennoch bei den Musizierenden sowie beim Publikum Begeisterung auslöst.

C: [...] Auch auf's Publikum, es kam sofort, obwohl wir zu Fünft dort standen, wir haben wirklich nichts Besonderes gemacht, total einfache Sachen, (..) genau, des wollt ich noch sagen. Selbst wenn man (..) es krass sagt, auch wenn man keine Ahnung hat von Percussion, macht Percussion, hat das eine große Wirkung, und wenn ich jetzt wirklich gute andere Arbeit mache, sei's Orchester oder Chor oder irgendwas, hat das nicht annähernd diese Wirkung, auch wenn das wirklich von-, in sich total gut ist, ne? Okay, dann jetzt zur nächsten Frage.
[I.03/294-302]

Es folgt im Text ein Hin und Her zwischen Interviewerin und Herrn C, wobei sich beide immer wieder ins Wort fallen und gleichzeitig sprechen. Inhaltlich dreht es sich um Instrumente und Musikstil, die bei dem Auftritt gespielt worden sind. Dann fährt Herr C fort:

C: └ ich weiß gar nicht, was das ist. War einfach, es waren drei Rhythmen die wir abwechselnd gemacht haben, und die Wirkung kam, auch ein bisschen dem Zufall zu verdanken, wir standen auf so einem Bulldog-

> Anhänger, und haben halt diese Schritte dazu gemacht, wo mir auch gesagt wurde, das muss man machen, und inzwischen find ich's auch wirklich gut, und es war mir auch völlig neu, wir haben immer im Viererrhythmus Schritte dazu gemacht und das hat so ein bisschen (..) gedröhnt auf dem Wagen, wo wir standen, weil der des so verstärkt hat, dann waren die Mikrophone irgendwie so gestanden und dazu haben wir getrommelt, es war einfach (.) archaisch, irgendwie, obwohl wir nur zu Fünft, und es-, wir haben halt einen Rhythmus gemacht, dann hab ich gepfiffen, und dann ein kurzer Break, ganz einfach, total simpel, ganz, eigentlich auch kein besonderer Rhythmus, nichts synkopisches, ganz einfach und dann wieder weitergetrommelt. Das andere, und dann wieder Break, dann wieder und dann Schluss. Also unglaublich simpel vom Aufbau, von den Rhythmen, es war jetzt nichts Fetziges, wir haben ganz langsam getrommelt, es war überhaupt nichts, wo man sagt, da ist jetzt aber die Post abgegangen, trotzdem war die Wirkung gigantisch.
> [I.03/319-338]

Herr C erklärt sich diese Wirkung über den Klang bzw. den Rhythmus. Der Klang von Percussion-Instrumenten hat einen anderen Stellenwert als andere Instrumente und ist in Verbindung mit Rhythmus ein Magnet für Musizierende wie Publikum. In diesen Erzählabschnitten wird das Moment des Rhythmischen »an sich« [I.03/251] hervorgehoben, das emotional berührt.

> C: [...] °Warum?° (..) Also was ihnen sicher gefällt, ist ein großes Instrument zu haben, (.) es ist halt dieses erdige, also der Klang einfach, und (.) also das ist der Vorteil gegenüber einem Chor, dass sie Instrumente haben und dass es halt dieser ganz erdige Klang ist und halt einfach der Rhythmus an sich,
> [I.03/247-251]

> C: [...] Aber so ein langsamer Barocksatz des berührt sie einfach nicht mehr so stark, dagegen, wenn was, irgendwas ein bisschen rhythmisch, wie soll ich sagen, aufgemotzt, oder, ne, das klingt so negativ, wenn's so rhythmisch ist halt, (.) dann hab ich das Gefühl, dass da wirklich (..) ähm, (.) eine Sprachebene gefunden wird, auf die die Jugendlichen reagieren.
> [I.03/264-270]

(4) Herr C erzählt, dass die Lernenden bei Percussion motivierter sind, weil sie durch diese Musik besser ansprechbar sind. Dadurch hat er einen Ausgangspunkt gefunden, von dem er die Schülerinnen und Schüler »wirklich abholen« [I.03/614] kann. Der Text bietet zwei unterschiedliche Überlegungen zu diesem Phänomen an:

- Die Schülerinnen und Schüler sind eine andere Generation als Herr C selbst und haben andere Werte, Perspektiven und Sprachebenen zur Welt. Herr C als Lehrer muss nun diese Zugänge finden, um den Schülerinnen und Schülern eine andere Welt (»neue Ebene« [I.03/680]) zeigen zu können.

C: [...] und ähm, (.) was mich dran reizt ist, (...) dass (.) ich immer das Problem hab mit=mit, also was ich zum Beispiel gerne machen würde und mache, aber wo ich merk, irgendwie greift's nicht mehr, das ist Blockflöte, (..) und auch dieses klassische Orchester und so weiter. Aber da hab ich immer das Gefühl, das ist so, wenn man das ernsthaft betreiben will, und ich will, dass sie dann wirklich gut spielen, und wirklich ob zwar leichte Sachen, die aber richtig gescheit einüben, also nicht so trallali, wir säbeln mal eine Sinfonie durch, sondern das ist richtig Arbeit, und da hab ich das Gefühl, (..) da sind ganz Wenige nur ansprechbar. Und mit diesem Percussion des find ich irgendwie gigantisch, weil man da ganz Viele anspricht. Ich hab das Gefühl, dass die jetzt=die jetzige Generation da besser abholbar ist.
[I.03/220-233]

Die Schülerinnen und Schüler sprechen aus Sicht Herrn Cs eine andere musikalische Sprache als er selbst. Dies rührt für Herrn C von den musikalischen Erfahrungen her, die die Jugendlichen bisher gemacht haben. Um ihnen einerseits noch weitere Erfahrungen in Musik zu ermöglichen und andererseits ganz bestimmte Dinge vermitteln zu können, muss Herr C eine Sprache finden, welche die Schülerinnen und Schüler verstehen, damit er sie abholen kann. In dem folgenden Textausschnitt wird Rhythmus als eine den Jugendlichen nähere Sprache dargestellt.

C: [...] (.) weil ich hab zum Beispiel mal ein Gitarrenkonzert gehört von einem Freund von mir, (.) und da waren meine Kinder, meine Familie und ganz viele Jugendliche da, und dann hat der ganz tolle Sachen gespielt, Vivaldi, wo ich wirklich zerfließe, so ein langsamer Satz Vivaldi viel Gitarre und so weiter, und dann hat er zum Schluss ein paar so rhythmische Sachen gespielt, die mir auch gefallen haben, aber wo alle Jugendlichen um mich herum, wow, das war stark. (..) Irgendwie ist (.) ich weiß nicht, von der Sprache, (.) sind die angesprochen, als wär das ne Sprache, die sie irgendwie verstehen, wogegen die Sprache der Barockmusik, die mich, weiß nicht warum, ganz, ganz stark auch anspricht, oder auch viele von meiner Generation, (.) des Gefühl, dass die nicht mehr, (.) des, ähm, nicht mehr die Sprachebene trifft von Jugendlichen. (..) Warum auch immer. Aber so ein langsamer Barocksatz des berührt sie einfach nicht mehr so stark, dagegen, wenn was, irgendwas ein bisschen rhythmisch, wie soll ich sagen, aufgemotzt, oder, ne, das klingt so negativ, wenn's so rhythmisch ist halt, (.) dann hab ich das Gefühl, dass da wirklich (..) ähm, (.) eine Sprachebene gefunden wird, auf die die Jugendlichen reagieren.
I: Also sozusagen eine Ebene irgendwo, wo die Jugendlichen Vorkenntnisse haben und auf die sie ansprechen im Gegensatz zum Beispiel zu Barockmusik, wo sie ja, mit den ganzen Sachen und Affekten nichts anfangen können, weil's eben wie chinesisch für sie ist? (.)
C: Es ist wie Chinesisch für sie, ja. (..) Wobei ich jetzt eben die Barockmusik unglaublich emotional finde (..), also wenn, ja, also Richtung traurig und Richtung fröhlich, (..) und das ist was, was mich extrem anspricht. Und das ist für die, für die Jugendlichen

```
wie Chinesisch. (..) Wieso auch immer. Weil ich komm jetzt auch
nicht aus dem (.) gebildeten Elternhaus, es hat mich einfach ange-
sprochen als Jugendlicher. (..) Des is jetzt nicht mehr so (.), wie
soll ich sagen, flächendeckend nicht mehr so, (...)
[I.03/251-283]
```

Herr C greift auch die Methode des Klassenmusizierens als Argument für Percussion auf. Hier wird die bereits oben dargestellte Unterscheidung einer »sinnvoll[en]«/nicht-sinnvollen »allgemeinen Musizierebene« [I.03/1292f.] sichtbar. Für ein Unterrichten in Musik im schulischen Kontext seien somit manche Musikformen sinnvoller als andere. Was allerdings außer einem »relativ schnell[en]« [I.03/1291f.] Zugang und Erfolg ein sinnvolles Musizieren ausmacht, verschweigt Herr C. Nur die Worte »kann man auch viel bewirken« in Zeile 1302 weisen einen Bezugspunkt zu vorangegangenen Sequenzen auf.

Für Herrn C bietet Percussion als Musikpraxis und Methode außerdem eine Umgangsweise mit Musik im Unterricht, die es allen Schülerinnen und Schülern ermöglicht, ohne Vorkenntnisse sofort im Ensemble zu musizieren. Dies ist für ihn ein »Vorteil« [I.03/243], insofern diese Aktionsform mit der Motivation der Jugendlichen zusammenpasst. Da er zudem gerne ähnlich seiner Arbeitsweise in der Kirchenmusik arbeiten will, ist Percussion eine Chance ein instrumentales Unterrichten umzusetzen.

```
C: [...] (.) °Und warum machen sie das (.) lieber?° (...) Also der
eine Vorteil ist auf jeden Fall, dass man ohne Vorkenntnisse in
eine Gruppe gleich kann, des ist bei einem Orchester ja nie, selbst
bei Flöte ist des nicht, phhhh (..) bei Chor wäre es der Fall, aber
trotzdem spricht's nicht mehr so stark an, wie=wie Percussion. (.)
[I.03/242-246]
```

Zusammenfassung

Für Herrn C gibt es viele Wege, sein Ziel – Ermöglichung von neuen Erfahrungen in Musik – zu erreichen. Allerdings sind seine Schülerinnen und Schüler nicht (immer) bereit, jene Wege mit ihm zu gehen, auf denen Herrn Cs Selbstzuschreibungen von Fähigkeiten und Potenzialen als Musiker liegen. Unterrichtet er indes Percussion, kann er eine Motivation seitens der Lernenden beobachten und nun so an und in Musik arbeiten, wie er es kennt und will.

Herrn Cs Erzählung ist geprägt von der Unterscheidung Kirchmusik/Schulmusik, welche die Art und Weise der Teilnahme kennzeichnet: Freiwilligkeit gegenüber »Zwangszusammenführung« [I.03/641]. Aufgrund der erzwungenen Situation im Schulunterricht, muss sich Herr C mit der Motivation der Lernenden befassen, da für ihn eine »andere Erlebnisebene« [I.03/611] von Musik, welche er als sein oberstes musikalisches Bildungsziel beschreibt, nur möglich ist, wenn man sich konzentriert einer Arbeitsphase widmet. Herr C als Lehrer sieht dadurch die Notwendigkeit, eine Musik anzubieten, die die Schülerinnen und Schüler motiviert, um sie überhaupt irgendwo »abholen« [I.03/614] zu können. Obgleich er nicht aus eigenem musikalischen Interesse zu Percussion kam, sondern über seine Arbeitsstelle, ist Percussion für ihn inzwischen eine »Spur« [I.03/569], die er aus eigenem Willen ausbauen möchte. Percussion bietet Herrn C die Lösung, die zweite Stelle seines kausalen Zusammenhang-Konstrukts zu verwirklichen: Disziplinarische Ruhe ermöglicht eine konzentrierte Arbeitsphase, welche wiederum den Erwerb von Fähigkeiten und Fertigkeiten bewirkt, durch den eine andere Erlebnisebene greifen kann. Er grenzt Percussion von anderen Musizierpraxen ab und benennt Eigenschaften, die Percussion hinsichtlich seines Ziels nicht mehr gleichwertig zu anderen Umgangsweisen mit Musik erscheinen lässt, sondern als eine bessere Lösung für guten Musikunterricht:

Begeisterung der Lernenden

Percussion ist den Jugendlichen aufgrund ihrer bisherigen Musikerfahrung näher als andere Musik, wie beispielsweise Klassik oder Barock. Aufgrund der hauptsächlich rhythmischen Struktur, welche sie begeistert, sind die Lernenden motiviert, sich mit dieser Musik zu beschäftigen.

Zeitgemäße Musiksprache

Für Herrn C ist Rhythmus eine Sprache, die die Lernenden verstehen. Da ihnen eine andere Musik als Herrn C am Herzen liegt, sieht sich Herr C veranlasst, eine musikalische Praxis anbieten, deren Sprache den Jugendlichen nicht fremd ist. Percussion gibt Herrn C die Möglichkeit den Lernenden eine Musik zu bieten, die ihnen einerseits verständlich scheint und andererseits ihm selbst ein Arbeiten mit und in Musik im Schulunterricht erlaubt.

Sinnvolles Klassenmusizieren

Percussion ist für Herrn C eine Lösung, Unterricht mit Instrumenten anzubieten, da nicht nur der motivationale Aspekt hinsichtlich einer verständlichen Musiksprache greift, sondern auch ein sinnvolles Musizieren im Ensemble allen Lernenden ermöglicht wird. Unerheblich dabei ist, welche Vorkenntnisse die Schülerinnen und Schüler mitbringen.

Eher unbekannter Musik

Da perkussive Musik eher anderen Kulturkreisen und Traditionen zugerechnet wird, zudem Ausbildungen in diesem Bereich für Herrn C in geringfügigerem Maße angeboten werden und er auch infolgedessen weniger Kenntnis von dieser Musik hat, ist sein Anspruch an das musikalische Produkt nicht so hoch, wie bei anderer Musik, beispielsweise Klassik oder Barock. Herr C sieht vor diesem Hintergrund, dass Percussion musikalisch Unerfahrenen eine Chance bietet, sehr viel früher in ein begeistertes Musizieren zu kommen, als dies woanders möglich wäre.

Herr D

Herr D ist als eine Person zu beobachten, die ihren eigenen positiven Bezug zu Percussion betont, »da hab ich irgendwo n' Draht dazu« [I.04/15], dabei andere Musikpraxen als Möglichkeit für einen guten Musikunterricht nicht ausschließt, sondern davon ausgeht, dass für solche »einfach persönliche Neigungen« der Lehrenden maßgeblich sind. Die Vorteile, die Percussion Herrn D bietet, können durchaus auch in anderen musikalischen Umgangsformen existieren und erscheinen dadurch als nicht percussionspezifisch. Gegen Ende des Interviews stellt Herr D allerdings Percussion nicht mehr als gleichwertige, sondern als erfolgreichere Praxis dar, denn einerseits überwiegen für Herrn D bei Percussion die Möglichkeiten zur Vereinfachung und andererseits können rhythmische Schwächen, die er bei Lernenden als zentrales Musizierproblem ansieht, über diese musikalische Arbeitsform wirksam und günstig bearbeitet werden. Somit wird Percussion gegenüber anderen Praxen als optimales und einfaches Klassenmusizieren hervorgehoben. Dies kann als zentrales Motiv im Text beobachtet werden:

> D: [...] Und äh, ich hab also so-, eigentlich sehr früh mir gedacht, es <u>muss</u> einfach möglich sein, dass alle einbezogen werden. Bei dem, was man macht. Und des find ich, ist ein sehr, sehr starkes Argu=Argument für die Percussion. (.)
> [I.04/68-72]

> D: [...] also es ist jedenfalls immer <u>so, dass alle immer</u> beschäftigt sind. Und das kann man eben auf sehr, sehr einfache Art und Weise machen.
> [I.04/92-94]

Für Herrn D ist Percussion eine einfache Art und Weise mit allen Schülerinnen und Schülern zu musizieren. Mit Percussion gelinge sogar ein kurzfristiges Klassenmusizieren, da Instrumente nicht unbedingt nötig sind. Herr D erzählt unter anderem von der Erfahrung, dass mit Percussion ein körperliches Gefühl, welches für ein Erfahren von Musik bedeutsam ist, vermittelt werden kann. Zudem ist Percussion für ihn eine musikalische Praxis, die ihm selbst liegt und er sich somit beim Unterrichten eben dieser wohlfühlt.

Zwar geht Herr D grundsätzlich davon aus, dass Percussion den Schülerinnen und Schülern Spaß macht, doch blendet er ein mögliches Desinteresse nicht aus. Im Interview spielt jedoch die Perspektive der Lernenden weniger eine Rolle, da Herr D eher für ihn relevante Gegebenheiten und sein Zurechtkommen im Unterricht schildert. Percussion ist für ihn hierbei ein funktionierendes Werkzeug, bei dem er über die Möglichkeit der Gestaltungsflexibilität und Vereinfachung verfügt.

Herr D hebt drei Argumente hervor, bei denen die Perspektive der Lernenden im Umgang mit Percussion berücksichtigt werden: ihm ist erstens wichtig, »dass alle einbezogen werden« [I.04/70] können, zweitens, dass ihnen Percussion »auch wirklich auch Spaß macht« [I.04/231, s. auch 322–328/533–535/599–611] (wobei keine Vermutungen angestellt werden, warum sie Spaß haben) und drittens, dass durch Percussion ein neuer Umgang mit Musik erreicht wird: »dann hören die den Anfang von der Beethoven Symphonie ganz anders« [I.04/386f.]. Alle weiteren, aus seiner Sicht für günstig gehaltenen Aspekte der Arbeit mit Percussion beziehen sich eher auf sein persönliches Agieren oder auf seine Situation.

Guter Musikunterricht mit Percussion ist in Herrn Ds Erzählung als ein Unterricht zu beobachten, der alle Lernenden aktiv einbindet und dabei einen körperlichen Bezug zu Musik vermittelt.

Die Verwendungsweise des Begriffs Percussion durch Herrn D

Den Äußerungen von Herrn D ist keine klare Vorstellung seiner Verwendungsweise von Percussion zu entnehmen, da er einerseits Bereiche als Percussion sehr unscharf anspricht und andererseits innerhalb des Textes angedeutete Verwendungsweisen nicht beibehält. Allerdings gibt es zwei Bezüge, die im Text immer wieder vorkommen: Percussion als eine Art von Musik, insbesondere als Gegengewicht zur Klassik, und als musikalische Umgangsform, die ein direktes, körperliches Gefühl aufweist.

Herr D erwähnt auch verschiedenste Instrumente, wie »Trommeln« [I.04/199], »Congas« [I.04/233], »Sticks« [I.04/263], »Djemben« [I.04/364], »Schlagzeug« [I.04/380], »Boomwhackers« [I.04/436], »Surdos« [I.04/526], »Caixa« [I.04/527], »Repiques« [I.04/528], »Timba« [I.04/529], »Leitern« [I.04/538], »Cajon« [I.04/548], »Eimer« [I.04/549] und auch »Schraubenzieher« [I.04/550], die er zu Percussion zählt, und beantwortet die Frage, ob »Percussion [] das Instrumentarium [ist], das [man] sofort für die ganze Klasse verwenden kann« [I.04/73f.], mit »richtig« [I.04/75]. Eine Begriffsklärung über ein bestimmtes Instrumentarium kann jedoch nicht ausschließlich gezeigt werden. An einer anderen Stelle, an der sich die Interviewerin über die Zuordnung von Xylophonen zu Percussion erkundigt, erklärt Herr D die Zugehörigkeit weder mit Bau-, Klang- oder Spielweise noch mit der Herkunft der Instrumente, sondern über das Vorhandensein des Schrittes[180] und die Größe der Spielbewegung.

> I: [...] Ähm, (..) sind, ähm, (.) sind Xylophone für Sie, gehört das auch zu Percussion? Sie machen das ja auch immer wieder, haben Sie gesagt.
> D: Ja, (.) ähm, (.....) nicht so richtig.
> I: Nicht so richtig. Warum?
> D: Nicht so richtig, weil, äh, (.....) also, es is=ist, also, ich hab jetzt noch nie, also wenn=wenn ich percussionmäßig was mach, ist ja immer der Schritt auch dabei. Das ist zum Beispiel was, was ich noch nie gemacht hab. Ich hab den-, ich hab das noch nie ausprobiert und die Schüler zum (.) Xylophonspielen gehen können. °Das hab ich noch nicht-° Das ist ja was viel Isolierteres. Sie machen ja eine relativ kleine Bewegung (.)
> [...]
> Und wie gesagt, des ist nicht-, die Bewegung ist vielleicht zu isoliert irgendwie, ist dann eher doch wieder wie'n-, ja, das ist anders als trommeln.
> [I.04/627-646]

Im unmittelbar anschließenden Text sucht Herr D weitere Erklärungen, warum Xylophone für ihn nicht zu Percussion gehören. Er führt an, dass »diese Freiheit der Bewegung« [I.04/653] bei Instrumenten, bei denen es nicht »nur auf die Rhythmik ankommt« [I.04/654], sondern man »am Töne suchen« [I.04/651] ist, nicht gegeben ist. Er vermisst durch »die kleinen Klöppel« [I.04/662] ein »tolles Körpergefühl« [I.04/660] und findet das »klangliche Ergebnis nicht so befriedigend« [I.04/643f.]. Diese Textsequenz hat für seine Verwendungsweise des Begriffs Percussion insofern Bedeutung, als zu beobachten ist, dass Herr D sehr wohl über Unterscheidungskriterien verfügt. Diese beruhen eher auf seinen eigenen Empfindungen und greifen in ihren Bildlichkeiten weiter aus, als das gewöhnlicherweise bei instrumentenkundlichen Begriffsdefinitionen der Fall ist.

An einer Stelle nutzt Herr D hinsichtlich seiner Verwendungsweise des Begriffs Percussion eine Unterscheidung, die die Wortmarken Percussion und Klassik gegenüberstellt. Am Anfang des Interviewtextes heißt es: »Also bei mir ist es so, ich hab eigentlich bis zum Studium (.) bis zum Ende des Stu-

[180] S. hierzu Fn. 169.

diums, gar nichts mit Percussion am Hut gehabt, mich hat eigentlich nur die Klassik interessiert« [I.04/5ff.]. Damit stellt er Percussion als einen Musikstil oder eine Musikart dar, die sich von Klassik unterscheidet. (Eine epochale Unterscheidung anzunehmen, scheint wenig wahrscheinlich.) Dies legt auch eine andere Textsequenz nahe, in der Herr D Singen und Percussion unterschiedlichen Musikarten zuordnet, da das »irgendwie zwei (.) verschiedene Arten Musik zu machen« [I.04/157f.] sind.

Auf die explizite Frage, was Percussion für ihn sei, antwortet Herr D wiederum mit den Wortmarken Percussion und Klassik.

> I: Ja, ähm, was ist denn für Sie Percussion?
> D: (.....) Ho!, (....) Des ist schwierig. (.) Ja, was ist für mich Percussion? (....) Ja, ne Möglichkeit, mich selber (.) musikalisch (..) auszuleben, also auch ein Gegengewicht haben, (.) zu haben, (.) zur Klassik, obwohl ich (.) äh gar nicht mal sagen will, dass es mir jetzt das Wichtigste ist, also es gibt auch im klassischen Bereich Sachen, die mir (.) sehr, sehr wichtig sind, aber es ist was ganz anderes, es ist ein Gegengewicht,
> [I.04/600-607]

Auch diese Unterscheidung, die zwar zwei vielumfassende, doch irgendwie unterscheidbare Bereiche benennt, stellt Herr D ähnlich der instrumentalen Zuordnung in den Kontext von einem bestimmten »Körpergefühl« [I.04/495/608/660], welches er bei Percussion spürt. Er schließt unmittelbar an das obige Zitat an: »und eben so dieses, dieses Körpergefühl (.) spüren« [I.04/607f.].

Herr D erzählt allerdings nicht ausdrücklich, ob er rhythmische Musik, die dieses Körpergefühl für ihn nicht bewirkt, auch Percussion zurechnet oder nicht. Die bereits oben angesprochene Passage mit den »kleinen Klöppel[n]« [I.04/662] lässt die Vermutung zu, dass der Begriff Percussion für Herrn D an das Spüren der Körperlichkeit gekoppelt ist.

Motive von Herrn D

Im Folgenden werden Aspekte dargestellt, die in der Einordnung durch Herrn D zur günstigen Bewertung unterrichtlicher Praxis mit Percussion führen, wobei er seine eigenen Erfahrungen in Bezug auf Percussion als gute Praxis betont. Insbesondere die Möglichkeit zur Vereinfachung ist für Herrn D ein Vorteil, den andere Praxen ihm so nicht bieten.

Eigenes Interesse an Percussion

Am Anfang der Erzählung wird persönliches Interesse an Percussion betont. Allerdings ist sich Herr D dieser Positionierung bewusst, denn er erzählt, dass, wenn er beispielsweise ein anderes Faible hätte, alles auch ganz anders sein könnte [I.04/148–169]. Die Motivation, Percussion in den Unterricht einzubeziehen, ist jedoch in der Erzählung zuallererst das eigene Interesse.

> I: Ja, dann meine erste Frage wäre auch schon: wie sind Sie denn zu Percussion gekommen?
> D: Also bei mir ist es so, ich hab eigentlich bis zum Studium (.) bis zum Ende des Studiums, gar nichts mit Percussion am Hut gehabt, mich hat eigentlich nur die Klassik interessiert. Es ist ja auch an der Hochschule gar nicht, (.) jedenfalls zu meiner Zeit gar nicht üblich gewesen da irgendwas in der Richtung zu machen und ich hab eigentlich dann so ein bisschen (.) äh gemerkt, in der Referendarzeit, von meinen Seminarlehrern, dass es eigentlich sehr viel Spaß macht, die haben dann so lateinamerikanische Lieder, mit ihren Kindern gesungen, (.) Un pocitos cantas oder so was, und des auch begleitet, und des war eigentlich für mich auch so der Anstoß, dass ich mir gedacht, da hab ich irgendwo n' Draht dazu, (.) oder des, so was macht mir Spaß einfach.
> [I.04/3-16]

Ähnlich dieser Textsequenz erzeugt Herr D des Öfteren eine Unterscheidung zwischen Klassik und Percussion, indem er beide Begriffe als Wortmarke für einen hier nicht genau definierten Bereich verwendet. Percussion als das ›Andere‹ ist über den Text zuerst nur schwer näher bestimmbar. Dass Percussion im Unterschied zu jenem anderen mit einem »bessere[n] (..) Körpergefühl« [I.04/495] in Verbindung gebracht werden kann, legen einzelne Textstellen nahe [I.04/95/142/166/607/627ff./660]. Gegen Ende des Interviews versucht Herr D vor dem Hintergrund jener unkonkreten Grundunterscheidung (Percussion vs. Klassik) das Besondere an Percussion zu fassen.

> I: Ja, ähm, was ist denn für Sie Percussion?
> D: (.....) Ho!, (....) Des ist schwierig. (.) Ja, was ist für mich Percussion? (....) Ja, ne Möglichkeit, mich selber (.) musikalisch (..) <u>auszuleben</u>, also auch ein Gegengewicht haben, (.) zu haben, (.) zur Klassik, obwohl ich (.) äh gar nicht mal sagen will, dass es mir jetzt das Wichtigste ist, also es gibt auch im klassischen Bereich Sachen, die mir (.) sehr, sehr wichtig sind, aber es ist was ganz <u>anderes</u>, es ist ein Gegengewicht, und eben so dieses, dieses Körpergefühl (.) spüren und dann einfach auch (.) ne Möglichkeit wirklich mit den Schülern was zu machen, wo sie alle dabei sind, was ihnen (...) auch Spaß macht, (.) was ich für sinnvoll halte, (.....) ja, mehr fällt mir dazu (.) hm, °jetzt nicht ein.°
> [I.04/600-611]

Sein eigenes Interesse an Percussion innerhalb eines Musikunterrichts erklärt Herr D über die hier gegebene Möglichkeit des Auslebens und Spürens des Körpers hinaus.

Percussion als guter Musikunterricht

In den Beschreibungen zu Percussion klingt an, wie verschiedene unterrichtliche Situationen für Herrn D machbar werden. Dies sind einerseits Gegebenheiten, auf die Herr D nur bedingt Einfluss ausüben kann (z. B. Klassenstärke, 45-Minuten-Takt, Räumlichkeit), andererseits Umstände, die er selbst bestimmen und somit bedeutend verändern kann (Inhalte, Methodenrepertoire, Lehr- und Lerntheorien). Percussion ist für jene starren Gegebenheiten sowie für veränderbare Umstände als eine ›multidimensionale‹ Lösungsmöglichkeit zu beobachten.

Bereits sehr früh in der Erzählung führt Herr D als Argument für Percussion an, dass hier alle Mitglieder einer Klasse bzw. Lerngruppe musizieren können. Daher bewertet er diese Unterrichtsmethode positiv, insbesondere auch, weil er selbst als Teilnehmender bei Fortbildungen Erfahrungen hierzu gemacht hat.

```
I: Ähm, haben Sie-, Sie haben ja gesagt, nach dem Referendariat
haben Sie sich dafür interessiert, und erste Fortbildungskurse
gemacht, bei Kollegen,
D:                     └ ja.
I:                          └ haben Sie das dann auch gleich in den
Unterricht übertragen, eingesetzt,
D:                                         └ ja, eigentlich schon. Also ich
hab auch (.) noch mehr Erfahrung eigentlich sofort gemacht, als ich
mit der Schule in Berührung gekommen bin, hab ich sofort gemerkt,
wie schlecht ich das finde, (.) wenn immer einzelne Schüler was
vormachen und der Rest zuschaut. (.) Und ich hab die Erfahrungen
im Übrigen selber gemacht, man macht das auch gerade bei so Fort-
bildungen, also wenn Sie, ich weiß nicht, ob Sie so was schon mal
gemacht haben, m=mit Klassenmusizieren ja, jetzt, meinetwegen,
da=sind=ja=jetzt sind=dann, s=sind, i=ist dann wieder ähm, Schul-
musikwoche, [D schluckt] (.) selbst dann, wenn man also selber an
einer Fortbildung teilnimmt, und es spielen einem Andere was vor,
und man kann nicht mitmachen, es ist einfach ein Frust. Und äh,
ich hab also so-, eigentlich sehr früh mir gedacht, es muss einfach
möglich sein, dass alle einbezogen werden. Bei dem, was man macht.
Und des find ich, ist ein sehr, sehr starkes Argu=Argument für die
Percussion. (.)
[I.04/51-72]
```

Das Musizieren mit allen Mitgliedern einer Lerngruppe ist für Herrn D ein Aspekt, auf den er seine Erzählung wiederholt zurückführt. Am Ende des Interviews, beinahe als eine Art Resümee, betont Herr D nochmals welche Bedeutung dies für ihn hat.

```
I: Hmh. Haben Sie einen Klassensatz?
D: Jaja. (.) Jaja. (...), also das, jaja, (.) also das find ich immer
```

(...) wichtig, dass die ganze Klasse irgendwas machen kann.
[I.04/673-675]

Allerdings ist eine Diskrepanz zwischen der als anstrebenswert erachteten Leitidee des Musizierens mit der ganzen Klasse und der Erzählung über den eigenen Unterricht zu beobachten, da der klassenmusikalische Einbezug aller Lernenden für Herrn D schwierig ist. Es scheint, als ob auch Herr D diese Diskrepanz bemerkt, denn er spricht zuerst davon, dieses Problem über die Bereitstellung von verschiedensten Percussioninstrumenten zu entschärfen. Später erzählt er [I.04/448–461], dass er auch andere Instrumente mit einbezieht. An diesen Stellen ist beobachtbar, wie Herrn Ds Orientierung an der eigenen Argumentation ihn dazu zwingt, diskrepante Sachverhalte erzählerisch so aufzulösen, dass Percussion als methodische Lösung nicht entkräftet wird. Durch diese Erzählstrategie wird aber die Verwendungsweise des Begriffs Percussion sehr unscharf.

I: └ kriegt dann jeder ein Instrument?
D: Ähm, dann kriegt jeder ein Instrument. Und zwar was nicht reicht-, ich mach mit Shaker und solchen Sachen, was nicht-, ich mach sehr viel mit Sticks, also ich füll, alle, die nichts anderes haben, kriegen Sticks. (..) Und ich mach dann so Rhythmen äh, äh, Rhythmen mit Sticks und gemischt mit anderen Instrumen-, gemischt mit=mit=mit Trommeln (...)
[I.04/192-199]

I: Mhm. Und ähm, haben Sie Xylophone für die ganze Klasse?
D: Ja, (..) nee, nicht für die ganze Klasse. (.) *[D geht vom Mikrofon weg, spricht dabei, leider unverständlich, dann kommt D wieder zurück]* Wegen dem Gerät, ja, also es geht auch nicht ganz auf. Die stehen dann da zu zweit.
I: └ Aber es sind-
D: └ zu zweit, also halbe-
I: └ aber es sind trotzdem viele Instrumente?
D: Ja, es ist so, dass wir also knapp (.) äh, (.) knapp an zwei Instrumenten, m=mit=dem, an=an einem Instrument, wenn zwei spielen, dann kriegen wir knapp alle unter. (.) Und einer macht dann noch (..) was anderes. Zwei machen dann noch Rhythmus und drei Klavier und dann, °dann passt schon.°
[I.04/448-461]

Percussion erscheint durch die Wahl der Instrumente[181] an dieser Stelle als eine

[181] Der unmittelbare Kontext dieser Erzählsequenz [I.04/448–461] weist die Verwendung von Xylophonen hier als eine eher perkussive, klassenmusikalische Praxis aus, während an anderer Stelle [I.04/627ff.] Herr D dementiert, dass Xylophone für ihn zu Percussion gehören. Eine klare Unterscheidung, die für den gesamten Text gilt, ist nicht zu beobachten.

Praxis, deren Hauptziel die Beschäftigung der Lernenden ist. Dieses Ziel könnte auch anders als mit Percussion verwirklicht werden. Allerdings verweist Herr D auf den Unterschied zwischen ›wirklicher‹ und ›schulischer‹ Musik hinsichtlich des Instrumentariums. Durch diese Unterscheidung erscheint ein gemischtes Instrumentarium bei einer klassenmusikalischen Praxis in einem günstigen Verhältnis. So kann er die Verschiedenheit der Percussioninstrumente bzw. den Mangel eines Klassensatzes gleicher Instrumente, mit denen er in seinem Unterricht konfrontiert ist, günstig wenden, da »letzten Endes in der Praxis doch Musikstücke so aufgebaut sind, dass sie ein gemischtes Instrumentarium haben« [I.04/237f.].

D: [...] Wir haben über einen halben Klassensatz, also, wir haben achtzehn Congas, also ich mach dann Congaspielen mit denen. Zu mehr hätten wir nicht Platz. Wahrscheinlich, wenn ich die @Eltern traktieren würde@, würden wir sogar schaffen einen ganzen-, aber wir haben den Platz nicht, (.) und ich find's auch gar nicht nötig, weil (.) jetzt letzten Endes in der Praxis doch Musikstücke so aufgebaut sind, dass sie ein gemischtes Instrumentarium haben und des, äh kriegt man dann irgendwie hin. Und zwar ich mach das dann so, dass ich die dann im Kreis so gegenübersetze. Also zwei sitzen-, die haben praktisch eine Conga in der Mitte, (.)
[I.04/232-241]

Herr D versucht aus seiner Not eine Tugend zu machen: Eine Annäherung an ›wirkliche‹ Musik kann durch die Verwendung eines verschiedenartigen Instrumentariums besser stattfinden. Dass in diesem Zusammenhang viele Momente des Unterrichtens und Spielens komplexer werden können, ist in Herrn Ds Erzählung nicht zu finden.

Interessanterweise stellt die Erzählung zwei verschiedene Perspektiven hinsichtlich Herrn Ds Argument – alle Lernenden können bei seiner Unterrichtsweise einbezogen werden [I.04/70/93/609/619/641/675] – dar. Einerseits spricht Herr D davon, dass es für Schülerinnen und Schüler attraktiver ist, wenn alle mitmachen können, andererseits lässt sich im Text auch beobachten, dass der Lehrende selbst durch die Anwendung dieser Strategie profitiert. Denn Planung und Durchführung einer solchen Einheit sind »einfach« [I.04/94] zu bewerkstelligen.

D: [...] Dass wenn man gar nicht viel Zeit hat oder so, dass ich einfach nen Rhythmus so durchgeb, in Schlangenlinien oder so was. Also, da brauch ich nicht mal nen Kreis dazu. (.) Und einfach immer, und immer, alles mit (.) natürlich mit Füßen, ja, (.) mit den Füßen den Grundschlag und einfach einen Rhythmus so weitergeb. (.) Oder, (.) äh, einfach solche Sachen, dass ist aber eigentlich was, was ganz primitives, ne, so Frage und Antwortsachen. Ich mach was

vor, die Schüler machen's nach und dann kann man's recht bald so machen, dass man den Schüler die Lehrerrolle übernehmen lässt. Und dann kann man so Spielchen machen, dass halt nicht alle nachmachen, sondern man, (.) m=m=m wirft jemanden einen Rhythmus zu, also es ist jedenfalls immer so, dass alle immer beschäftigt sind. Und das kann man eben auch sehr, sehr einfache Art und Weise machen.
[I.04/81-94]

Der Begriff ›einfach‹ wird auch in anderen Zusammenhängen im ganzen Text oft genannt und ist für Herrn D eine wichtige Argumentationsfigur im Sinne von Reduzierung von Komplexität (Vereinfachung) als auch eine Art Letztbegründung seiner Feststellungen (›das ist einfach so‹.)

Einen weiteren Vorteil sieht Herr D in der flexiblen zeitlichen Verfügbarkeit von Percussion für den Unterricht. Selbst »wenn man gar nicht viel Zeit hat oder so« [I.04/81f.] lässt sich mit Percussion sowohl einfach als auch sinnvoll etwas machen. Herr D geht sogar so weit, dass er die Regelmäßigkeit einer Zehn-Minuten-Übungsphase einer ganzen Unterrichtsstunde vorzieht und eine Schulstunde von 45 Minuten als eine zu lange Übungsphase darstellt.

D: [...] (.) und (.) ich hab also auch gemerkt, das man das wirklich ähm (.) auch zehn Minuten machen kann. Also wenn ich am Ende der Stunde zehn Minuten Zeit hab, also ich mach's sowieso so, dass ich eine Stunde gerne dreiteile, dass ich also am Anfang was mit Singen mach, und dann, in der Unterstufe, also die fünfte, sechste Klasse, ich mach am Anfang was mit Singen, dann mach ich irgendwas mit Theorie oder Musikhören und am Schluss mach ich so was Rhythmisches. Und die sind sehr, sehr schnell, die können-, also wir haben dann, schon Wettbewerbe veranstaltet. Die können unter einer Minute stellen die die Stühle auf, @mein also@, dass man wirklich das für zehn Minuten machen kann, und ich find auch sehr wichtig, dass man es regelmäßig macht. Also es hat dann keinen Sinn, ne Stunde des ist, sowieso viel zu viel, sondern wichtig, ist, dass man's immer wieder macht, und so irgendwie einbaut, schon so als (.) Element in den Unterricht.
[I.04/107-121]

Vor allem das Musizieren mit »Bodypercussion« [I.04/80], was ohne zeitaufwändige Bereitstellung von Instrumenten geschehen kann, ist für Herrn D eine einfache Möglichkeit, mit der ganzen Klasse Musik zu machen. Er erzählt, dass einerseits basale Elemente hier sehr einfach vom Lehrenden gestaltet und andererseits auch mit allen Lernenden umgesetzt werden können.

I: Und, ähm, Sie sagen, Percussion ist das Instrumentarium, das ich sofort für die ganze Klasse verwenden kann.
D: └ Richtig.
I: Und das machen Sie auch im Klassenunterricht?
D: Und das mach ich auch. Ähm, (..) ich hab's dann erstmal so versucht, dass ich einfach, äh, man kann ja mit einfachsten-, also man

> fängt ja eigentlich mit Rhythmik an in der fünften Klasse, dass man so einfach Bodypercussion-Sachen klatschen und schnipsen und so weiter, dass man dann einfachst möglich so macht.
> [I.04/73-81]

Die Einfachheit der rhythmischen Patterns sowie gespielter Gesten und die Einschränkung auf wenige Anschlagstechniken auf den Congas [I.04/241–245] hebt Herr D für den Klassenunterricht positiv hervor.

Einerseits bedeutet für Herrn D die Einschränkung von Musik auf »Rhythmik«[182] [I.04/654] eine Art der (Spiel-)Bewegung, die »viel freier« [I.04/651] als andere ist. Er erzählt, dass beispielsweise am Xylophon die Schülerinnen und Schüler »ja dann am Töne suchen« [I.04/651f.] sind und sie die »Freiheit der Bewegung« [I.04/654] nicht mehr haben, weil »die Bewegung [...] vielleicht zu isoliert irgendwie« [I.04/644f.] ist. In diesem Kontext grenzt Herr D Stabspiele aufgrund der Spielbewegung aus seiner Verwendungsweise von Percussion aus. Trommelbewegungen hingegen bezeichnet Herr D als ›freie‹ Bewegungen, da hier weniger Aufmerksamkeit auf Bewegungsabläufe gerichtet werden muss. Die Reduktion der Aufmerksamkeit auf die rhythmische Ebene bzw. den Akt des Tonanschlags führt zu einer Vereinfachung der Bewegung und lässt sie insofern ›freier‹ erscheinen.

Andererseits beschreibt er Unterrichtsmomente, in denen die Einzelnen durch das Spiel sowie die Bewegung der Gruppe »einfach mitgezogen« [I.04/139] werden. Dass dies wiederum als Unfreiheit im Sinne von einer erzwungenen, nicht eigenverantwortlichen Bewegung erlebt bzw. beobachtet werden kann, erzählt er nicht. Herr D verbindet Percussion mit einer bestimmten Schrittbewegung, die für ihn obligatorisch ist: »also wenn=wenn ich percussionmäßig was mach, ist ja immer der Schritt auch dabei« [I.04/633–634].[183] Diesen Schritt stellt Herr D als

182 Rhythmik ist hier vor allem in der Unterscheidung zu Melodie oder Melodik zu sehen. Herr D erzählt im unmittelbaren Gesprächskontext davon, dass er auch Xylophone einsetzt, »(.) wenn man was mit Melod-, weil man's immer wieder braucht auch« [I.04/664f.].

183 An einer Stelle ist zu beobachten, wie Herr D die obligatorische Schrittbewegung als Argument gegen eine Nachfrage der Interviewerin aufgreift. Hier wird der Schritt als wichtiger als eine ›freie‹ Bewegung eingestuft.

> D: [...] Und wie gesagt, des ist nicht-, die Bewegung ist vielleicht zu isoliert irgendwie, ist dann eher doch wieder wie'n-, ja, das ist anders als trommeln.
> I: Aber mit Sticks ist das doch die gleiche Bewegung, oder? (.....) Oder sagen Sie dann, nein, da ist der Schritt dabei-
> D: └ ja=a=a=a, da ist der Schritt dabei. Genau, da ist der Schritt dabei und das ist auch viel freier.
> [I.04/644-651]

eine Hilfestellung für Lehrende sowie Lernende dar, damit der Unterricht bzw. der Rhythmus funktioniert. Das Hilfsmoment ist hierbei der ›Zwang‹ bzw. die über kollektives Tun geschehende Absicherung zur gleichen Bewegung wie die ganze Gruppe.

```
D: [...] und dann diesen berühmten Schritt, @das hören Sie jetzt
bestimmt zum 5. Mal@, wo man eins, zwei, drei, vier, ja, den machen
sehr Viele, den machen [Name] zum Beispiel auch, und so, und, und,
des ist einfach super, weil, weil das ist einfach ne Methode, (.)
wo jeder jeden sieht, (.) also da drüben [D deutet auf den anderen
Musiksaal] machen wir's auch und da ist ganz wenig Platz, das heißt
sie stehen so dicht, das heißt, einer, wenn anders geht, dann kommt
sofort alles durcheinander.
[I.04/98-105]
```

```
D: [...] und da mach ma eben auch so (.) ähm, mit Schritt, ähm,
irgendwie arrangieren wir das so nach einem bestimmten System,
dass viermal später der eine, und viermal der andere, viermal der
äußere, viermal der innere, viermal rechts, viermal links, und (.)
äh, ah ja, (.) wichtig ist, dass das immer im Fluss bleibt, nicht
aufhört, sondern dass das immer weiter geht,
[I.04/246-251]
```

Die Beschränkung auf eine rhythmische Ebene, die für Herrn D eine bestimmte Art der Spielbewegung mit sich bringt, beschreibt er als Freiheit, die wiederum eng mit dem bereits oben beschriebenen »Körpergefühl« [I.04/495] zusammenhängt. Dieses ist in dem Text als eine unspezifische Aufmerksamkeit für körperliche Präsenz zu beobachten. Für das Körpergefühl gibt er Beispiele, in denen auffällig ist, dass es sich um eher große Gesten handelt, wie beispielsweise »diese[r] berühmte[] Schritt« [I.04/98] oder »trommeln« [I.04/646] an sich. Insbesondere wird dies im folgenden Textausschnitt deutlich. In der Erzählung wird mit einer Unterscheidung von (unterrichts-)vereinfachender Bewegungslenkung und empfundener Bewegungsfreiheit operiert, die als bereichernd angesehen wird.

```
I: [...] (.) Ähm, (..) sind, ähm, (.) sind Xylophone für Sie, gehört
das auch zu Percussion? Sie machen das ja auch immer wieder haben
Sie gesagt.
D: Ja, (.) ähm, (.....) nicht so richtig.
I: Nicht so richtig. Warum?
D: Nicht so richtig, weil, äh, (.....) also, es is=ist, also, ich hab
jetzt noch nie, also wenn=wenn ich percussionmäßig was mach, ist
```

Doch genauso kann man an diesem Textausschnitt zeigen, dass das Aufgreifen der von der Interviewerin angebotenen Argumentationsfigur (»Oder sagen Sie dann, nein, da ist der Schritt dabei-«) auch eine als peinlich zu beobachtende Gesprächspause [I.04/647] von fünf Sekunden auffängt und damit nicht als reflektiert angesehen werden kann.

ja immer der Schritt auch dabei. Das ist zum Beispiel was, was ich noch nie gemacht hab. Ich hab den-, ich hab das noch nie ausprobiert und die Schüler zum (.) Xylophonspielen gehen können. °Das hab ich noch nicht-° Das ist ja was viel Isolierteres. Sie machen ja eine relativ kleine Bewegung (.) und ich find, es klingt auch nicht so toll. Also wenn man Instrumentalspielen macht, dann mach ich eigentlich, dann bezieh ich lieber andere Instrumente mit ein, füll das dann zwar mit Stabspielen auf, weil ich mein, dass alle immer irgendwo mitspielen sollen, aber (.) also nur Xylophon, oder Stabspiel klassenweise zu spielen, da find ich's klangliche Ergebnis nicht so befriedigend. Und wie gesagt, des ist nicht-, die Bewegung ist vielleicht zu isoliert irgendwie, ist dann eher doch wieder wie'n-, ja, das ist anders als trommeln.
I: Aber mit Sticks ist das doch die gleiche Bewegung, oder? (.....) Oder sagen Sie dann, nein, da ist der Schritt dabei-
D: └ ja=a=a=a, da ist der Schritt dabei. Genau, da ist der Schritt dabei und das ist auch viel freier. Weil wenn die, die sind ja dann am Töne suchen, wenn die so was spielen, sind die am Töne suchen, das heißt, die haben diese Freiheit nicht auch, (..) denk ich diese Freiheit der Bewegung, wo's wirklich nur auf die Rhythmik ankommt. (..) Da sind, da sind schon wieder so viel andere Sachen dabei, und dann gibt's viele, (.) die sich so ein bisschen verkrampfen und so weiter und so fort. Und dieses ganze, was man jetzt so im Kreis macht und eben mit Schritt und solchen Sachen, oder auch mit der Conga, ich find das ein tolles-, ich mein, wenn Sie Djembe spielen, das ist ja auch-, das ist ein tolles Körpergefühl, weil da sitzt man einfach und hat einfach das Gefühl, da hat man was in der Hand irgendwie. Und das ist dann irgendwie-, die kleinen Klöppel da, das ist- (.), also das ist nicht so das meine, das muss ich ganz ehrlich sagen, [I.04/627-663]

Für Herrn D ist Musik an ein Körpergefühl geknüpft: »Also Musik, die man nicht irgendwie mit dem Körper spürt, sondern isoliert nur hört, hat man nicht richtig (.) in sich drin.« [I.04/497f.] Er geht davon aus, dass sein eigenes starkes »Körpergefühl« [I.04/495/608/660] bei Percussion auch bei Schülerinnen und Schülern stattfindet, wobei er anfangs im Interview andere musikalische Praxen nicht generell als Möglichkeit, Musik körperlich zu erfahren, ausschließt (»die setzen natürlich beim Singen auch den Körper ein, aber ganz anders, (.) und des sind irgendwie zwei (.) verschiedene Arten Musik zu machen (.) und, (.) warum soll man die nicht beide (.) pflegen, einfach.« [I.04/166ff.]). Dennoch stellt die folgende Erzählsequenz einen Wendepunkt innerhalb des Textes dar, weil in Bezug auf die Begründung für Percussion nun eine andere Sichtweise eingenommen und Percussion von anderen musikalischen Umgangsformen unterschieden wird. Percussion ist hier als eine Methode zu beobachten, die den Lernenden besser als andere musikalische Praxen ein ganzkörperliches Erleben von Musik ermöglicht.

I: Okay. (..) Welche Ziele haben Sie? (..) beim, beim Percussionunterricht?
D: (.....) Welche Ziele hab ich beim Percussionunterricht, (...) ja, ich denk, dass die Kinder einfach, ähm, (...) natürlich hab ich das Ziel, dass ich den Schülern was vermittle, und ähm, (.) ich glaub, dass sie ein besseres (..) Körpergefühl kriegen, ein besseres Gefühl zur Musik, also ich glaub eigentlich bei aller Musik, auch bei klassischer Musik, dass der Körper wichtig ist. Also Musik, die man nicht irgendwie mit dem Körper spürt, sondern isoliert nur hört, hat man nicht richtig (.) in sich drin. Und ich glaub, da hilft das was einfach den, den Schülern eine Beziehung zu ihren Körpern zu geben und de-, einfach die Musik (.) zu, zu, zu leben oder zu machen. Das ist, glaub ich, was ganz Wichtiges.
[I.04/490-502]

Percussion ist für Herrn D ein Gebiet, in dem er sich gut zurechtfindet und schnell auf die Ideen und Fähigkeiten wie Fertigkeiten der Lernenden reagieren kann. Das unmittelbare Eingehen auf individuelle Bedürfnisse der Lernenden ist ihm wichtig, so dass er vorab Geplantes im Unterricht so nicht durchführt, wenn es nicht funktioniert. Interessanterweise stellt Herr D ein momentanes Nicht-Funktionieren als konstitutiven Bestandteil seiner Praxis mit Percussion bzw. deren Funktionieren dar. So kann ein situatives Scheitern von ihm »an Ort und Stelle« [I.04/485] in ein Funktionieren gewandelt werden:

D: Ja, mhm, es entsteht auch oft spontan was, also zum Beispiel so Breaks oder so, (..) oder, auch beim Groove irgendwas. Ich seh dann, was die Schüler (.) können, ob=sie, ob=s, ob ihnen das jetzt zu schwer ist, oder ob es ihnen zu leicht ist. Und sehr viel muss man einfach (.) ähm, an Ort und Stelle, so oder so machen, also da ergibt sich sehr viel, was ich mir nachher dann wieder aufschreib und (.) ähm, mir aufheb, was ich aber ursprünglich anders machen wollte. Und merk, das funktioniert so nicht, ich muss es eben ändern °in irgendeiner Art und Weise.° (..)
[I.04/481-489]

Auch ist das Scheitern bzw. die Veränderung der ersten Arrangementplanung nicht als Fehler oder als Inkompetenz Herrn Ds zu beobachten. Herr D erlebt solche Situationen in seinem unterrichtlichen Handeln als besondere Flexibilität. In weiteren Erzählsequenzen ist zu beobachten, dass Herr D schon in die Planung selbst eine solche Flexibilitätserwartung einbaut, indem er vorsieht, dass das Arrangement erst während des Unterrichts entsteht. Dabei werden Vorschläge der Schülerinnen und Schüler berücksichtigt, auch wenn am Ende des Prozesses Herr D über das Arrangement entscheidet.

I: Hmh, haben Sie da Noten dazu oder entwickeln Sie das selber?
D: Nee, des entwickel' ich wirklich (..) völlig selber, wobei da natürlich auch so, irgendwelche Sambaelemente dann reinrutschen oder irgendwas schon reinrutscht, aber das ist wirklich so, dass

da-, ich geh wirklich bei uns in den Keller und (.) probier aus, klingt des, und @was kann man da überhaupt machen, so ungefähr,@ und dann haben die Schüler Ideen, dann haben sehr viele Ideen und (.) die sind auch gut, und die kann man auch zum Teil einbeziehen, aber letzten Endes muss ich mich dann wirklich hinsetzen und ein Stück schreiben. Also (.) der Lehrer ist dann doch der, (.) also- (.) bei=dem- (.) des- (.) sonst driftet des auseinander. Irgendwann kommt dann ein Punkt, wo ich sag, so jetzt, (..) jetzt muss ich das wirklich alles aufschreiben und so wird das dann gemacht.
[I.04/553-566]

Doch Percussion lässt sich nicht nur klassenmusikalisch nutzen, sondern auch als Methode, um mit den Schülerinnen und Schülern andere Inhalte des Lehrplans zu machen. An prominenter Stelle steht im Text die Begegnung mit außereuropäischer Musik, welche durch Percussion in den Unterricht eingeführt werden kann. Innerhalb des Textes fungiert die Erwähnung des Lehrplans als Rückversicherung, so dass Herr D seine kontinuierliche Praxis des Klassenmusizierens [I.04/341f] an ein offizielles Regelwerk anbindet und auf diesem Wege legitimiert.

D: [...] (.) Und (.) ansonsten (.) gut in der Zehnten hab ich, da ist jetzt ein geänderter Lehrplan, da war immer noch so, Musik aus anderen Ländern, außereuropäische Musik und so, und dann kann man auch so afrikanische Arrangements machen, da gibt's ja dieses Heft von Volker Schütz zum Beispiel, (.) wo sehr schöne Sachen drin sind, die man auch machen kann. Kennen Sie wahrscheinlich?
I: Ja, Musik aus Schwarzafrika.
D: Ja, genau. Das kann man sehr gut machen. Oder dann auch (.) ähm, (.) kubanische Musik, da hab ich eben den Tumba-, Tumbao eingeführt. Und den gezeigt in der Zehnten.
[I.04/343-352]

Herr D verbindet Percussion aber nicht nur mit außereuropäischer Musik, sondern auch mit ›klassischen‹ Kompositionen. Er beobachtet, dass Schülerinnen und Schüler auch diese Musik durch den methodischen Kniff perkussiver Zugänge »einfach anders« [I.04/381] erleben und somit eine andere Wahrnehmung gewinnen, die mit einer Veränderung hinsichtlich der Bewertung dieser einhergeht. Auch erzählt Herr D, dass durch eine Transformation von Kompositionen auf eine ›rein‹ rhythmische Ebene diese gewissermaßen »modernisiert« [I.04/381] werden könnten und so den Lernenden näher kommen können.

D: [...] Ansonsten mach ich auch, in der Oberstufe kann man auch äh, (..) einfach, äh, (.) zu Stücken, die man bespricht, (..) einfach auch ein bisschen Percussion machen, also, ich kann mich zum Beispiel erinnern, im Grundkurs hab ich da, Berlioz, in der Symphonie fantastique, (.) da haben wir das lang und breit besprochen, und dann ist da aber der Satz, der Gang zum Richtplatz, (.)

ich weiß-, das Stück, das kennen Sie wahrscheinlich, ja, ne, genau, und da haben wir dann die Paukenstimme dann, (.) ich glaub, es ist die Paukenstimme, (.) ja, genau, einfach die gespielt, ja, einfach zwischendurch, bisschen was, was rhythmisches, oder zum Beispiel, haben wir jetzt in der Achten (.) Beethovens fünfte Symphonie (.) da haben wir auch-, da kann man eigentlich immer, indem man einfach mit Congas *[D sagt etwas unverständliches, während er in den hinteren Teil des Zimmers geht. Dort spielt er den Anfang der Fünften*[184] *auf verschiedenen Congas vor.]* Solche Sachen, wenn jetzt noch jemand mit Schlagzeug dazu spielt, dann hat man @das ganze modernisiert@ und dann hören die den einfach anders. Und dann kann man immer wieder sagen, okay jetzt, wie führt er [ihr?] das weiter, mit diesem Motiv oder so, also kleine Sachen, die man zwischendurch ein(packt). (.) Also da kann ich fast ne Stunde damit bestreiten, wenn ich sag, okay, des führen wir jetzt fort, da machen wir jetzt irgendein Stück draus, und dann haben die, dann hören die den Anfang von der Beethoven Symphonie ganz anders.
[I.04/366-387]

Anhand welcher Indikatoren Herr D beobachtet, dass die Lernenden Beethovens Musik nun »ganz anders« [I.04/387] hören, sagt er nicht. Auch ob in der Transformation der Musik eine musikalisch andersgeartete, ›verfremdete‹ Übung die Lernenden zu veränderten Hör- und Bezeichnungsweisen veranlasst (oder welche damit einhergehenden Kommunikationsanlässe auch immer) oder ob allein eine rhythmische Übungsmethode das ausschlaggebende Moment ist, wird im Text nicht erzählt. Als allerdings im Anschluss an die oben zitierte Erzählsequenz [I.04/366–387] die Interviewerin das Gespräch auf den methodischen Ablauf lenkt, gibt Herr D ein Beispiel, welches perkussive Aktionen als funktionierenden methodischen Kniff bei Übungen zum Harmonisieren von Liedern mit Grundtönen zeigt.

I: (Wie machen Sie das?) Benutzen Sie Percussion auch als methodischen Aufhänger um andere Stücke zu erklären, belassen es aber nicht dabei, sondern führen dann das, was sie mit Percussion gemacht haben noch mal weiter in ein selbständiges Stück?
D: Kann man machen. (..) Kann man machen. Mach ich manchmal, manchmal auch nicht. Weil ich einfach die Zeit nicht hab. (..) Manchmal belass' ich's auch dabei. (.) Ganz einfach (.). Also ein super einfaches Beispiel zum Beispiel in der fünften Klasse, (.) macht man ja nicht mehr so viel mit Kadenzen und so, aber zumindest erklär ich ihnen Grundtöne, ja, Tonika, Subdominante, Dominante, (.) und dann haben wir-, machen wir mal eine Stunde, wo wir ganz viele Lieder einfach nur mit diesen Grundtönen begleiten. Das heißt ich schreib dann, (.) äh, an einem Lied machen wir das dann so, dass die ihre Grundtöne selber finden müssen, und dann sag ich okay, jetzt schreib ich , was=weiß=ich, an die Tafel C, F, G, D, (.) von

[184] Gemeint ist damit das Hauptmotiv des ersten Satzes der 5. Symphonie in c-Moll op. 67 von Ludwig van Beethoven.

> Liedern die sie kennen, fünf oder sechs verschiedene Liedern, und dann haben die Stabspiele, und dann kann man das prima üben, indem man einfach sagt, okay das ist C *[D patscht auf seine Schenkel]*, das ist G *[D klatscht in seine Hände]* und das ist F *[D schnippt]* und dann kann man erst mal trocken, bevor die alle da rumklöppeln @und Fehler machen@ und, die sind im Takt, man kann's im Takt üben, einfach *[D macht eine Abfolge vor]* für jedes Lied sozusagen einüben. Und dann nehmen die den Schlägel und können des. Und so. Das sind eigentlich total einfache Sachen, ne?
> [I.04/388-411]

Erst im unmittelbar anschließenden Abschnitt [I.04/412–433] begründet Herr D die Wahl seiner Methode. Durch seine Argumentation erscheinen andere als rhythmische Übungsmethoden nun nicht mehr als gleichwertig, sondern als weniger funktionierend.

> I: Und das macht nichts aus, dass diese-, dass diese Gestik, die Schenkel, das Klatschen, das Schnippen also in der vertikalen Achse ist? (.) Und die Stabspiele dann in der horizontalen?
> D: Überhaupt nicht.
> I: Nicht?
> D: Nee. Das ist Abfolge, das ist die Abfolge. Nee, nee, weil, die kapieren einfach die Abfolge. Dann. Erstens kapieren sie die Abfolge von C, F, und G, (..) wie oft, und so weiter und so fort. Und da passieren ja noch Sachen, wenn man was wiederholt, dass das dann manche nicht schaffen den Anschluss zu schaffen. So was übt man dann und was man übt, ist auch der Zeitpunkt, wo sie spielen. Weil das ist nämlich auch was. Bei dem ganzen Klassenmusizieren, mit=mit, mit Stabspielen, das klappt immer nie, nicht weil die die Töne nicht finden, sondern weil die nicht im Stande sind gleichzeitig zu spielen. Das heißt, da fehlt's auch an der Rhythmik. Das heißt, also solche Percussi-, solche einfachen Übungen, die sind auch wichtig für die, das Klassenmusizieren überhaupt. Weil sonst alles auseinander fliegt, weil des Hauptproblem von denen ist, dass sie unrhythmisch sind. (..) Das merkt man also sofort, wenn die alle Xylophon spielen, die sind nicht im Stande, auch wenn sie einen Rhythmus vorgegeben haben, weil da irgendjemand was macht, die sind nicht im Stande gleichzeitig zu spielen.
> [I.04/412-433]

Herrn D zufolge benötigt ein primär nicht-perkussives Klassenmusizieren demnach perkussive Übungen um zu einem befriedigenden Ergebnis zu gelangen, »weil des Hauptproblem von denen ist, dass sie unrhythmisch sind« [I.04/429]. Die anfänglich dargestellte gleiche Gewichtung musikalischer Praxen [I.04/156–159] wird eingeschränkt. Percussion findet hier eine weitere und grundlegende Berechtigung, die sie von anderen musikalischen Umgangsformen unterscheidet. Dabei sind Herrn Ds eigenes Interesse, die hier gesehene Gestaltungsflexibilität und die Möglichkeit zu einem »bessere[n] (..) Körpergefühl« [I.04/495] weitere Aspekte, die Percussion von anderen musikalischen Praxen unterscheidet.

Innerhalb des Textes gibt es zwei weitere Stellen, anhand derer Herr D eine Begründung für Percussion findet, die über seine sonstigen Argumente hinausgeht: Am Anfang sowie am Ende des Interviews spricht Herr D von der Möglichkeit zum »Gemeinschaftserlebnis« [I.04/143/504]. Dieses sozial dimensionierte Ziel spricht er Musikunterricht im Allgemeinen wie Percussion im Besonderen zu.

> D: [...] (.) äh, auch dieses Gemeinschaftserlebnis auch, das sie da haben, und äh, ja, also, ich- das ist also, eigentlich, (.) find ich, das hat schon sehr große Vorteile. (..) Auch zum Beispiel, das ist eine Chance in Musik gegenüber solchen Fächern, wo die so viel sitzen und so, dass man eben so was mal macht. (..)
> [I.04/142-147]

> D: [...] Dann, (.) wichtig ist, glaub ich, auch der soziale Aspekt, glaub ich auf jeden Fall, weil das einfach immer Teamwork ist. Es ist ein Gemeinschaftserlebnis und es klappt nur, wenn alle zusammenhelfen und es hat auch soziale Komponenten, man muss herräumen und aufräumen und man muss irgendwie aufeinander Rücksicht nehmen, und das sind, glaub ich, lauter Sachen, die einfach sehr wichtig sind auch, (.) den Schülern zu vermitteln.
> [I.04/502-509]

Zusammenfassung

Herr D verwendet Percussion als eine Methode, die er im »Eigenbau« [I.04/678] entwickelt hat, um mit Lernenden klassenmusikalisch arbeiten zu können. Dabei ist Percussion immer mit einer obligatorischen Schrittbewegung verbunden. Folgende Lösungen bietet Percussion Herrn D für guten Musikunterricht:

Klassenmusizieren wird möglich und kann gelingen

Percussion ist eine musikalische Praxis, bei der alle Lernenden mitmachen können. Ein Instrumentenmangel oder eine Verschiedenartigkeit der Instrumente werden nicht als Schwierigkeit beschrieben. Zudem ermöglichen Bodypercussion oder das Übertragen von rhythmischen Patterns auf die zur Verfügung stehenden Instrumente einen klassenmusikalischen Unterricht und somit die Beschäftigung aller Schülerinnen und Schüler. Dass alle beschäftigt sind, wirkt sich für die Lernenden aus seiner Sicht motivierend aus und stellt für Herrn D eine Entlastung dar.

Prinzipielle musikalische Lerneffekte

Da beim Klassenmusizieren das Hauptproblem darin besteht, dass die Schülerinnen und Schüler meist unrhythmisch spielen, ist Percussion eine Methode, dieser Schwierigkeit zu begegnen: Das Verstehen von musikalischen Abfolgen (bspw. Akkorden) oder auch das Timing der Töne lässt sich über Bodypercussiongesten mit der Klasse einfach einstudieren und wieder auf die Originalinstrumente übertragen.

Vereinfachung musikalischer Komplexität

Percussion ist eine musikalische Praxis, bei der komplexe, musikalischen Strukturen relativ einfach reduziert werden können, so dass einerseits auch spontan oder in kurzer Zeit ein Musizieren und andererseits eine Reaktion auf die Lernenden im und während des Unterrichts möglich ist. Diese Reduktion der Komplexität hinsichtlich des Umgangs und der Gestaltung von Percussion ist für Herrn D ein Vorteil, den andere musikalische Praxen für ihn so nicht bieten.

Körperliche Erfahrung von Musik

Da ein körperliches Erleben von Musik Herrn D wichtig ist, und Percussion für ihn durch die starke Anbindung an Rhythmus einerseits sowie die Freiheit der Bewegung andererseits eine solche körperliche Erfahrung von Musik begünstigt, stellt Percussion für Herrn D eine gute Praxis dar. Wird Musik nicht nur besser verstanden, wenn sie ausgeübt wird (Klassenmusizieren), sondern auch, wenn sie körperlich ›besser‹ erfahren wird, so ist verständlich, dass Percussion für Herrn D nicht mehr kontingent zu anderen Praxen ist.

Erweiterung von musikalischer Wahrnehmung

Percussion stellt eine Methode dar, über die ›klassische‹ Musik anders erfahren werden kann, da über die Transformation ›klassischer‹ Kompositionen auf Percussioninstrumente den Lernenden eine veränderte Wahrnehmung ermöglicht wird.

Schülerlebensweltliche Aktualität

Percussion erscheint als eine musikalische Praxis, die dem heutigen Musikgeschmack der Jugendlichen näher liegt.

Spontanes Reagieren

Ein spontanes Reagieren auf die Fähigkeiten wie Fertigkeiten und die Ideen der Lernenden ist für Herrn D wichtig. Dabei können Unterrichtsplanungen scheitern. Percussion ist für Herrn D eine besonders gute Methode, mit der er auf ein eventuelles Nicht-Funktionieren von vorbereiteten Unterrichtsinhalten im

Prozess des Unterrichtens reagieren kann. Die Möglichkeit des Nicht-Funktionierens wird dabei bereits in die Unterrichtsplanung eingebaut, ist somit ein Teil dieser Methode.

Persönlicher Musikgeschmack des Lehrenden

Percussion ermöglicht Herrn D, Musik, die ihn persönlich anspricht in den Unterricht einzubeziehen. Somit fühlt er sich, wenn er Percussion unterrichtet, wohl und kompetent und kann das, was ihm an Musik wichtig ist, besser vermitteln.

V. Vergleich der Interviews

Im vorangegangenen Kapitel ergaben sich bei der Auswertung verschiedene Begründungszusammenhänge zu Percussion als eine gute Praxis im Musikunterricht, die biographische Erfahrungen, unterrichtliche Vermittlungsprozesse, motivationale Aspekte, erwartete Ziele sowie äußere Bedingungen umfassen. Für den Vergleich der Interviewtexte wurden diese verschiedenen Motive für Percussion zueinander in Beziehung gestellt und in Kategorien klassifiziert. Eine Kategorie ist dabei eine Gruppierung von einzelnen Motiven, die aus den individuellen Kontexten der Interviews gelöst werden und nun in einen etwas abstrakteren Zusammenhang gebracht werden. Die Bezeichnung der jeweiligen Kategorie bildet den gemeinsamen Bezugspunkt.[185]

Die zur Nachvollziehbarkeit des Vergleichs zitierten Interviewpassagen sind oftmals auf die relevante Aussage gekürzt und teils verschiedenen Erzählsequenzen entnommen, was durch Auslassungsklammern ([…]) oder Zeilenangaben angezeigt wird.

»ich geh eigentlich vom Spaß aus«

Motive, die die Begeisterung der Lernenden in den Blick nehmen, erscheinen oft den Erzählsequenzen ähnlich, in denen die Begeisterung der Lehrenden geschildert wird. Dieser Zusammenhang ist dann evident, wenn von dem eigenen Spaß auf ähnlich begeisternde Zustände bei den Lernenden geschlossen wird. Doch solche Attribuierungen sind nie auszuschließen und bilden deshalb für diese Forschung kein Unterscheidungskriterium.

[185] In empirisch-qualitativer Forschung ist die Bezeichnung von solchen Klassifizierungsprozessen und -ergebnissen nicht immer einheitlich. Die Begriffe der Kategorisierung sowie Kategorie werden ebenso mit den Begriffen Codierung sowie Code bezeichnet. Manchmal werden verschiedene Ebenen der Hierarchisierung mit den Begriffen Code/Kategorie unterschieden, wobei hier auch die Unterscheidungen Kategorie/Kernkategorie oder Subcode/Code verwendet werden. Obwohl das für diese Arbeit verwendete Software-Programm MaxQDA die Bezeichnungen ›Code‹, ›Subcode‹ und ›Set‹ anbietet, wurden die Begriffe für diese Arbeit nicht übernommen, da ›Code‹ auch ein Begriff aus der Systemtheorie ist und in dieser Arbeit bereits in diesem Zusammenhang verwendet wurde.

Wie die Begeisterung der Lernenden in den Texten auch immer angesprochen wird, so ist zu beobachten, dass mit dem Befund eines begeisterten oder freudigen Verhaltens der Lernenden zugleich der Gedanke verbunden ist, diese seien »wach« [I.01/366], und somit die Möglichkeit eines Nicht-Mitmachens ausgeschlossen wird. Eine ›wirkliche‹ Beschäftigung der Lernenden mit der im Unterricht vermittelten Musik wird als wahrscheinlich gehalten. Auch ist zu beobachten, dass sich die Befragten als Musikerinnen und Musiker verstehen und ihnen die Begeisterung der Lernenden an der im Unterricht einbezogenen Musik in einer persönlichen Weise wichtig ist. Bei Frau A geht dies sogar soweit, dass sie durch ein begeistert wirkendes Verhalten der Lernenden wiederum selbst mehr Motivation für die Entwicklung neuer Unterrichtsinhalte sowie -methoden entwickelt.

Vom Spaß bzw. von der Begeisterung der Lernenden an Percussion wird in allen vier Interviewtexten erzählt. Während Frau A, Frau B und Herr C aus unterschiedlichen Perspektiven diese Begeisterung und auch die Gründe dafür schildern, erwähnt Herr D nur in Halbsätzen, dass Trommeln auch den Schülerinnen und Schülern Spaß macht. Warum oder inwieweit die Lernenden von Percussion begeistert sind, differiert bei Frau A, Frau B und Herr C stark: Frau A kann insbesondere bei den Lernenden mehr aktiviert wirkendes Verhalten beobachten und schließt darüber auf eine motivationale Wirkung von Percussion, Frau B legt das Motivationspotential von Rhythmus als anthropologische Konstante aus und Herr C spricht Percussion als Musiksprache eine Akzeptanz in der Jetzt-Zeit und ein besseres Verstehen der Jugendlichen zu.

A: └ ich geh eigentlich vom Spaß aus, ich geh (..) aus davon äh, dass die auf einmal wach sind, dass sie=dass sie rausschauen, dass sie's probieren, [...] im Wesentlichen ist es das, dass ich die da hab und dass ich mit allen (.) das machen kann und, dass die Klasse in dem Moment lebendig ist,
[I.01/365-372]

I: Warum glaubst du, spricht das alle Schüler an? Warum hast du alle dabei?
B: Das glaub ich, das ist einfach das Urphänomen Rhythmus, das äh, jeder Mensch sofort auf irgendwelche rhythmischen (.) Botschaften reagiert. Also wenn's jetzt sehr beatlastig ist, so (.), wirkt das wahrscheinlich nicht so sehr, aber sobald es ein bisschen so groovig wird, ist es völlig egal, wer das ist, jeder springt drauf an, (..) und dann kommt natürlich noch eins dazu, dass zum Beispiel Trommeln ein, ein (.) Magnet sind. Also ich brauch bloß eine Trommel hinstellen und jeder wird-, hat a Lust auf diesem Instrument zu spielen.
[I.02/36-36]

C: [...] Und mit diesem Percussion, des find ich irgendwie gigantisch, weil man da ganz Viele anspricht. Ich hab das Gefühl, dass

> die jetzt=die jetzige Generation da besser abholbar ist.
> [...]
> Irgendwie ist (.) ich weiß nicht, von der Sprache, (.) sind die angesprochen, als wär das ne Sprache, die sie irgendwie verstehen, wogegen die Sprache der Barockmusik, die mich, weiß nicht warum, ganz, ganz stark auch anspricht, oder auch viele von meiner Generation, (.) des Gefühl, dass die nicht mehr, (.) des, ähm, nicht mehr die Sprachebene trifft von Jugendlichen.
> [I.03/230-233;258-264]

Allein Herr D erzählt indirekt von der Möglichkeit, dass auch seitens der Lernenden bei Percussion persönliche Neigungen greifen können.

> I: Haben Sie das Gefühl, dass die Schüler Percussion lieber mögen als Singen?
> D: (....) Kann man nicht sagen. (.) also, das ist auch in der Klasse unterschiedlich, weil die natürlich auch, da gibt's welche die singen sehr gerne, und da gibt's welche, die singen überhaupt nicht gerne, und gerade für die ist des natürlich gut.
> [I.04/170-175]

Der Spaß, die Begeisterung oder das Interesse der Lernenden wird des Öfteren als Letztbegründung genannt und ist in den Texten als eines der wichtigsten Argumente für Percussion zu beobachten.

> D: [...] und dann einfach auch (.) ne Möglichkeit wirklich mit den Schülern was zu machen, wo sie alle dabei sind, was ihnen (...) auch Spaß macht,
> [I.04/608-610]

Ohne eine Begeisterung seitens der Lernenden ist für die Befragten im Unterricht inhaltlich wie methodisch vieles nicht machbar. Auch die folgenden zwei Kategorien sind eng mit der Begeisterung der Lernenden verknüpft.

»es muss einfach möglich sein, dass alle einbezogen werden«

Die Möglichkeit durch Percussion ein Unterrichtsmodell zur Verfügung zu haben, bei dem alle Lernenden ins Musikmachen einbezogen werden können – die vier Befragten erzählen von »allen Schülern« oder von »der ganzen Klasse« –, spielt in den Interviews eine große Rolle. Hingegen werden Methodenkonzepte, die beispielsweise von Musizierenden und Zuhörenden in einer Klasse ausgehen, oder von expliziter Förderung Einzelner, in den Interviews (bis auf eine kurze Passage bei Herrn D) nicht erwähnt oder als schlechter Unterricht dargestellt. Einerseits wird argumentiert, dass ein Angebot zu weniger Instrumente oder ein Nichteinbezug aller immer Exklusion und somit Frust bedeutet, andererseits, dass die Selektion, wer spielen darf und wer nicht, von der Lehrkraft als Stress empfunden wird. Zudem ist zu beobachten, dass durch den aktiven Einbezug aller Lernenden eine Disziplinierung aufgrund steter Beschäftigung möglich wird.

Dabei wird Percussion in unterschiedlichen Hinsichten gegenüber anderen musikalischen Praxen hervorgehoben: Frau A gibt auch in diesem Zusammenhang den Spaß der Lernenden an Percussion als Begründung an, um mit der ganzen Klasse musizieren zu können. Allerdings hatte sie sich ein spezielles Konzept erarbeitet, um nicht nur im Wahl-, sondern auch im Klassenunterricht mit allen Lernenden musizieren zu können, da anfangs nicht alle Schülerinnen und Schüler interessiert waren und Frau A für Disziplin sorgen musste. Für Frau B spielt hingegen allein die Struktur von perkussiver Musik eine Rolle, da genau dadurch der Einbezug aller Schülerinnen und Schüler funktioniert. Herr C sieht in Percussion eine sinnvolle Art klassenmusikalisch zu unterrichten, da unerheblich ist, welche Vorkenntnisse die Lernenden mitbringen. Herr D erzählt, dass bei Percussion vor allem ihm als Lehrer eine musikalische Praxis zur Verfügung steht, die ein klassenmusikalisches Unterrichten einfach macht.

> A: [...] und äh, Klassenunterricht (..) ist (.) immer (.) auch die ganze Gruppe disziplinieren (..) das kommt, ist da immer ein ganz wesentlicher Bestandteil, (..) und man hat immer ein paar, (.) die so gar nicht an Musik interessiert sind, und ein paar, die sehr interessiert sind,
> [...]
> und äh, aus dem heraus, haben wir dann äh, so ne Art Konzept für Percussion entwickelt. (.) Das war eigentlich der Startschuss. Das hat nämlich auch total Spaß gemacht. Und das konnte ich mit äh, da konnt ich jetzt mit Klassen sehr gut arbeiten.
> [I.01/436-440;332-335]

> B: [...] Du hast äh problemlos nicht nur eine ganze Klasse, sondern die schwierigsten Schülerinnen und Schüler genauso super dabei, wie jetzt (.) ähm, ja, Schüler, die sich jetzt sonst nicht so irgendwas mit Musik machen trauen, oder sonst=Probleme hätten, sie machen alle mit, natürlich muss ich differenzieren und kann nicht jedem den gleichen Schwierigkeitsgrad anbieten, aber das liegt ja auch in dieser Methode drin,
> [I.02/11-17]

> C: [...] weil man da, find ich, sinnvoll von Anfang an in der Gruppe arbeiten kann, (..) so mein ich des. [...] man kann halt relativ schnell, find ich, halt sinnvoll musizieren [...] Und da kann man bei Percussion viel in der Gruppe machen, find ich,
> [I.03/1286-1298]

> D: [...] Also ich hab auch (.) noch mehr Erfahrung eigentlich <u>sofort</u> gemacht, als ich mit der Schule in Berührung gekommen bin, hab ich <u>sofort</u> gemerkt, wie <u>schlecht</u> ich das finde, (.) wenn immer einzelne Schüler was vormachen und der Rest zuschaut. [...] Und äh, ich hab

> also so-, eigentlich sehr früh mir gedacht, es muss einfach möglich sein, dass alle einbezogen werden. Bei dem, was man macht. Und des find ich, ist ein sehr, sehr starkes Argu=Argument für die Percussion.
> [...]
> also es ist jedenfalls immer so, dass alle immer beschäftigt sind. Und das kann man eben auch sehr, sehr einfache Art und Weise machen.
> [I.04/57-72;92-94]

Insbesondere die Struktur von perkussiver Musik und die Art der Instrumente werden in den Erzählungen als Begründung für ein begeistertes (Frau A), funktionierendes (Frau B), sinnvolles (Herr C) oder auch einfaches (Herr D) Klassenmusizieren angegeben. Da Percussion in den Texten ein Instrumentarium beinhaltet, welches sich von körpereigenen Gesten wie Klatschen über die verschiedensten Schlaginstrumente bis zu Xylophonen erstreckt, ist der Einsatz von Percussion vielfältig. Sind keine Instrumente vorhanden, kann der eigene Körper zu einem Instrument werden. Dabei wird hervorgehoben, dass ein solches Musizieren nicht allein die Musikpädagogik ›erfunden‹ hat: Bodypercussion sowie Vocussion/Mouthpercussion sind musikalische Praxen, die auch außerhalb musikpädagogischer Konzepte musiziert werden. Sie sind somit ›wirkliche‹ Musik.

»als wär das ne Sprache, die sie irgendwie verstehen«

Davon, dass mit Percussion auch ein leichteres oder besseres ›Musikverstehen‹ möglich ist als bei anderen musikalischen Praxen, sprechen alle vier Befragten. Dabei wird der Begriff ›Musikverstehen‹ aber von keinem der befragten Personen verwendet. Vielmehr erzählen sie davon, dass etwas bei den Lernenden in Gang gesetzt wird, was von einem Beobachter als ein verständiger Umgang mit Musik ausgelegt werden kann.

In Frau As Erzählung ist zu beobachten, dass eine Begeisterung der Schülerinnen und Schüler eine Beschäftigung mit Musik und damit ein Lernen und Verstehen von Musik wahrscheinlicher macht. Bei Percussion erkennt sie das ganz speziell und spricht in Bezug auf Percussion von einem sogar allgemein begeistert wirkenden Verhalten der Lernenden. Zudem ist das Erinnern der Lernenden an einen bestimmten Formablauf während des Spielens für Frau A ein Hinweis, dass eine musikalische Struktur begriffen worden ist.

> A: [...] und für mich ist auch wichtig, dass die lernen (.) äh, den Ablauf zu kriegen, ich schreib ihnen schon so einen Formverlauf, [...] aber mir geht's schon darum, dass sie äh, (.) den Ablauf auch

> (.) ja, einfach geistig kontrollieren können, dass sie wissen, was als nächstes kommt, [...] Weil in einem Pattern drin sein, ist total gut, aber jetzt äh, wie heißt jetzt der nächste Break, oder wie heißt der neue Teil, wie geht der, das ist schon schwerer.
> [I.01/549-561]

Für Frau B ist insbesondere eine musikalische Selbstständigkeit bedeutsam, die einen verständigen und wissenden Umgang mit Musik beinhaltet. Diesen Zugang zu Musik kann sie mit Percussion den Lernenden vermitteln, da erstens ein motivationales Potential in Rhythmus angelegt sei (»Urphänomen Rhythmus«), zweitens keinerlei Vorkenntnis notwendig sei und drittens Percussion musikalische Strukturen biete, die es den Schülerinnen und Schülern ermögliche, damit musizierend wie auch komponierend selbstständig umzugehen.

> B: [...] Ich möchte ihnen was zeigen, ich möcht ihnen Handwerkszeug geben, ich möchte ihnen zeigen, wenn sie das können, was ich für Bausteinchen zusammensetzen kann, für was a Break da ist, und wann ich ein Intro spiel, das da a Groove ist, und wie ich die Grooves kombinieren kann blablablabs, dass des was wird, dass die selbstständig einfach musizieren können. Das ist einfach das, das größte Anliegen überhaupt bei mir am Haus. Dass die selbstständig Musik machen.
> [I.02/1737-1744]

Frau B erzählt auch, dass durch größere Bewegungen, die beim Spielen von Percussion gemacht werden können, die Schülerinnen und Schüler das, was an spieltechnischen wie musikalischen Aspekten vermittelt werden soll, besser wahrnehmen können: »die Bewegung ist größer und damit klarer« [I.02/327].

Herr C vergleicht Musik mit Sprache und begründet damit, dass ein verständiges Arbeiten mit Musik dann erfolgen kann, wenn Lernende mit Musik konfrontiert werden, die sie verstehen. Für ihn hängt ein ›besseres‹ Verstehen, eine »andere Erlebnistiefe« von und in Musik mit dem Erwerb von Fähigkeiten und Fertigkeiten zusammen, die die Lernenden nur erwerben können, wenn sie sich auf die Musik auch einlassen. Er konnte beobachten, dass Rhythmus eine Musiksprache ist, die Jugendliche verstehen und sie somit gewillt sind, sich damit auseinanderzusetzen.

> C: [...] Irgendwie ist (.) ich weiß nicht, von der Sprache, (.) sind die angesprochen, als wär das ne Sprache, die sie irgendwie verstehen, [...] wenn was, irgendwas ein bisschen rhythmisch, wie soll ich sagen, aufgemotzt, oder, ne, das klingt so negativ, wenn's so rhythmisch ist halt, (.) dann hab ich das Gefühl, dass da wirklich (..) ähm, (.) eine Sprachebene gefunden wird, auf die die Jugendlichen reagieren.
> [...]
> dass sie so, (..) in die Musik reinkommen, und dass sie sich da

> drauf total konzentrieren, und da auf einer anderen Ebene auch wieder, ähm, (.) sozusagen eine coole Erfahrung machen. [...] also ich möchte sie (..) auf ne andere Erlebnisebene bringen. Und da bietet sich-, ist halt mein Spielfeld, ist halt dieses Percussion. Und des wir-, möchte ich halt durch konzentrierte Arbeit erreichen. Und da ziehen sie aber irgendwie schon, da lassen sie sich wirklich abholen auch. (..) °Und machen mit.°
> [I.03/258-270;605-615]

Für Herrn D ist einerseits ein körperliches Erfahren von Musik für Prozesse des Verstehens von Musik wichtig, und andererseits eine Transformation von einer Musik in andere Klänge oder Strukturen, so dass den Lernenden andere Zugänge dazu angeboten werden. Bei Percussion, insbesondere beim Trommeln, ist für ihn ein körperliches Erfahren von Musik mehr gegeben als bei anderen musikalischen Umgangsweisen. Zudem biete Percussion die Möglichkeit auf eine einfache Art und Weise Musik in andere Klänge und Strukturen zu transformieren, so dass ein ›Musikverstehen‹ seitens der Lernenden wahrscheinlicher werde.

> D: [...] Solche Sachen, wenn jetzt noch jemand mit Schlagzeug dazu spielt, dann hat man @das ganze modernisiert@ und dann hören die den einfach anders. Und dann kann man immer wieder sagen, okay jetzt, wie führt er das weiter, mit diesem Motiv oder so, [...] wenn ich sag, okay, des führen wir jetzt fort, da machen wir jetzt irgendein Stück draus, und dann haben die, dann hören die den Anfang von der Beethoven Symphonie ganz anders.
> [...]
> natürlich hab ich das Ziel, [...] dass sie ein besseres (..) Körpergefühl kriegen, ein besseres Gefühl zur Musik, also ich glaub eigentlich bei aller Musik, auch bei klassischer Musik, dass der Körper wichtig ist. Also Musik, die man nicht irgendwie mit dem Körper spürt, sondern isoliert nur hört, hat man nicht richtig (.) in sich drin. Und ich glaub, da hilft das was einfach den, den Schülern eine Beziehung zu ihren Körpern zu geben und de-, einfach die Musik (.) zu, zu, zu leben oder zu machen. Das ist, glaub ich, was ganz Wichtiges.
> [I.04/380-387;493-502]

»dass ich differenzieren kann«

Die vielfältigen Differenzierungsmöglichkeiten hinsichtlich des Schwierigkeitsgrades, die Percussion bietet, werden von Frau A, Frau B und Herrn D betont. Nur Herr C erzählt darüber nichts. Die Vereinfachung sowie das Aufbauen musikalischer Komplexität, die Frau A, Frau B und Herr D thematisieren, werden insbesondere mit der Struktur und Form von perkussiver Musik begründet.

Frau A erzählt von einer ihr einfach fallenden Modifikation bereits bekannter

Patterns, die sie innerhalb der Arrangements variabel integrieren kann. Zudem wirkt das Konzipieren eines Stückes wie ein Umgang mit einer Art ›Baukastensystem‹, weil eine Entwicklung dieser Arrangements oft über das Hinzufügen neuer oder die Verdichtung bereits gespielter Patterns erreicht wird. Einfache Versatzstücke dieser Arrangements werden so wieder zu komplexen Abläufen verdichtet.

> A: [...] da hat mich sehr inspiriert diese Steve Reich Sachen, (..) Music for 18 Musicians, diese Patternmusic (.) und ich mach das natürlich nicht so (.) komplex und nicht so=so (.) äh ja, so schwer auch,
> [...]
> die Form ist auch (.) schon bei den Trommelstücken ist sie insofern frei, als dass ich die äh Breaks einpfeife, und das ist nicht ganz klar, wie lang das dazwischen ist, aber es ist klar jetzt, da kommt dieser Break, da kommt dieser Break, und da spielt diese Gruppe, und da spielt diese Gruppe, und dann fangt das sechste Balafon an, dann kommt das zweite dazu, und dann kommen die, (.) wir haben noch so Bass-Schlitztrommeln, dann kommt das dazu, dann kommen die Glocken, dann spielen die (.) spielt die Percussion dann dazu, in diesem Rhyth-, also so. (.) Also so Formverläufe.
> [I.01/250-253;567-575]

Sehr ähnlich erzählt Frau B, dass durch das simultane Vorkommen einfacher wie anspruchsvoller rhythmischer Patterns ein Differenzieren innerhalb einer Klasse möglich wird. Durch aufbauenden Unterricht über die Jahrgangsstufen hinweg, kann sie die Komplexität der Musik stetig steigern.

> B: [...] natürlich muss ich differenzieren und kann nicht jedem den gleichen Schwierigkeitsgrad anbieten, aber das liegt ja auch in dieser Methode drin, dass es eine Sache ist, die von ganz leichten Figuren bis zu (.) schw-, sag ich's mal in Anführungsstrichen <u>professionellen Figuren</u> alles beinhalten kann, innerhalb <u>einer</u> Klasse,
> [...]
> aber ich muss noch dazusagen, dass ich auch in der fünften Klasse mit einem Programm beginne, dass ich (.) <u>jedes</u> Jahr wiederhole, das heißt, diese Bausteine der fünften Klasse, die san nicht weg, (.) sondern das ist praktisch so meine Basics, (.) in der Sechsten gibt's was Neues dazu, in der Siebten gibt's was Neues, in der Achten gibt's was Neues dazu, das heißt, es baut sich auf, das heißt mein Stück, das ich dann mit ihnen spiele, wird immer größer (.) und länger.
> [I.02/15-20;298-305]

Für Herrn D ist das Vereinfachen rhythmischer Patterns ein Vorteil von Percussion, da dies ihm einerseits leicht fällt und andererseits er mit einer ganzen Klasse sehr schnell ins Musizieren kommt. Über das Einführen musikalischer

Form, improvisatorischer Elemente oder rhythmische Übungsmethoden wird ein Aufbau musikalischer Komplexität wiederum möglich.

D: [...] ich hab's dann erst mal so versucht, dass ich einfach, äh, man kann ja mit einfachsten-, also man fängt ja eigentlich mit Rhythmik an in der fünften Klasse, dass man so einfach Bodypercussion-Sachen klatschen und schnipsen und so weiter, dass man dann einfachst möglich so macht.
[...]
und dann kann man eben auch solche Sachen machen, was weiß ich, es gibt alles Mögliche, das eine sind so (.) rondoartige Sachen, dass man einen Teil gemeinsam macht und dann immer, äh, einer was dazwischen macht, oder, dass man reihum immer so macht, einer macht was vor, die anderen machen es nach, vier Schritte vormachen, vier Schritte nachmachen, das find ich auch ne supergute Übung, also so Improvisationsübungen,
[I.04/77-81;128-135]

»ich find das so wichtig, dass der Körper da einbezogen wird«

Frau B und Herr D thematisieren wiederholt, dass Bewegung und Musik für sie eine Einheit bilden, die sie auch den Lernenden vermitteln wollen. Auch Frau A erzählt davon, dass Bewegung bzw. ein »körperlicher Aspekt« für sie bedeutsam sind. Allerdings unterscheidet sie in ihrer Erzählung Percussion von »rhythmisch-musikalischer Erziehung« bzw. von »Rhythmik«, bei der es darum geht, »den Körper mehr in, in Musikpädagogik einzubinden« [I.01/110ff.]. Dennoch ist für sie, wie auch für die beiden anderen, Percussion eine Methode, um Musik und Bewegung zusammenzubringen.

Frau A sieht in der größeren Bewegungsorientierung bei Percussion insofern einen Gewinn, als die Schülerinnen und Schüler dann »wacher« und aufmerksamer erscheinen und sie mit ihnen besser arbeiten kann. Auch achtet sie auf die Bewegungslust der Lernenden und nutzt Bodypercussion als ein bewegtes Musizieren, welches Musik und Bewegung miteinander verbindet. Bewegung wird aber nicht nur in den Zusammenhang mit Musik gestellt, sondern auch für ein besseres Wohlbefinden der Lernenden angeführt.

A: [...] aber ich hab die Erfahrung gemacht, wenn dann- (.) Singen ist auch körperlich, aber ein (.) noch ein anderer körperlicher Aspekt dazu kommt, dass das einfach äh lebendiger und wacher wird °dadurch°.
[...]
weil ich das auch wichtig finde, dass die zwischendurch mal (..) aufstehen *[A macht das Aufstehen vor]*, Tische zusammenschieben und

> dann Eins Zwei Drei Vier und schaun und dann *[A spielt ein kurzes Bodypercussion-Pattern vor]* irgendwas dazu machen, das ist schon, das tut der Klasse schon gut.
> [I.01/382-385;487-491]

Für Frau B ist das Angebot von Bewegung wichtig, da diese Wahrnehmung und Koordination fördern, welche zum Musizieren benötigt werden. Zudem erzählt Frau B, dass Bodypercussion-Figuren die Lernenden zu Bewegungen aktivieren sowie zum Halten von Pausen animieren.

> B: [...] es gibt kein (.) Lieder eigentlich ohne Bewegung bei mir,
> [...]
> Also, wir sitzen zum Beispiel im Kreis, ein Sitzkreis, [...] mit Bodypercussion, mit Lieder wo ich dann irgendwelche Klatschfiguren dazu hab, so dass sie einfach reagieren müssen, dass sie was singen und eine Pause wird aufgefüllt mit irgendeiner Klatschfigur und so weiter.
> [...]
> und ich versuche, dass sie sich bewegen dazu. Dass sie einfach (.) ihren Fuß wahrnehmen. (.) Also das, die Erfahrungen, die ich hab, äh dass sie einfach (.) überhaupt ein Verhältnis haben in der Koordination von Händen, Füßen oder gar noch Stimme dazu haben.
> [I.02/89;228-237;240-244]

In diesem Zusammenhang ist auch zu beobachten, dass über eine gleichförmige Motorik (hand-to-hand-Spiel)[186] für die Lernenden ein System entsteht, welches über Bewegung rhythmische ›Fehler‹ für sie erkennbar und somit vermeidbar macht.

> B: [...] Und damit lernen sie von Anfang an (..) sauberes Spiel, (.) es gibt einfach keine rhythmischen Fehler mehr in diesen System. Und die lernen ganz schnell auch miteinander zu spielen. (.) Ja?
> I: └ mhm.
> B: └ Und auch, dass ich eine Methode hab, die=die einfach hundertprozentig läuft.
> [...]
> dass sie lernen immer hand-to-hand zu spielen. Das heißt, dass sie immer den Puls mitspielen müssen. Und diesen Puls, den lass ich auf dem Oberschenkel spielen. Die Bewegung ist größer und damit klarer. [...] Und damit lernen sie von Anfang an (..) sauberes Spiel, (.) es gibt einfach keine rhythmischen Fehler mehr in diesem System. Und die lernen ganz schnell auch miteinander zu spielen.
> [I.02/233-239;325-332]

Herr D sieht in der starken Bewegungsorientierung von perkussiver Musik eine

[186] Siehe dazu auch Fn. 173. Aufgrund der steten, abwechselnden Bewegung der Hände beim hand-to-hand-Spiel kommt ein System zustande, durch das meist klar ist, mit welcher Hand welcher Akzent im Rhythmus gespielt wird (Ausnahmen bilden beispielsweise Fill-Ins). Somit werden metrische Strukturen körperlich erfahrbar.

Chance, dass die Schülerinnen und Schüler die Musik mehr mit ihrem Körper spüren und so auch direkter wahrnehmen können. Er legt viel Wert auf ein körperliches Erleben von Musik, da er selbst diese dadurch besser erfahren kann. Zudem ist Herrn D im Musikunterricht wichtig, dass er Lernenden, die sich »gern körperlich ausleben möchten«, musikalisch etwas anbieten kann, was diesen entgegenkommt.

> D: [...] Und dann hab ich mir aber bald, gedacht, das ist eigentlich zu wenig an Körperarbeit, weil die sitzen immer noch und mache gehen halt doch nicht mit Füßen dazu und so was
> [...]
> und ich find das so wichtig, dass der Körper da einbezogen wird,[...] Auch zum Beispiel, das ist eine Chance in Musik gegenüber solchen Fächern, wo die so viel sitzen und so, dass man eben so was mal macht. (..)
> [...]
> Oder Schüler, die ein bisschen unruhig sind, oder so, und sich gern körperlich ausleben möchten und des ist dann gerade für die °was. (.) ja. (..) ja.°
> [...]
> Also Musik, die man nicht irgendwie mit dem Körper spürt, sondern isoliert nur hört, hat man nicht richtig (.) in sich drin. Und ich glaub, da hilft das was einfach den, den Schülern eine Beziehung zu ihren Körpern zu geben und de-, einfach die Musik (.) zu, zu, zu leben oder zu machen. Das ist, glaub ich, was ganz Wichtiges.
> [I.04/94-97;141-147;178-180;497-502]

Eine weitere Form der körperlichen Bewegung bei Percussion ist der Schritt, der in allen vier Interviewtexten eine große Rolle spielt. Insbesondere für das Musizieren mit Bodypercussion-Gesten oder Vocussion-Klängen wird der »berühmte« Schritt [I.04/98] thematisiert, der den Beat in einem Takt bzw. die metrischen Schwerpunkte eines Patterns betont.[187] Der Schritt wird als Koordinationsübung, aber auch als visuelles wie motorisches Bezugssystem für die Schülerinnen und Schüler beschrieben.

Der Schritt an sich ist immer gleich und unterscheidet sich, laut Frau A, nur über die Positionierung der ›Eins‹ bei den Schritten [I.01/59–69]. Vor allem in Herrn Cs Interviewtext ist zu beobachten, dass der Schritt bei Percussion mehr oder minder obligatorisch ist.

Ähnlich der hand-to-hand-Technik ist der Schritt ein Bewegungs-System, welches nicht nur eine körperliche Orientierung für die Schwerpunkte innerhalb eines Metrums gibt, sondern auch visuell wahrgenommen und so als Hilfestellung gesehen werden kann.

[187] Vgl. hierzu Fn. 169.

> A: [...] Und das Wesentliche was ich von ihm dann übernommen hab, is äh, (..) die Arbeit mit dem Schritt. (.) Also alles auf den Schritt zu beziehen.
> [...]
> es geht total durcheinander und ich merk hier (.) äh, deshalb bezieh ich auch alles auf den Schritt, weil ich will, dass alle in dem Groove drin sind,
> [...]
> Und ähnlich ist es in Percussion dann, die können mit dem Rhythmus so nichts anfangen, und dann machen sie den Schritt dazu und dann ist's klar.
> [I.01/41-43;341-343;479-432]

> B: [...] die bewegen sich im Vierer-Beat, (.) also geschlossene Füße, rechts Schritt, nachziehen,
> [I.02/91-92]

> C: [...] und haben halt diese Schritte dazu gemacht, wo mir auch gesagt wurde, das muss man machen,
> [...]
> und dann immer noch diese Schritte dazu zu machen, [...] dass es eine Möglichkeit ist, dass die Kinder nicht immer schneller werden. Erstens, und weil's mir hilft bei der Organisation, [...] wenn ich halt diesen=diese Schritte hab, dann weiß ich immer wo die Eins ist, ohne dass ich zählen muss. [...] also für die Gruppe, weil sie das Metrum halten kann und für mich, weil ich einfach vom Zählen her klarer (.) also, eine gröbere Struktureinheit habe. (.)
> [I.03/322-324;354-371]

> D: [...] Und einfach immer, und immer, alles mit (.) natürlich mit Füßen, ja, (.) mit den Füßen den Grundschlag
> [...]
> und dann diesen berühmten Schritt,
> [I.04/84-85;98]

Alle drei sehen in einem Mehr an möglicher körperlicher Aktivität eine Differenz zu anderen musikalischen Praxen und heben Percussion somit von diesen ab.

Entgegen den nur positiven Thematisierungen der anderen Befragten, erzählt Herr C von Schwierigkeiten, die die Lernenden mit Bewegungen (beispielsweise dem ›Schritt‹) haben. Koordinatorische und motorische Fertigkeiten, die bei Percussion oftmals gefragt sind, haben noch nicht alle Schülerinnen und Schüler erworben, so dass – wie in der Erzählung von Herrn C – ein Gehen des Beats und ein gleichzeitiges Sprechen von einfachen Patterns allein aufgrund fehlender Koordination schwierig ist oder sogar misslingt.

> C: [...] weil, ähm, (..) ich hab Kinder drin, die (.) haben keine @ Chance@ (.) oder die wirken, die haben große Probleme, [...] es gibt Kinder, die sind echt hartnäckig, die kriegen das mit den Schrit-

> ten nie hin. (..) Und die sind immer quer, und die ganze Gruppe, die wogt ja dann immer in diesen Schritten, und es gibt Kinder, die sind immer daneben, [...] es gibt ja Kinder, die machen einfach, die trommeln irgendwie nen Rhythmus und machen einfach, [...] irgend'ne Bewegung, die (.) ähm, beliebig ist. Wo ich mich zwar wundere, wie kann man da überhaupt noch trommeln, wenn die Bewegung überhaupt nicht dazu passt.

Allerdings findet er eine Hilfestellung, die durch eine gemeinsam geführte Bewegung ein Defizit an Koordination und Motorik beheben kann und ist von dieser wiederum begeistert.

> und dann hab ich um dann diese Schritte zu machen, sie ähm, die Arme über die Schultern legen lassen, so gegenseitig, dass wir ein enger Kreis waren und hab dann die Schritte so machen lassen, also innen- und dann, dann bewegt man sich als Gruppe und (..) da hab ich das Gefühl gehabt, dass das für die Kinder total stark war. (.) Weil die überhaupt mal so ein Gespür gekriegt haben für diese Schritte, für dieses gleichmäßige Wogen, [...] wenn man dann so hin und her gewogt wird, [...] und ich glaub für die anderen ist es eine ganz starke Erfahrung.
> [I.03/378-406]

»weil ich will, dass alle in dem Groove drin sind«

Die Begründung, dass ein langes und oftmals nicht-unterbrochenes In-Musik-Sein (Grooven) bei Percussion möglich ist, ohne dass große Veränderungen oder Weiterentwicklungen des Gespielten passieren müssen, ist in den Interviewtexten mehrfach zu lesen. Dies wird als Aneinanderreihung, Parallelität oder Wechsel von Patterns beschrieben, die sich während eines Teils stetig wiederholen. Eine Weiterentwicklung von musikalischen Ideen wird meist ausgeblendet. Das Loopen und Zusammenspiel der Patterns wird hier oft als Groove oder Rhythmus bezeichnet, eine Unterbrechung des Grooves als Break. Durch Zustandekommen eines Grooves bzw. fortlaufenden Rhythmus' aufgrund des Loopens von Patterns, können auch methodische Formen greifen, die ein Üben durch Wiederholen fokussieren, und der Fluss der Musik muss nicht unterbrochen werden. Diese Begründungen, die insbesondere ein musikalisches Tun und nicht eine Reflexion hervorheben, werden generell in den Zusammenhang mit dem methodischen Vorgehen bei perkussiver Musik gestellt. Darüber hinaus wird wenig über ein explizites Groove-Konzept erzählt. Das Wissen über die Spielpraxis des Loopens von einem oder mehrerer ineinandergreifender Patterns erscheint als stillschweigend vorausgesetzt. Mehrfach wird allerdings die Struktur von perkussiver Musik hervorgehoben, indem sie als anders als andere Musik dargestellt wird. Hierbei ist zu beobachten, dass diese Struktur insbesondere als eine patternorientierte Musik beschrieben wird.

Frau A verwendet des Öfteren den Begriff Rhythmus als Synonym für Pattern oder für das gleichzeitige Erklingen mehrerer Patterns. Eine explizite Textsequenz, die veranschaulicht, inwiefern für Frau A eine patternorientierte Musik besser ist als andersgeartete Musik, kann nicht gezeigt werden, allerdings ist im gesamten Interviewtext zu beobachten, dass sie das Wiederholen eines Patterns im richtigen rhythmischen Zusammenhang als ein musikalisches Ziel beschreibt: »weil ich will, dass alle in dem Groove drin sind« [I.01/341f.]. Zudem will Frau A ihren Schülerinnen und Schülern ein Musizieren ermöglichen, welches nicht unterbrochen werden muss, wenn sie etwas ansagt oder einige Lernende Schwierigkeiten haben. Frau A verwendet sogar eigens von ihr selbst hergestellte Playbacks, welche immerfort durchlaufen, um eine weitere Hilfestellung als ›nur‹ den Schritt für ein In-Musik-Sein anbieten zu können.

> A: [...] ja, ja, ich versuch immer den Schritt zu halten, auch wenn ich was sage, hier, (°ein drin, zwei drin°) rechts rechts, dann wieder umdrehen, weil es ist spiegelverkehrt, natürlich, [...] aber ich versu- und ich mach mir dann Playbacks. (..) also zum Beispiel rein zukommen, ich hab mir ein Playback gemacht für, (.) äh, Don't worry, (.) und das läuft die ganze Zeit durch,
> [I.01/503-509]

Frau B thematisiert ein nicht-unterbrochenes Grooven in perkussiver Musik nicht ausdrücklich. Obwohl in ihren Beschreibungen von Musikunterricht sowie ihrem eigenen Ausbildungsweg mit und in Percussion lange Groove-Phasen indirekt angesprochen werden, bleiben diese Beobachtungen hierzu Vermutungen, insofern sie mit keiner Textsequenz belegt werden können, in der ausdrücklich davon gesprochen würde. Auch ist es schwer, eine Textsequenz zu finden, die die Besonderheit von Percussion aufgrund einer Patternorientiertung explizit fasst. In ihren Beschreibungen von Unterricht mit Percussion erzählt sie aber von kurzen rhythmischen Mustern, die sie mit den Lernenden einstudiert (»drei-zwo-Clave«) und nach und nach erweitert, »das heißt mein Stück, das ich dann mit ihnen spiele, wird immer größer (.) und länger« [I.02/304f].

Interessanterweise sind nur bei Herrn C, der sich selbst als eher unwissend und neu im Bereich Percussion darstellt, explizite Beschreibungen einer Patternorientierung zu beobachten: die Struktur von perkussiver Musik ist für ihn anders als bei Musiken, die er bisher kennengelernt hatte. Er stellt die verschiedenen Patterns eines Rhythmus' ähnlich einer Mehrstimmigkeit dar, die genau deswegen gelingt, weil Patterns selbst nicht rhythmisch kompliziert oder lang sein müssen, so ein stetes Wiederholen möglich ist und ein Groove zustande kommt. Dabei verwendet er den Begriff Rhythmus synonym zu Pattern. Von der Wirkung von Percussion ist Herr C überrascht, da er das, was gespielt wird, eigentlich als rhythmisch »simpel« wahrnimmt und die Wirkung davon aber als »gigantisch« erlebt. In seiner Beschreibung ist zu beobachten, dass insbesondere eine kurze Unterbrechung und das Zurückkehren in den Fluss des Rhythmus für ihn diese Wirkung begründet. Herrn Cs Beschreibung dieser Wirkung steht allerdings nicht im Zusammenhang mit Musikunterricht, sondern erzählt von einer konzertanten Situation innerhalb des Schullebens. Für den Musikunterricht thematisiert er einen Flow-Effekt von perkussiver Musik insofern, als er hier einen Unterschied zu anderen musikalischen Umgangsweisen beobachtet, und von einem »Spielen-lassen« der Schülerinnen und Schüler erzählt.

C: [...] ich weiß gar nicht, was das ist. War einfach, es waren drei Rhythmen die wir abwechselnd gemacht haben, [...] dann ne kurze Break, [...] dann wieder weitergetrommelt. Das andere, und dann wieder Break, dann wieder und dann Schluss. Also unglaublich simpel vom Aufbau, von den Rhythmen, es war jetzt nichts Fetziges, wir haben ganz langsam getrommelt, es war überhaupt nichts, wo man sagt, da ist jetzt aber die Post abgegangen, trotzdem war die Wirkung gigantisch. (..) Aber das ist, glaub ich, das ist immer dieser Wechsel plötzlich, es läuft so ein Rhythmus, ich glaub das ist auch so ne Wirkung, die ich so faszinierend finde, es ist so ein Rhythmus, auf einmal, auf einen Schlag ist was ganz anderes, und was-, und wenn's nur ist tak (.) tak (.) tak (.) tak (.) und dann geht's wieder weiter. (.) Und dieses Unterbrochene und dann läuft es wieder, ich glaub das ist (.) was, (.) was so, was so stark berührt, oder was einen so mitnimmt. (.)
[...]
Und wenn wir sagen, wir haben einen Takt-, einen Rhythmus, den mach ich vier Takte lang, dann Break, dann wieder 8 Takte, dann muss ich halt nur immer die Eins zählen, also bis vier zählen, wenn ich vier Takte hab und so.
[...]
Und ich versuche des aber jetzt, des kommt glaub ich aus der Chorarbeit, ich rede noch zu @viel@@@. Also, mein-mein-, dieser ähm, [Name] sagt, man muss sie mehr spielen lassen,
[...]
Und da mach ich halt, dass ich die Rhythmen einzeln einführe, [...] und wenn sie den können, lass ich sie den ne Zeit lang spielen, dann nen zweiten Rhythmus genauso und dann versuch ich ähm, (.) die Wechsel einzuüben. [...] und wenn die dann den einen Wechsel vom Rhythmus zum Break haben und des ganz lange gespielt worden ist, dann lass ich den zweiten genauso machen und dann mach ich das so, dass ich sag, Rhythmus eins, Break, Rhythmus zwei, Break, Rhythmus eins, dass ich das dann nonstop machen lasse. Und dann, wenn sie des drauf haben, dann mach ich das versetzt. [...] Und das klingt auch total spannend, weil da ja so Obermelodien sind, und wenn man

> dann die Congas dann in hoch und tief einteilt, ist es jedes Mal eine andere Melodie, je nachdem wer grad Rhythmus eins spielt und wer Rhythmus zwei spielt.
> [I.03/319-345;365-368;806-809;811-840]

Sehr ähnlich zu der Erzählung Herrn Cs beschreibt auch Herr D den Wechsel zwischen Groove und Break. Es ist zu beobachten, dass der Fluss der Musik dadurch erhalten bleibt, dass Herr D über Zeichensprache oder durch ein vorher ausgemachtes System den Ablauf regelt. Er thematisiert, dass der Fluss der Musik wichtig ist. Auch wenn in der Erzählung Herrn Ds sich keine expliziten Textstellen zu einem patternorientierten Spiel herausgreifen lassen, ist in diesem Text zu beobachten, dass die Art und Weise, wie Herr D unterrichtet, nur aufgrund von wiederkehrenden und sich wiederholenden rhythmischen Mustern gelingt.

> D: [...] das mach ich einfach alles mit der-, alles mit Zeichensprache, die ich dann einführ, dass ich anzeig, welche Gruppe weiterspielt, (.) und (..) ja, solche Sachen halt.
> [...]
> irgendwie arrangieren wir das so nach einem bestimmten System, dass viermal später der eine, und viermal der andere, viermal der äußere, viermal der innere, viermal rechts, viermal links, und (.) äh, ah ja, (.) wichtig ist, dass das immer im Fluss bleibt, nicht aufhört, sondern dass das immer weiter geht, [...] so dass die zusammen einen Rhythmus spielen, und immer wieder abwechseln, und doch das Spielen irgendwie lernen.
> [I.04/215-218;247-256]

»wenn ich net mit so einem festen Rahmen komme, sondern einfach flexibler bin«

Bis auf Herrn C, der dazu nur Andeutungen macht, die mit dem Verweis verbunden sind, dass er sich diesbezüglich noch qualifizieren möchte, erzählen die anderen drei Befragten, dass Percussion in einer ganz bestimmten Art und Weise unterrichtet wird: Patterns, Rhythmen oder musikalische Abläufe entstehen »spontan« in der unterrichtlichen Situation und somit wird eine unmittelbare Reaktion auf die jeweilige Gruppe von Lernenden möglich.

Frau A beschreibt dies als einen Arrangierprozess, der ihr aber nicht nur hilft, individuell auf die Schülerinnen und Schüler einzugehen, sondern auch das musikalische Endergebnis des Arrangierprozesses so zu gestalten, dass es in der personell aktuellen Besetzung gut klingt.

A: [...] ich überleg mir was aus=dem Spielen raus, und dann schau ich, ob's funktioniert. Und wenn's nicht funktioniert, mach ich's nicht oder mach was anderes. Also ich muss das immer wieder schaun was geht und was nicht geht. (.) Und dann am Ende (.) ist halt ein Stück fertig.
[I.01/314-318]

Frau B erzählt, dass die spontane Reaktion auf die Lernenden eine Voraussetzung für eine gelungene Vermittlung von Musik ist. Somit ist eine Praxis bzw. Methode, welche vorab nichtplanbare Situationen auffängt, eine einfache Veränderung von musikalischen Strukturen zulässt und eine Vermittlung von Musik begünstigt, die nicht über Notation erfolgt, für Frau B bedeutend.

B: [...] Oder Live-Arrangement, (..) also ich hab gmerkt, dass das einfach meins is. Ähm, (..) ich bin mit natürlich klaren Vorstellungen, Ideen, in meine Klasse hineingegangen und hab je nachdem, wie das glaufen is, [...] ja, (.) wenn ich net mit so einem festen Rahmen komme, sondern einfach flexibler bin, hab ich mehr Möglichkeiten.
[...]
und was mich jetzt da am meisten noch irritiert, [...] weil sie Percussion (.) vom Notenständer unterrichtet hat, (.) und die Leute schön im Stuhl g'sessen sin, mit einem Notenpapier davor, und sie hat dirigiert [...] was ich unter Percussion sehe, diese, diese Art von Musik, diese Freiheit, [...] das hat mit dieser akademischen, wissenschaftlichen Arbeit am Notenständer überhaupt nichts zu tun.
[...]
was ich für Bausteinchen zusammensetzen kann, für was a Break da ist, und wann ich ein Intro spiel, das da a Groove ist, und wie ich die Grooves kombinieren kann blablablabs,
[I.02/623-636;1242-1279;1738-1740]

In allen vier Interviews ist zu beobachten, dass durch das Sprechen von Rhythmus-Silben wie auch durch das Call-Response-Prinzip Percussion nicht über festgelegte Partituren unterrichtet wird. Frau B bezeichnet unter anderem diese orale Praxis als »Freiheit« gegenüber schriftlich tradierten Formen. Frau A und Herr D erzählen ferner, dass die Form bzw. der Ablauf perkussiver Musik oft über Zeichensprache oder ein Pfeifen zustande kommt. Auch diese Elemente können als orale Praxis aufgefasst werden, da sie dieser in funktionaler Hinsicht entsprechen: Eine ›freie‹, auf die jeweilige Situation reagierende Kommunikation kann nicht vorab in schriftlicher Form vorliegen.

A: [...] die Form ist auch (.) schon bei den Trommelstücken ist sie insofern frei, als dass ich die äh Breaks einpfeife,
[I.01/568-569]

D: [...] dass ich anzeig, das mach ich einfach alles mit der-, alles mit Zeichensprache,

[I.04/215-216]

Herr D beschreibt, dass der Umgang mit Unterrichtsplanung bei Percussion insofern für ihn eine gute Möglichkeit darstellt, als dass ein Nicht-Funktionieren von geplanten Inhalten bereits in der Planung einbezogen werden kann, da Percussion als Methode eine direkte Reaktion auf die Fähigkeiten und Fertigkeiten der Lernenden ermöglicht. Er verweist aber auch darauf, dass in dieser Weise Ideen von Schülerinnen und Schülern ernst genommen werden können.

D: Ja, mhm, es entsteht auch oft spontan was, also zum Beispiel so Breaks oder so, (..) oder, auch beim Groove irgendwas. Ich seh dann, was die Schüler (.) können, ob=sie, ob=s, ob ihnen das jetzt zu schwer ist, oder ob es ihnen zu leicht ist. Und sehr viel muss man einfach (.) ähm, an Ort und Stelle, so oder so machen, also da ergibt sich sehr viel, was ich mir nachher dann wieder aufschreib und (.) ähm, mir aufheb, was ich aber ursprünglich anders machen wollte. Und merk, das funktioniert so nicht, ich muss es eben ändern °in irgendeiner Art und Weise.° (..)
[...]
und dann haben die Schüler Ideen, dann haben sehr viele Ideen und (.) die sind auch gut, und die kann man auch zum Teil einbeziehen,
[I.04/481-489;559-561]

»Ich will Musik aufführen, die dem Original entspricht«

Frau A sowie Herr D äußern sich nur indirekt oder allgemein dazu, dass das Klangergebnis bei Percussion ihrem eigenen Anspruch oder dem der Lernenden genügt, sie selbst oder die Lernenden begeistert. Dazu geben Frau B sowie Herr C jeweils Begründungen an. Diesen ist trotz aller Gegensätzlichkeit gemeinsam, dass ein besonderer Anspruch an das musikalische Produkt beschrieben wird.

Frau B sieht bei Percussion die Möglichkeit, mit ihren Schülerinnen und Schülern in großen und leistungsgemischten Gruppen Musik zum Erklingen zu bringen, die an die Komplexität von Originalmusik anknüpft. Dies begründet sie mit dem Vorkommen verschiedenster Komplexitätsgrade musikalischer Strukturen bei Percussion. Sie verwendet in ihrer Erzählung die Unterscheidung originale Musik/nicht-originale Musik, wobei nicht-originale Musik als Schulmusik oder pädagogische Musik gelesen werden kann.

B: Mein Ziel ist, dass ich große Gruppen hab, wie zum Beispiel im Klassenverband, oder dann meinen Wahlkurs, halt im Endeffekt dann zwei Klassen, dass ich mit den großen Gruppen einfach hervorragende

> Sachen spielen kann, [...] Gesetzt den Fall, du möchtest Originalarrangements spielen, und möchtest das Tempo spielen. Spätestens da hört's auf. [...] Da merk ich, ich fang's Verkrampfen an und dann geht's nicht mehr. Und also, dann (.) brauch ich meine Schüler überhaupt nicht in diese Ecke hinschieben wollen, weil wenn wir das dann aufführen klingt's halt immer so, hmm, na ja, so wie diese berühmten Schulmusikerkonzerte, wo dann jeder spielen darf, und des will ich nicht. Ich will Musik aufführen mit meiner Gruppe dann, die (.) dem Original entspricht.
> [I.02/732-760]

Auch Herr C beschreibt seinen Anspruch an das musikalische Produkt. Ganz anders als Frau B erzählt er aber, dass bei Percussion der Anspruch geringer und dadurch ein Musizieren schneller möglich ist. Er begründet das damit, dass er keine Erfahrung in Percussionmusik hat, nicht weiß, wie diese klingen muss und somit schneller als bei anderer Musik mit der musikalischen Qualität des Produkts zufrieden ist. Dieses ›schneller‹ ordnet Herr C als ein weniger technisch ausgereiftes Spiel an den Instrumenten und als ein geringeres Niveau der zum Spielen gewünschten Musik ein.

> C: [...] weil da man-, weil man da, find ich, sinnvoll von Anfang an in der Gruppe arbeiten kann, (..) so mein ich des. (..) Natürlich, sagt wahrscheinlich ein ausgebildeter Schlagzeuger, das ist Käse, weil man lernt natürlich auch keine gescheite Technik, (.) weil des vermiss ich natürlich nicht, weil ich selber keine Technik kann, ja, (.) aber man kann halt relativ schnell, find ich, halt sinnvoll musizieren und ähm , (.) da ist wahrscheinlich mein Gedanke gewesen, dass man auf dieser allgemeinen Musizierebene bleibt, wogegen Geige ist ja dann doch das Ziel, dass man einfach technisch weiter kommt. (.) Dass man auch eine andere Literatur spielen kann, als dass man nur (.) irgendmal nen Tanz musizieren kann gemeinsam.
> [I.03/1286-1297]

»Also ich mag doch gerne was aufbauen«

Die Befragten erzählen, dass bei Percussion nach und nach Fertigkeiten und Fähigkeiten aufgebaut werden, so dass mit der Zeit anspruchsvollere bzw. »komplexere Figuren« für die Jugendlichen spielbar werden. Frau A, Frau B und Herr D betonen, dass Percussion nicht nur mal zwischendurch gemacht wird, sondern im Klassenunterricht aufbauend angeboten wird. Frau B und Herr D planen dafür anfangs einen »intensiveren Block« ein, und führen danach kurze Übungs- oder Musizierphasen in fast jeder Unterrichtsstunde fort. Auch Frau A integriert in fast jede Unterrichtsstunde Percussion und versucht beispielsweise »Sachen zu dem Schritt dazu zu machen«, doch thematisiert in diesem Text eher die Interviewerin das Konzept eines aufbauenden Unterrichts. Für Herrn C stellt sich die Frage so nicht, da er Percussion in der Konzeption des Klassenmusizierens unterrichten soll [I.03/125ff.], bei der ein Aufbau von musikalisch-praktischen Grundkompetenzen als ein Ziel gefasst ist.

> A: [...] aber dann fang ich an mit dem Schritt, und versuch des (...) soweit wie möglich, Sachen zu dem Schritt dazu zu machen.
> [...]
> I: Ist das, das Sie sagen jede Stunde 10 Minuten, oder eigentlich immer, wenn ich was musizier ist was dabei?
> A: Ja, eigentlich schon. Die meisten Songs die ich mache, die hab ich mit Percussion versehen. (....) Ja. Schon.
> [I.01/496-497;528-532]

> B: [...] aber ich muss noch dazusagen, dass ich auch in der fünften Klasse mit einem Programm beginne, dass ich (.) jedes Jahr wiederhole, das heißt, diese Bausteine der fünften Klasse, die san nicht weg, (.) sondern das ist praktisch so meine Basics, (.) in der Sechsten gibt's was Neues dazu, in der Siebten gibt's was Neues, in der Achten gibt's was Neues dazu, das heißt, es baut sich auf,
> [...]
> Ja, Ziel halt überhaupt einmal, dass sie, dass sie einfach, dass diese Didaktik, die ich da entwickelt habe, ab der fünften Klasse weiter aufbauend ist, und halt einfach komplizierter, komplexere Figuren dazukommen,
> [I.02/298-304;791-794]

> D: [...] und ich find auch sehr wichtig, dass man es regelmäßig macht Also es hat dann keinen Sinn, ne Stunde des ist, sowieso viel zu viel, sondern wichtig, ist, dass man's immer wieder macht, und so irgendwie einbaut, schon so als (.) Element in den Unterricht. [...]
> Und da muss
> man so ganz kleinschrittig muss man das aufbauen,
> [I.04/118-127]

Um im musikalisch-praktischen Bereich Fähigkeiten und Fertigkeiten aufbauen zu können, wird »Kontinuität« [I.04/342] benötigt.

> B: [...] so jede Stunde einfach so dein Programm, und wenn's nur zehn, fünfzehn Minuten san, dann haben die des einfach intus,
> [I.02/286-289]

Übungsprozesse sollen regelmäßig stattfinden können. Dies hängt stark mit dem Zeitkontingent zusammen, welches für Musikunterricht zur Verfügung steht.

»wenn man gar nicht viel Zeit hat oder so«

Das Zeitkontingent, welches für schulischen Musikunterricht innerhalb der Jahrgangsstufen zur Verfügung steht, wie auch die Dauer einer Unterrichtsstunde, wird des Öfteren angesprochen. Einerseits erzählen die Befragten, dass ein Musizieren mit der ganzen Klasse Zeit benötigt. Bereits organisatorische Vorgänge vor dem eigentlichen Musizieren nehmen viel Zeit in Anspruch, und Frau B, Herr C sowie Herr D erzählen, dass sie über das Einrichten von Doppelstunden und das Durchführen von Projekten oder Blockarbeit dieses Zeitproblem lösen.

B: [...] Und des ist also so ne Sache, das ich natürlich net, also zwei Stunden haben wir und ich hab immer, [...] drauf bestanden, dass ich die Doppelstunden bekomm in der fünften, sechsten und siebten Klasse. (.) Du verlierst weniger Zeit, du kannst viel, viel intensiver arbeiten, [...] dann ist es überhaupt kein Problem, wenn du das Stunden Warm-Up mit phhh zwanzig, dreißig Minuten geht, [...] Des mit dem einstündigen, ist ein Problem, da kann ich mir in, in=so a Form nicht mehr leisten, da mach ich's dann einfach in Blöcken. [...] für die achte Klasse (.) hab ich natürlich nicht mehr so viel Zeit, weil's nur mehr eine Stunde ist, (.) und mit dieser einen Stunde, bis sie dann alle da sind, und bis'd dann was aufgebaut hast und so weiter vergeht ja irrsinnig viel Zeit verloren.
[I.02/252-278;282-287]

C: [...] Aber ich hab, was ich an der Schule so gut finde, ich hab Doppelstunden gekriegt, sobald es von der Stundenzahl hinhaut (.) und das find ich total gut. Weil wenn Klassenmusizieren mit Percussion, des-, dann braucht man einfach Doppelstunden.
[I.03/165-169]

I: Hmh. (.) Sind das dann so Projektwochen, wo Sie des machen, oder machen Sie das das ganze Jahr-
D: └ ne, ich mach immer, ähm, im Unterricht so, (.) wie soll ich sagen, (.) so Blocks. (.) Ja, also, sagen wir mal, so fünf, sechs Stunden, und dann machen wir wieder ganz was anderes. Und dann mach ich (.) so zwei, drei Blocks innerhalb des Schuljahrs.
[I.04/286-274]

Herr D erzählt aber auch, dass Percussion eine Praxis ist, die bei einem geringen Zeitkontingent machbar ist. Sogar zehn Minuten reichten aus, um mit den Schülerinnen und Schülern »wirklich« musizieren zu können.

D: [...] und (.) ich hab also auch gemerkt, das man das wirklich ähm (.) auch zehn Minuten machen kann. Also wenn ich am Ende der Stunde zehn Minuten Zeit hab, also ich mach's sowieso so, dass ich eine Stunde gerne dreiteile, dass ich also am Anfang was mit Singen mach, [...] dann mach ich irgendwas mit Theorie oder Musikhören und am Schluss mach ich so was Rhythmisches. Und die sind sehr, sehr schnell, die können-, also wir haben dann, schon Wettbewerbe veranstaltet. Die können unter einer Minute stellen die die Stühle auf, @mein also@, dass man wirklich das für zehn Minuten machen kann, [I.04/107-118]

Er begründet dies im Kontext der oben gezeigten Textsequenz mit instrumentenlosen Formen von Percussion wie Bodypercussion oder Vocussion, da dann nur mehr »die Stühle wegzustellen« [I.04/97] sind, sowie damit, dass »man [das] eben auf sehr, sehr einfache Art und Weise machen« [I.04/93f.] kann. Herr D spricht damit wieder die Struktur von perkussiver Musik an.

»selbstverständlich bemühe ich mich den Lehrplan zu erfüllen«

Während Frau A und Herr C die Erfüllung des Lehrplans in keiner Weise thematisieren, erzählen Frau B und Herr D, wie ihnen ein Anschluss an die im Lehrplan geforderten Themen mit Percussion gelingt. Frau B schildert die Auslegung und Umsetzung des Lehrplans etwas großzügiger, erzählt von einem Schaffen von »Freiräume[n]« sowie einer unbestimmten Anbindung von perkussiver Musik an »Rock und Pop Musik«.

B: [...] Also, (.) selbstverständlich bemühe ich mich den Lehrplan zu erfüllen, aber ich setz mir halt einfach meine Freiräume, meine Schwerpunkte. (.) Des heißt, wenn ich (..) a ähm, also ich nehm mal konkret eine achte Klasse jetzt her, [...] zum Beispiel Salsa oder so was, oder, ja zum Beispiel, machen wir's jetzt in Kombination mit=dm, mit=dem Lehrplan, äh, Rock und Pop Musik. [I.02/278-289]

Herr D hingegen ordnet Percussion als eine Musik ein, die eher von anderen Kulturen nach Europa kam und bindet perkussive Musik an Themenbereiche des Musikunterrichts an, die mit den Begriffen wie ›inter-‹ bzw. ›transkultureller Musikunterricht‹ beschrieben werden. Er erzählt aber auch, dass selbst bei der Besprechung ›klassischer‹ Musik Percussion Einzug hält. »Einfach zwischendurch, was rhythmisches«, was an Themen des Lehrplans anknüpft, ist für ihn möglich.

D: [...] Und (.) ansonsten (.) gut in der zehnten hab ich, da ist jetzt ein geänderter Lehrplan, da war immer noch so, Musik aus anderen Ländern, außereuropäische Musik und so, und dann kann man auch so afrikanische Arrangements machen,
[...]
Ansonsten mach ich auch, in der Oberstufe kann man auch äh, (..) einfach, äh, (.) zu Stücken, die man bespricht, (.) einfach auch ein bisschen Percussion machen, also, ich kann mich zum Beispiel erinnern, im Grundkurs hab ich da, Berlioz, in der Symphonie fantastique, (.) da haben wir das lang und breit besprochen, und dann ist

da aber der Satz, der Gang zum Richtplatz, [...] und da haben wir dann die Paukenstimme dann, (.) ich glaub, es ist die Paukenstimme, (.) ja, genau, einfach die gespielt, ja, einfach zwischendurch, was rhythmisches, oder zum Beispiel, haben wir jetzt Beethovens fünfte Symphonie (.) da haben wir auch-, da kann man eigentlich immer, indem man einfach mit Congas [...] dazu spielt
[I.04/343-346;366-380]

Die Befragten weisen Percussion bzw. perkussive Musik eine große Bedeutung für den Unterricht zu. Anknüpfungen an lehrplanrelevante Inhalte nehmen eher einen Verteidigungscharakter ein. Einerseits wird Percussion so als sehr anschlussfähig an den Lehrplan dargestellt, andererseits werden »Freiräume« hinsichtlich verbindlicher Vorgaben des Lehrplan thematisiert.

»Also, das Feld ist ja fast schon unendlich.«

In engem Zusammenhang mit der Anschlussfähigkeit von Percussion an lehrplanrelevante Themen stehen auch die Übertragungsmöglichkeiten, Transformationen und verschiedensten Übemöglichkeiten, die Percussion den Befragten bietet. Die Übertragung von Handsätzen bzw. Bewegungen auf Xylophone wird hier thematisiert. Dass insbesondere Xylophone und keine anderen Instrumente, bei denen eine ähnliche Bewegung zu beobachten ist, angesprochen werden, ist über das Vorhandensein dieser in den Musikräumen Frau Bs sowie Herrn Ds kontextuell begründet. Eher perkussive Patterns werden so zu kleinen Melodien und eine Liedbegleitung über Grundtöne wird mit Bodypercussion geübt.

B: [...] und was mir jetzt einfach total wichtig ist, dass es Instrumente gibt, wie Xylophone. Also ich liebe Xylophone, und dass man einfach kapiert, dass man manche Handsatzfiguren von einer Conga direkt auf nem Xylophon übertragen werden können.
[I.02/75-78]

D: [...] Also ein super einfaches Beispiel zum Beispiel in der fünften Klasse, (.) macht man ja nicht mehr so viel mit Kadenzen und so, aber zumindest erklär ich ihnen Grundtöne, ja, Tonika, Subdominante, Dominante, (.) und dann haben wir-, machen wir mal eine Stunde, wo wir ganz viele Lieder einfach nur mit diesen Grundtönen begleiten. [...] und dann sag ich okay, jetzt schreib ich, was=weiß=ich, an die Tafel C, F, G, D, (.) von Liedern die sie kennen, fünf oder sechs verschiedene Liedern, und dann haben die Stabspiele, und dann kann man das prima üben, indem man einfach sagt, okay das ist C *[D patscht auf seine Schenkel]*, das ist G *[D klatscht in seine Hände]* und das ist F *[D schnippt]* und dann kann man erst mal trocken, bevor die alle da rumklöppeln @und Fehler machen@ und, die sind im Takt, man kann's im Takt üben, einfach *[D macht wieder was vor]* für jedes Lied sozusagen einüben. Und dann

> nehmen die den Schlägel und können des. Und so. Das sind eigentlich total einfache Sachen, ne? [...] Das ist Abfolge, das ist die Abfolge. Nee, nee, weil, die kapieren einfach die Abfolge. Dann. Erstens kapieren sie die Abfolge von C, F, und G, (..) wie oft, und so weiter und so fort.
> [I.04/394-419]

Alle vier Befragten heben zu den Transformationen auch Übemöglichkeiten hervor, die Percussion aufgrund Bodypercussion und Vocussion bietet.

> A: [...] mit Bodypercussionrhythmen, Sprechen, und dann umsetzten auf=auf Instrumente,
> [I.01/433-434]

> B: [...] solche, Übungen, das heißt (.) einfach mit Sprachspielgedichten, mit Bodypercussion, mit Lieder wo ich dann irgendwelche Klatschfiguren dazu hab, [...] Also, (.) das Feld ist ja, (.) fast schon unendlich.
> [I.02/233-238]

> C: [...] Also, ich-, normalerweise ist es so, dass ich so ne Art Warmup-Phase hab, (.) und dann mach ich Bodypercussion,
> [...]
> so Phantasieklangsilben, die den Klang möglichst gut darstellen und die zwingend sind. (..) also wie du daga du daga dudam da du dag, also da hab ich das Gefühl, da ist die Silbenkombination so zwingend, dass man automatisch den richtigen Rhythmus immer macht
> [...]
> oder dieser eine Schlag noch, gehört der jetzt schon auf die Eins, oder gehört der gerade davor, des kann man über Silben wirklich besser vermitteln.
> [I.03/776-777;957-961;1003-1005]

> D: [...] also man fängt ja eigentlich mit Rhythmik an in der fünften Klasse, dass man so einfach Bodypercussion-Sachen klatschen und schnipsen und so weiter, dass man dann einfachst möglich so macht.
> [I.04/87-81]

Herr D erzählt allerdings auch, warum Percussion jegliches Musizieren in der Klasse bereichert: Die Schwierigkeit der Lernenden bestehe insbesondere im synchronen Spiel. Durch die Reduktion von musikalischen Phrasen in rein rhythmische Einheiten diene Percussion hier als Hilfestellung, um das Timing zu verbessern.

> D: [...] Weil das ist nämlich auch was. Bei dem ganzen Klassenmusizieren, mit=mit, mit Stabspielen, das klappt immer nie, nicht weil die die Töne nicht finden, sondern weil die nicht im Stande sind gleichzeitig zu spielen. Das heißt, da fehlt's auch an der Rhythmik. Das heißt, also solche Percussi-, solche einfachen Übungen, die sind auch wichtig für die, das Klassenmusizieren überhaupt. Weil sonst alles auseinander fliegt, weil des Hauptproblem von denen

```
ist, dass sie unrhythmisch sind.
[I.04/422-430]
```

»dass die soziales Lernen haben«

Drei der Befragten erzählen davon, dass es mit Percussion möglich ist, soziales Lernen und den Gemeinschaftssinn der Lernenden zu fördern. Insbesondere Herrn D ist dies sehr wichtig und er schildert, dass »Teamwork« bzw. »Zusammenarbeiten« für ihn zu den Zielen guten Musikunterrichts gehören. Trotzdem stellt er Percussion nicht als einzige Möglichkeit dar, den Gemeinschaftssinn zu fördern. Weder schließt er andere Praxen aus, noch hebt er Percussion diesbezüglich besonders hervor.

> D: [...] Dann, (.) wichtig ist, glaub ich, auch der soziale Aspekt, glaub ich auf jeden Fall, weil das einfach immer Teamwork ist. Es ist ein Gemeinschaftserlebnis und es klappt nur, wenn alle zusammenhelfen und es hat auch soziale Komponenten, man muss herräumen und aufräumen und man muss irgendwie aufeinander Rücksicht nehmen, und das sind, glaub ich, lauter Sachen, die einfach sehr wichtig sind auch, (.) den Schülern zu vermitteln.
> [...]
> dass alle dabei sind, dass die Schüler ne sehr gute Koordination haben müssen, dass sie sehr gut zusammenarbeiten müssen,
> [I.04/502-509;619-620]

Auch Frau A erzählt davon, dass »schüchterne« Schülerinnen und Schüler von der Gruppe »profitieren«. In der Textsequenz ist zu beobachten, dass es nicht (nur) um eine musikalische Förderung der Lernenden, sondern auch um eine soziale geht.

> A: [...] nehm eigentlich alle, die kommen, (*[35 Sek. unverständlich]*) sind immer ein paar gute Leute dabei, und es sind auch immer Leute dabei, die eben nach drei Jahren noch Schwierigkeiten (*[12 Sek. unverständlich]*) haben. Aber ich hab immer so zwei richtige, richtige Krücken, aber denen tut das meiner Meinung nach, sehr gut, das sind meistens auch etwas (.) schüchterne, die dann auch in der Gruppe-, die dann am meisten davon profitieren. (.) Musikalisch ist natürlich bei denen nicht (*[36 Sek. unverständlich]*).
> [I.01/648-656]

In der Erzählung von Frau B ist ebenso ein Hinweis auf »soziales Lernen« bei Percussion gegeben, doch ist diese Textsequenz sehr knapp bemessen und auch dahingehend zu interpretieren, dass dies ›am Rande‹ erwähnt wird, um auch dieses Lernziel zu nennen. Weitere Ausführungen gibt Frau B nicht.

> B: [...] miteinander zu musizieren, (.) dass sie einfach das Miteinander erleben können, und äh, natürlich immer, was selbstverständlich ist, dass die soziales Lernen haben,
> [I.02/797-799]

Zudem wird erzählt, dass Percussion oft in der Sozialform Kreis bzw. in aufgelöster Sitzordnung unterrichtet wird und dies für das Zusammenspiel wie für die Klassengemeinschaft positiv ist. Herr D begründet, dass im Kreis jeder jeden sehen kann, was für ihn einen Vorteil darstellt.

> D: [...] Und dann hab ich mir aber bald, gedacht, das ist eigentlich zu wenig an Körperarbeit, weil die sitzen immer noch und manche gehen halt doch nicht mit Füßen dazu und so was, und dann haben wir eben angefangen die Stühle wegzustellen, uns im Kreis aufzustellen, und dann diesen berühmten Schritt, @das hören Sie jetzt bestimmt zum 5. Mal@, wo man eins, zwei, drei, vier, ja, den machen sehr Viele, den machen ›Name‹ zum Beispiel auch, und so, und, und, des ist einfach super, weil, weil das ist einfach ne Methode, (.) wo jeder jeden sieht, (.) also da drüben *[D meint den anderen, kleineren Musiksaal]* machen wir's auch und da ist ganz wenig Platz, das heißt sie stehen so dicht, das heißt, einer, wenn anders geht, dann kommt sofort alles durcheinander. Das heißt, sie müssen sich unheimlich konzentrieren, die sehen einander
> [I.04/94-106]

Percussion wird insgesamt in den Texten als Möglichkeit für ein soziales Lernen genannt, wird aber in keinem der vier Interviews als Besonderheit von Percussion thematisiert.

»rhythmische Musik hat mich schon immer interessiert«

Bei drei der Befragten, Frau A, Frau B und Herrn D, bilden bei der Verwendung von Percussion persönliche musikalische Präferenzen einen relevanten Kontext, insofern auch außerhalb des Unterrichts Percussion-Musik musiziert wird. Während sich Frau A und Frau B schon lange vor dem Einbezug perkussiver Musik in den Musikunterricht für diese interessierten, sich über Workshops oder autodidaktisch privat weiterbildeten und in verschiedenen Ensembles musizierten, kam Herr D erst über eigene Unterrichtserfahrungen im Referendariat mit perkussiver Musik in Berührung. Ab diesem Zeitpunkt bildete auch er sich privat in Percussion fort.

> A: [...] perkussive oder rhythmische Musik hat mich schon immer interessiert.
> [I.01/95f]

> B: Also ich bin eigentlich mit Gitarre groß geworden, also ich komm überhaupt net vom Klavier her, und ich hab bei mir immer gmerkt, dass Stücke, die sehr rhythmisch (.) prägnant sind, wie ein Magnet angezogen ham. [...] Äh, ich hab (..) auch moderne Stücke, das war ganz egal, ich hab das wie ein Magnet immer angezogen, wenn's um=so Sachen ging, die rhythmisch sehr diffizil waren, schon recht immer gereizt.
> [I.02/455-464]

> D: Also bei mir ist es so, ich hab eigentlich bis zum Studium (.) bis zum Ende des Studiums, gar nichts mit Percussion am Hut gehabt, mich hat eigentlich nur die Klassik interessiert. [...] und ich hab eigentlich dann so ein bisschen (.) äh gemerkt, in der Referendarzeit, von meinen Seminarlehrern, dass es eigentlich sehr viel Spaß macht, [...] und des war eigentlich für mich auch so der Anstoß, dass ich mir gedacht, da hab ich irgendwo 'n Draht dazu, (.) oder des, so was macht mir Spaß einfach.
> [I.04/5-16]

Vor allem Frau A und Herr D erzählen, dass sie der Einbezug einer privat ansprechenden Musik in den Unterricht motiviert. Zudem beobachtet Frau A, dass ihr durch das private Musizieren von perkussiver Musik mehr Erfahrungen zur Verfügung stehen, welche das Unterrichten einfacher machen. Sehr ähnlich erzählt Herr D, dass er aufgrund seiner eigenen Motivation bei perkussiver Musik sich beim Unterrichten wohler und kompetenter fühlt. Auch Frau B macht in ihrer Freizeit perkussive Musik, doch stellt sie den Einbezug von Percussion in den Unterricht weder als Resultat ihres persönlichen Musikgeschmacks, noch als Erfüllung einer damit verbundenen Neigung dar.

Allein Herr C beschäftigte sich privat mit anderen Musiken und wurde von seiner Schulleitung aufgefordert, Percussion in den Unterricht einzubeziehen. Interessanterweise erlebt er Percussion als eine musikalische Umgangsweise, deren Gelingen ihn wiederum motiviert, sich damit auch im privaten Bereich mehr auseinanderzusetzen.

> C: Ja, genau. Ich hab mich halt blind beworben in verschiedenen Schulen und dann hat dieser Chef eben reagiert und dann hat er halt gesagt, dass er gerne eine Sambagruppe hätte, und ob ich des machen würde, [...] Und dann hab ich gsagt, ja mei, natürlich, mach die Percussiongruppe.
> [...]
> mich fasziniert halt, mit wie wenig Vorkenntnissen, (.) im-, also-, wie viel man dann bewirken kann, [...] Und das motiviert mich natürlich dauernd, dass ich sag, (.) das ist echt ne Spur, (.) und jetzt drängt's mich halt, (..) einfach mal mehr selber zu lernen,
> [I.03/48-54;561-570]

Dass der persönliche Musikgeschmack von Musiklehrerinnen und Musiklehrern für die Wahl von Unterrichtsinhalten und -methoden eine Rolle spielt, ist nicht verwunderlich. Auch dürfte oft mit einem privaten Musizieren einer bestimmen Musik ein Erfahrungsschatz einhergehen, der es wiederum gestattet, diese bestimmte Musik im Unterricht mit einer inhaltlichen wie methodischen Vielfalt anzubieten. Umso interessanter ist somit die Erzählung von Herrn C, der Percussion als eine gelingende Praxis darstellt, obwohl sich das private Interesse an dieser Musik in Grenzen hält. Der eigene Musikgeschmack von Herrn C, der ihn insbesondere hinsichtlich der Musik der Renaissance und des Barocks qualifiziert, hilft ihm für ein Arbeiten und Musizieren innerhalb der Schule wenig weiter, während Percussion ein Arbeiten mit den Schülerinnen und Schülern ermöglicht.

Fazit

Der Vergleich der Interviews hinsichtlich der Motive für Percussion bietet die Chance, neu über die einzelnen Kategorien nachzudenken. Durch den Vergleichsgesichtspunkt ›Percussion im Musikunterricht‹ lassen sich Motive zu Percussion im Unterricht als eine Lösung für die Funktion von Unterricht sehen. Die Motive machen auf Umstände, Prozesse oder auch Erwartungen aufmerksam, auf die sie reagieren und für die sie Percussion als eine Lösung aufzeigen. Für die ›Motive der Befragten‹ lassen sich über die Interviewtexte folgende Bezugsprobleme, auf die Percussion reagiert, benennen:

- Heterogenität: Alle Lernenden einer Lerngruppe, egal welche musikalischen Vorkenntnisse sie haben, aktiv in ein Musikmachen einzubeziehen, stellt eine Herausforderung dar, die es zu bewältigen gilt, da der Nicht-Einbezug aller als schlechter Musikunterricht thematisiert wird. Die Heterogenität innerhalb einer Klasse wird als Problem beschrieben, zumal die Erwartung zum Ausdruck gebracht wird, dass in einem guten Musikunterricht zum einen auf die individuellen Fähigkeiten und Fertigkeiten der Schülerinnen und Schüler eingegangen und zum anderen möglichst alle Mitglieder einer Lerngruppe aktiv in ein Musizieren eingebunden werden sollen. Das ist den Befragten mit Percussion möglich, da heterogene Vorkenntnisse seitens der Lernenden bezüglich musikalischer Fähigkeiten und Fertigkeiten aufgrund der Differenzierbarkeit in die Arbeit mit Percussion sinnvoll eingebunden werden können.
- Bereitstellen geeigneter Instrumente: Das Vorhandensein und Bereitstellen geeigneter Instrumente für eine ganze Klasse wird als Schwierigkeit wahrgenommen, die aber lösbar erscheint.

- Vielfältiges Musizieren: Da aber in gutem Musikunterricht Vielfältigkeit in Bezug auf Instrumentarium wie musikalische Stilistiken erreicht werden soll, bietet Percussion (einschließlich instrumentenloser Spielweisen) den Befragten eine günstig handhabbare Möglichkeit.
- Motivation der Lernenden: Begeisterung und Motivation der Lernenden sind nicht automatisch vorhanden oder können ›einfach‹ erzeugt werden und sind somit ein unsicherer Faktor. Die Befragten erzählen, dass guter Musikunterricht dann gelingt, wenn die Lernenden für die im Unterricht vermittelte Musik zu begeistern sind. Da Percussion ›einfach‹ Spaß macht, ist Percussion eine Möglichkeit, guten Musikunterricht zu gestalten.
- Lehren und vermitteln: Ob die Lernenden das, was sie die Lehrkraft lehren will, auch wirklich verstehen, ist für die Befragten unsicher. Sie thematisieren insbesondere, dass sie den Schülerinnen und Schülern ein besseres Verstehen bzw. ein anderes Erfahren von Musik durch einen guten Musikunterricht ermöglichen wollen. Da Percussion hierfür Möglichkeiten bietet, wird für die Befragten durch Percussion die Unsicherheit geringer.
- Vielfältiges Angebot: Percussion bietet den Befragten ein vielfältiges Angebot verschiedenster Zugänge zur und Umgangsweisen mit Musik, insbesondere, da Bodypercussion und Vocussion zu Percussion hinzugezählt werden. Auch das leicht zu vollziehende Transformieren von Musik in kleine Übungen, in methodische Hilfestellungen oder auch in andere Umgangsweisen trage zum Gelingen von gutem, vielfältigem Musikunterricht bei.
- Beobachtbarkeit beim Musiklehren und -lernen: Dass das Beobachten von dem, was ein anderer beim Musizieren macht, meist über auditive Wahrnehmung geschieht, stellt für die Befragten insofern eine Schwierigkeit dar, als einerseits manche Schülerinnen und Schüler sich mit diesem Zugang schwer tun und andererseits auch für die Lehrkraft eine auditive Kontrolle beim Musizieren der ganzen Klasse nicht einfach zu leisten ist. Insofern thematisieren die Befragten, dass das Erlernen von instrumentalen Fertigkeiten oftmals den Schülerinnen und Schülern einfacher fällt, wenn das, was gespielt wird und zu hören ist, zusätzlich auch visuell über die Beobachtung sichtbarer Bewegung mit- und nachvollzogen werden kann. Je größer die Bewegung dabei ausfällt, desto besser sei diese Hilfestellung. Doch auch für die Befragten selbst bieten sich aufgrund der Sichtbarkeit von Spiel-Bewegungen Chancen, insofern nun das ›Lernen‹ der Einzelnen nicht allein auditiv, sondern eben auch visuell wahrgenommen, dann begleitet oder z. B. kontrolliert werden kann.
- Komplexe Musik: Mit der in den Interviewtexten beobachtbaren Unterschei-

dung zwischen ›Schulmusik‹ und ›wirklicher Musik‹ setzten sich die Befragten in unterschiedlicher Weise auseinander. Gemeinsam ist ihnen die Vorstellung von gutem Musikunterricht dahingehend, dass in solchem komplexe Musik vorkommen soll, weil ein Musizieren im Unterricht an Musik außerhalb der Schule anschließen sollte, die ›komplex‹ genannt wird. Percussion bietet den Befragten über das Spielen von Originalliteratur bzw. einem Musizieren, bei dem der Unterschied zwischen Schulmusik und wirklicher Musik nicht wahrgenommen wird, diese Möglichkeit.

- Zur Verfügung stehende Zeit: Die Befragten erzählen, wie schwer es ist, innerhalb 45 Minuten, also einer Unterrichtsstunde, mit einer Klasse zu musizieren, da oftmals das Organisieren und Aufbauen der Instrumente zu viel Zeit raubt. Da guter Musikunterricht aber (zumindest in der Unter- und Mittelstufe) praktisches Musikmachen beinhaltet, müssen Lehrende dieses zeitliche Hindernis überwinden. Percussion bietet den Befragten die Möglichkeit auch über kurze Zeitspannen zu musizieren, da ein organisatorischer Aufwand gering gehalten werden kann.
- Planung und Durchführung flexiblen Musikunterrichts: Die Befragten führen die Schwierigkeit der Unterrichtsplanung für ein Musikmachen mit einer Klasse an, da oftmals spontan während der Unterrichtssituation auf die Fähigkeiten und Fertigkeiten der Lernenden reagiert werden muss, um ein Musizieren zu ermöglichen. Als Aspekte guten Musikunterrichts werden Flexibilität im Zeitmanagement, bei Spielvorgaben oder auch beim methodischen Zugang thematisiert, und vom Entwerfen und strikten Einhalten genauer Vorgaben abgesetzt. Flexibilität während der Unterrichtsstunde ist den Befragten wichtig. Durch Percussion wird dies möglich, da das Reagieren auf die unterrichtliche Situation bereits bei der Unterrichtsplanung eingebaut wird.
- Lehrplan und Curriculum: Ein konsequentes Aufbauen von musikalischen wie instrumentalen Fähigkeiten und Fertigkeiten benötige Zeit, welche angesichts der Inhalte des Lehrplans nicht immer zur Verfügung stehe. Allerdings gehört ein konsequentes Aufbauen von musikalischen wie instrumentalen Fähigkeiten und Fertigkeiten für die Befragten zu einem guten Musikunterricht bzw. dessen Curriculum. Sie erzählen, inwieweit es hilfreich ist, wenn sich die musikalische Praxis mit Themen des Lehrplans verbinden lässt. Percussion bietet ihnen diese Möglichkeit in vielfältiger Weise.
- Außermusikalische Lernziele: Die Befragten thematisieren, dass nicht nur musikalische, sondern auch außermusikalische Lernziele in gutem Musikunterricht integriert sein sollen. Da die Befragten beobachten, dass auf au-

ßermusikalische Lernziele wie z. B Informationsvermittung oder soziales Lernen bei Percussion hingearbeitet werden kann, bildet Percussion eine multidirektionale Brücke sowohl zwischen inner- als auch außermusikalischen Lernzielen.

- Kompetenz der Lehrkraft: Inwieweit die Lehrkraft in einer musikalischen Praxis speziell bewandert ist, spielt für guten Musikunterricht aus Sicht der Befragten insofern eine Rolle, als ein Musizieren in der Klasse besser gelingt, wenn die Lehrkraft sich selbst darin auch für kompetent hält. Musikpraxen, die auch an außerschulisch gepflegte musikalisch-instrumentale Interessen der Lehrenden anknüpfen, stellen hierzu eine Möglichkeit dar, da dann mehr Erfahrungen, Wissen und Kenntnisse in den Unterricht einfließen können.

VI. Kontextualisierung

Wie bereits angekündigt,[188] werden in diesem Abschnitt der Arbeit nicht mehr Percussion, sondern Motive in ihrer generalisierten Form als Vergleichsgesichtspunkte gesetzt.

Dafür werden zuerst einige der in den Interviews beschriebenen Motive bzw. die im Vergleich der Interviews dargestellten Kategorien ausgewählt. Diese lassen sich exemplarisch sechs Aspekte des musikpädagogischen Diskurses zuordnen, die im Folgenden durch in Überschriften gesetzte Stichworte angesprochen werden. Der Kontextualisierung, die einen Bezug zu den musikpädagogischen Fachgesprächen herstellt, folgt abschließend die Betrachtung funktionaler Äquivalenzen für Percussion.

Praxis

Bezug zu den Motiven

Es ist ganz offensichtlich, dass in allen vier Interviewtexten eine bestimmte Auffassung von Praxis für die didaktische Orientierung eine maßgebliche Rolle spielt, was allerdings aufgrund des Samplings nicht weiter verwunderlich ist. Die **Orientierung an ›Praxis‹** wird durchweg im Sinne einer »gemeinsamen musikalischen Tätigkeit aller Mitglieder einer Lerngruppe« [189] aufgefasst, aber nicht im Sinne eines festen, in gewisser Weise standardisierten oder an anderer Stelle kommunizierten Konzepts des Klassenmusizierens.[190] Die Orientierung an Praxis steht im Zentrum der Konzepte mit Percussion, mit diesem Begriff der Praxis können alle weiteren Vorstellungen in Verbindung gesetzt werden.

[188] S. dazu Kapitel »II. Methodologische Grundlagen«, S. 18.

[189] BÄR 2005, S. 160.

[190] Die spezielleren und in gewisser Weise standardisierten Spezialformen von Klassenmusizieren als Musikklasse sind innerhalb dieser Forschungsarbeit nicht vertreten, da alle vier befragten Personen (zum Zeitpunkt der Befragung) keine Musikklasse unterrichten und auch keinen erweiterten Musikunterricht haben, sondern Percussion als klassenmusikalische Praxis in den regulären Musikunterricht integrieren.

Im musikpädagogischen Fachgespräch wird musikpraktisch ausgerichteter Unterricht nicht generell mit Klassenmusizieren gleichgesetzt. In den Interviewtexten wird jedoch jeglicher praktische Umgang mit Musik *in* der Klasse zugleich durchweg als Umgang *mit der ganzen* Klasse thematisiert.[191] Ein auf Praxis und Musizieren ausgerichteter Unterricht, löst für die Interviewten eine Reihe von Problemen, wie sie sich ihrer Meinung nach für guten Musikunterricht stellen. ›Praxis‹ fungiert als Leitvorstellung: Deren Komponenten können im Einzelnen anhand der Blickpunkte ›Schüler‹, ›Heterogenität‹, ›Erfahrung‹ und ›Musik in der Schule‹ sowie ›Musik lernen und lehren‹ gruppiert (in den entsprechenden nachfolgenden Unterabschnitten) näher betrachtet bzw. diskutiert werden.

In den Äußerungen der Interviewten kommt zum Ausdruck, dass durch den (in ihrem Sinne) praxisorientierten Unterricht mit Percussion enttäuschenden Situationen vorgebeugt werden kann: Die (ihrer Erinnerung nach) im Alltag des Musizierens im Musikunterricht durchaus häufig vorkommende Situation, dass beim Musizieren immer einige Schülerinnen und Schüler ausgeschlossen bleiben müssen und darüber enttäuscht sind (hier knapp als **»Exklusionsfrust«** bezeichnet), könne vermieden werden. Außerdem werde die Anspannung in den Auswahlprozessen (hier **»Selektionsstress«** genannt), die ansonsten von den Lernenden als ungut und von den Lehrenden als ungerecht erlebt werde, umgangen.

Bezug zum musikpädagogischen Diskurs

Inwieweit sich Musikunterricht an einer aktiven Auseinandersetzung mit Musik oder am praktischen Musizieren orientieren solle, wird innerhalb der Musikpädagogik seit langem thematisiert. Sigrid Abel-Struth fasste es 1985 so: »Daß praktischer Umgang mit Musik allemal der beste Musikunterricht sei, gilt als musikpädagogisches Axiom.«[192] Auch seither, also in den letzten drei Jahrzehnten, bilden didaktische Überlegungen zu musikalischer bzw. musizierender Praxis im Musikunterricht ein zentrales Thema des musikpäda-

[191] Obwohl die Befragten fast ausschließlich von einer Praxisorientierung in Hinblick auf Percussion im Musikunterricht erzählen, wird in den Texten auch thematisiert, dass Percussion nur ein Teil ihres Musikunterricht ist und somit sind keine Beobachtungen über eine Praxisorientierung zum gesamten Musikunterricht zu machen, da die Texte davon nichts erzählen. Eine Ausnahme bildet eine kurze Textsequenz des vierten Interviews, in der Herr D erzählt, dass er die Stunde gerne dreiteile: »am Anfang was mit Singen, […] dann mach ich irgendwas mit Theorie oder Musikhören und am Schluss mach ich so was Rhythmisches« [I.04/111ff.].

[192] Abel-Struth 1985, S. 212.

gogischen Diskurses, nicht zuletzt und insbesondere im Zusammenhang mit Einlassungen zum Klassenmusizieren.[193] Dabei wird z. B. davon ausgegangen,

> dass erfolgreiche musikalische Lernprozesse in der Schule einen hohen Anteil von Musizierpraxis haben müssen. Musizieren wird etwa als unabdingbare Voraussetzung zum Verstehen von musikalischen Strukturen gesehen, als wesentlicher Bestandteil einer ästhetisch-musikalischen Erfahrung und als Kern künstlerischer Praxis im Musikunterricht.[194]

Andere erwägen demgegenüber, ob Klassenmusizieren bzw. die starke und vielleicht zu einseitige Akzentuierung von musikalischer Praxis im Unterricht »eine wenig qualitätsvolle ›musische Betätigung‹ oder als ›musikalische[r] Aktionismus‹«[195] aufzufassen sei und ob dadurch andere Umgangsweisen mit Musik vernachlässigt würden, was im Verweis auf Konzepte musikalischer Bildung dann problematisch zu nennen wäre.

Eine weitere Facette ist bei Jürgen Vogt zu finden, der feststellt, dass sich Beiträge, die den Akzent auf musikalischer Praxis befürworten insofern

193 Dazu sind zahlreiche Veröffentlichungen, Kongresse sowie Forschungsprojekte zu finden. Allein einige Beispiele von Publikationen, Tagungen und Forschungen der letzten Jahre zeigen die Relevanz des Klassenmusizierens im musikpädagogischen Diskurs: 2005 fand ein Symposion in München zum Thema Klassenmusizieren als Musikunterricht!? statt und gab die Beiträge in einem Tagungsband heraus (Schäfer-Lembeck 2005). Auch in musikpädagogischen Nachschlagewerken wird das Thema nicht ausgespart (Bär 2005). Der 43. Bundeskongress für Musikpädagogik lud 2011 nach Lübeck ein und widmete sich dem Thema Musikzieren mit Schulklassen, wobei hier nicht nur Konzepte von Musikklassen, sondern insbesondere ein praxisorientierter Musikunterricht diskutiert wurde. Die DMP legte dazu ein Sonderheft auf (Terhag/Richter 2011). Seit Anfang 2009 erforscht das JeKi-Forschungsprogramm das in Hamburg und Nordrheinwestfalen gegründeten Projekt »Jedem Kind ein Instrument«. »Beide JeKi-Programme möchten dazu beitragen, Kinder bereits im Grundschulalter über das Erlernen eines Musikinstrumentes aktiv an Musik heranzuführen, ihnen die Freude am Musizieren zu vermitteln und ihnen damit den Zugang zur Kultur in besonderer Weise und nachhaltig zu eröffnen.« (Forschungsprogramm, JeKi: JEKI Forschungsprogramm. JeKi Forschungsprogramm, http://www.jeki-forschungsprogramm.de/ vom 30.08.2012). Auch in anderen deutschsprachigen Ländern wird über das Thema geforscht. So wurde beispielsweise 2010 an der Hochschule Luzern das Forschungsprojekt Klassenmusizieren mit einem Forschungsbericht abgeschlossen (Bachmayer/Peter 2011).

194 Bär 2005, S. 162. Auch in anderen musikpädagogischen Schriften wird der praktische Umgang mit Musik als herausragend für Lernprozesse dargestellt: »Beim Musizieren stellt sich ein intuitiver Lernzuwachs ein. Die Schülerinnen und Schüler erfahren unmittelbar, wie Musik gemacht ist und wie sie gemacht wird.« (Erwe 2004, S. 246).

195 Bär 2005, S. 160.

> als unbefriedigend [erweisen], weil sie über die Tätigkeit des Musikmachens letztlich keine andere Aussage treffen, als dass sie stattfinden sollte. Die pädagogisch relevante Frage nach dem Modus des Musikmachens wird hingegen nicht beantwortet.[196]

Dieser kritische Einwand bestätigt sich insofern, als der Begriff des Klassenmusizierens – wenn in der Musikpädagogik auch mehrdeutig verwendet – hauptsächlich eine »gemeinsame musikalische Tätigkeit aller Mitglieder einer Lerngruppe« bezeichnet.[197] Diese kann sich ebenso auf kurze Einheiten im regulären Musikunterricht beziehen, wie auf Musikklassen, die im Rahmen eines erweiterten Musikunterrichts das Erlernen eines Musikinstruments oder vokaler Kompetenzen ermöglichen.[198]

Funktionale Äquivalenzen

Wird versucht, unter dem Gesichtspunkt Orientierung an ›Praxis‹ eine funktionale Äquivalenz zu Percussion zu benennen, können andere kollektive Musizierformen, z. B. Bläserklasse oder Singen und Improvisieren als äquivalent genannt werden. Hingegen andere Praxen, an denen ebenso alle beteiligt sind, z. B. des Lesens, Hörens oder Diskutierens werden hier nicht als Praxis aufgefasst,[199] und könnten als nicht äquivalent gesehen werden, weil in ihnen eben nicht musiziert wird. ›Praxis‹ (im Sinne der Befragten) wäre dann nur musizierend mög-

[196] Vogt 2004, S. 14.

[197] Bär 2005, S. 160.

[198] Doch auch das Konzept der Musikklasse beantwortet die Frage nach einem musikpädagogischen Modus nicht, sondern erweitert diesen um einen sozialpädagogischen, da in Musikklassen dezidiert und oft detailliert die Klassengemeinschaft sowie das soziale Umgang miteinander hervorgehoben werden. Dies wird insbesondere auf Homepages von Schulen evident, die Musikklassen anbieten. Allein auf der ersten Vorschlagsseite von Google zum Suchbegriff »Musikklasse« sind viele Beispiele zu finden. Hier werden beispielsweise die Verbesserung der »Kommunikations- und Teamfähigkeit« sowie der »Selbstorganisation und Lerndisziplin« hervorgehoben (auf: http://faust-gymnasium.de/unterricht/musikklasse/). Oder: »Musikmachen in einer Gruppe übt immer auch soziales Verhalten und sorgt für gemeinsame Erfolgserlebnisse« (auf: http://www.wichern-schule.de/gymnasium/musikklasse.html). Oder: »Fähigkeiten wie Konzentration, Koordination und Kooperation werden in hohem Maße gefördert« (auf: http://iks-musikklasse.jimdo.com/konzept-der-musikklasse/). Auch wenn dies im Grunde ›Werbeseiten‹ sind und die Elternschaft von der Anmeldung in eine Musikklasse überzeugen sollen, zeigt sich hier, dass sozialpädagogische Momente und Kompetenzen im Fokus der Beschreibung stehen.

[199] Der Begriff Praxisorientierung impliziert auch die Unterscheidung Theorieorientierung und macht damit auf einen weiteren Diskurs aufmerksam, der die Unterscheidung zwischen Praxis und Theorie für Musikunterricht kritisch hinterfragt. Vgl. hierzu Kaiser 2011, S. 9–11.

lich. Andere Praxen, in denen musiziert wird, aber nicht von allen, erfüllten die ergänzende Bestimmung von ›Praxis‹ ebenfalls nicht.

Zur Vermeidung von **Exklusionsfrust** und **Selektionsstress** können als funktionale Äquivalenzen zu Percussion jegliche musikalische Umgangsformen in Erwägung gezogen werden, die alle Lernenden einer Klasse einschließen. Dass ein Klassenmusizieren mit Nicht-Percussion-Instrumenten oder Gesang hier eine Alternative zu Percussion bildet, ist offensichtlich. Doch auch andere Umgangsweisen mit Musik könnten alle Lernenden einer Lerngruppe aktiv einschließen. Beispielsweise werden beim Anhören, bei einer Diskussion im Sinne »ästhetischen Streits«,[200] bei Stillarbeit, bei einem Lernzirkel oder auch bei einem Lehrervortrag von und über Musik weder Schülerinnen noch Schüler exkludiert werden, noch sich die Lehrkraft gezwungen sehen zu selektieren.

Die Suche nach einem funktionalen Äquivalent zu Percussion als ›Praxis‹ ergibt somit, dass im untersuchten Feld ein eingeschränkter, speziell auf Musizieren festgelegter Begriff von Praxis in Gebrauch ist, in dem andere Praxen als Lösungen in Hinsicht auf einen guten Musikunterricht nicht anders als musizierend zu denken sind. Es handelt sich also um einen, eingeschränkten Praxisbegriff. Andere Praxen, die eventuell zu gutem Unterricht führen könnten, sind als Möglichkeit nicht im Blick.

Schüler

Bezug zu den Motiven

Auch wenn die genannten Merkmale eines schülerorientierten Musikunterrichts in den Interviewtexten nicht vollständig zu beobachten sind, so werden doch mehrere Aspekte übereinstimmend thematisiert.

Die **Motivation** der Jugendlichen hinsichtlich Percussion wird an deren **Spaß und Begeisterung** beobachtet. Percussion mache ›einfach‹ Spaß, Rhythmus sei ein universal, auch bei den Jugendlichen wirkendes ›Urphänomen‹. Das Angebot einer musikalischen Umgangsweise, die auf solche Weise Begeisterung und Motivation der Schülerinnen und Schüler fördere, löse zudem Widerstände, auf die die Befragten bei den Lernenden hinsichtlich des Mitmachens stoßen, und motiviere aufgrund eines begeisterten Gegenübers wiederum die Lehrkräfte selbst. Jene Begeisterung wird als **Feedback** genommen, als Ausdruck von Interesse oder Motivation gedeu-

[200] Rolle/Wallbaum 2011, S. 507–535.

tet und von den Befragten als Grund dafür genannt, neue Methoden oder Inhalte im Unterricht mit Percussion zu planen und auszuprobieren. In den Interviewerzählungen ist auch zu sehen, dass über ein aktiviert wirkendes Verhalten auf den Spaß bzw. die Motivation der Lernenden geschlossen wird. Motivation wird also an **körperlich** bewegteren, **›lebendigeren‹ Positionen** der Lernenden während des Musikmachens oder einem ›Mehr‹ an Bewegung festgemacht und bildet somit einen Orientierungspunkt für die Lehrenden.

Auch die **Mitbestimmung** der Schülerinnen und Schüler wird in den Interviewtexten thematisiert. Zwar wird demokratische Struktur für den Unterricht oder Selbstbestimmung der Lernenden nicht explizit angesprochen, doch die Lehrenden artikulieren sich dahingehend, dass sie Ideen der Lernenden für das Musizierte ernst nehmen wollen und in die Kompositionen bzw. Arrangements einfließen lassen. Das ist im methodischen Umgang mit den Arrangements perkussiver Musik für die Befragten deswegen besonders gut möglich, da viele Elemente dieser Arrangements oftmals erst während des Unterrichts konzipiert werden bzw. in der konkreten Situation des Interagierens mit den Lernenden emergieren.

Einer Überlegung zu einem lebensweltlichen[201] Anschluss ähnlich kann verstanden werden, wenn die **Aktualität** als Teil der Auffassung von Percussion gesehen wird. Percussion erscheint als eine musikalische Praxis, die der der Jugendlichen, also deren musikalischen Lebenswelten näher liegt. Lässt man sich, wie es in einem Interviewtext geschieht, auf die heikle Methaphorik ein, wonach **Musik** als **›Sprache‹**[202] verstanden werden kann, erscheint es einleuchtend, dass

[201] Dieser (z. B. bei Günther et al. im Zusammenhang »Schülerorientierung« genannte) Aspekt »Lebenswelt« wird hier aufgeführt, auch wenn dieser Begriff in einem noch anderen Zusammenhang musikpädagogischer Diskurse und dann auch in anderen Akzentuierungen genutzt wird. (Vgl. VOGT 2001 oder ZIMMERMANN 2002, S. 169–191).

[202] Der Vergleich von Musik und Sprache ist umstritten, da unterschiedliche Positionen und Perspektiven aufeinandertreffen. Auch wenn das ›Verstehen‹ von Musik oftmals ähnlich einem ›Verstehen‹ von Sprache beschrieben wird, so liegt eine Analogie zwischen Musik und Sprache immer auf einer metaphorischen Ebene, »denn Musik kennt keine Signifikation, bei der klangliche Gebilde (Zeichen) außerhalb ihrer selbst verweisen« (GRUHN 2005, S. 257–260). Vgl. auch RIETMÜLLER 1999. Stefan Koelsch und Tom Fritz hingegen beschreiben aus neurobiologischer Perspektive, »daß das menschliche Gehirn Musik und Sprache zum großen Teil mit denselben kognitiven Prozessen verarbeitet (mit zum großen Teil denselben zerebralen Strukturen). Diese Befunde bedeuten, daß Musik und Sprache im Gehirn eng miteinander verknüpft sind, und daß das Gehirn oft keinen wesentlichen Unterschied zwischen Sprache und Musik macht« (KOELSCH/FRITZ 2007, S. 139f. Die Frage, ob die Metahporik von ›Musik als Sprache‹ tatsächlich etwas greift, was wissenschaftlich anschlussfähig ist, kann in diesem Kontext nicht geklärt werden.

Lehrende dann eine Musiksprache zu finden trachten, an die die Jugendlichen anknüpfen können. Würde diese gefunden, so heißt es, seien das Interesse und die Motivation der Lernenden wahrscheinlicher, sich dem Unterricht zuzuwenden bzw. sei es eher möglich guten Musikunterricht zu gestalten.

Bezug zum musikpädagogischen Diskurs

Die Begründungen in den Interviewtexten, die Percussion mit dem Interesse und Spaß verknüpfen, thematisieren die Position der Lernenden. Diese lässt sich innerhalb des musikpädagogischen Diskurses auf Überlegungen zu einem schülerorientierten Unterricht beziehen.

Schülerorientierung wird sowohl als handlungsleitendes Unterrichtsprinzip, als pädagogischer Grundsatz oder als didaktisches Unterrichtskonzept eingeordnet.[203] Ulrich Günther et al. verbanden[204] den Begriff »Schülerorientierung«, den sie für »schillernd, eigentlich nichtssagend« hielten, weil sich Unterricht im Grunde immer an den Schüler wende, konzeptionell mit demokratischen Entscheidungsprozessen und Schülermitbestimmung:[205]

> Schülerorientierte Didaktik betont das Recht des Schülers auf interessengeleitetes, selbstverantwortliches Lernen gegenüber unnötiger Fremdbestimmung durch Lehrer, operationalisierter Lernziele oder zu eng definierter Sachlogik.[206]

Hilbert Meyer definierte schülerorientierte Didaktik als »Theorie der Analyse und Konstruktion von Lehr-/Lernprozessen unter Einbeziehung und Thematisierung der Interessen der Lernenden«.[207] Gemein ist diesen Definitionen, dass von »Lebenswelt und Erfahrungshorizont, Interesse und Vorwissen«[208] der Lernenden ausgegangen wird sowie davon, dass diese zu diesbezüglichen Artikulationen in der Lage sind. So sollten die Schülerin oder der Schüler »zum Subjekt ihres [bzw. seines] eigenen Lernprozesses«[209] werden können. Heinz Antholz konstatierte diesbezüglich, dass sich »wohl jede didaktische Konzeption mit Altersgemäßheit, Selbsttätigkeit und anderen Merkmalen auf Subjektorientierung

[203] Eine zusammenfassende Darstellung und Unterscheidung der Begriffe Prinzip, Orientierung, Konzept und Konzeption gibt Peter W. Schatt: SCHATT 2007, S. 66–70 sowie S. 86f.

[204] GÜNTHER/OTT/RITZEL 1983.

[205] Ebd., S. 30ff.

[206] Ebd., S. 41.

[207] MEYER 1993, S. 204.

[208] GÜNTHER/OTT/RITZEL 1983, S. 36.

[209] GRUHN 2003a, S. 331.

berufen«[210] könne und kritisierte insbesondere den aus seiner Sicht unklar gebliebenen Begriff des Schülerinteresses:

> Bedeuten Schülerorientierung und -mitbestimmung, daß Musikunterricht sich (nur) an dem orientiert, was gerade als Interesse der Schüler erscheint, oder (auch) an dem, was in ihrem Interesse und d. h. auch gegen ihr momentanes Interesse ist?[211]

Dabei ist zu bedenken, dass die Lernenden nicht alle möglichen Zugänge kennen und somit nur aus einem begrenzten Erfahrungsraum wählen können. »Festlegungen auf den Horizont, die Lebenswelt oder die expliziten Interessen der Schüler« werden innerhalb des musikpädagogischen Diskurses hinterfragt und in Opposition zu einem »Erwerb von vielseitigem und möglichst umfassenden Können in Musik und Wissen über Musik«[212] gesetzt.

Neben dem hier hinterfragten Begriff des Interesses erscheint im Kontext von Überlegungen zu einer Schülerorientierung in ähnlicher Funktion bzw. Zielrichtung der Begriff Motivation.[213] Beide Begriffe werden innerhalb von Ansätzen eines schülerorientierten Unterrichts offensichtlich sehr ähnlich verwendet und nicht explizit unterschieden:

> In einem solchen Konzept von Unterricht spielen Fragen der Motivation und des Interesses eine entscheidende Rolle, aber nicht als eine Unterrichtsphase, in der durch ein künstliches Unter-

[210] Antholz 1984, S. 126.

[211] Ebd., S. 128. Er richtet diese Rückfrage insbesondere gegen das Konzept der Schülerorientierung, wie es Günther, Ott und Ritzel darlegen.

[212] Schatt 2007, S. 115.

[213] In wissenschaftlichen Forschungen wird Begeisterung, Interesse bzw. Spaß oftmals intrinsischer Motivation zugerechnet. (s. dazu: Rheinberg 2008, S. 152) Die Begriffe intrinsische bzw. extrinsische Motivation sind allerdings in der Psychologie umstritten, da »sich der Begriff intrinsisch auf derart unterschiedliche Dinge [beziehe], daß er als Sammelkategorie für allzu Disparates mehr Verwirrung stiftet als Ordnung schafft.« Jedoch setzte sich in letzter Zeit der Begriff für solche Motivationsformen durch, »die allein um der Tätigkeit und nicht der Ergebnisse willen durchgeführt werden [...].« (Ebd.). Rainer Reisenzein hingegen unterscheidet nicht zwischen intrinsischer und extrinsischer Motivation, sondern zwischen Grundmotiven, wie bspw. Nahrung, Familie, Ruhe, Neugier, Macht, etc. und abgeleiteten Motiven, welche er als Mittel-Ziel-Überzeugungen beschreibt, bspw. Geld (vgl. Reisenzein 2006, S. 239–247). Auch Zimbardo spricht nicht von intrinsischer oder extrinsischer Motivation, sondern von internaler oder externaler Attribution bzw. dispositionaler oder situativer Kausalität. Es scheint, dass Zimbardo die Unterscheidung bestimmter Motivationsarten nicht zwischen einer im Menschen angelegten intrinsischer/extrinsischer Motivation, sondern einer bestimmten Orientierung zuschreibt, deren eine oder andere Seite nur über Beobachtung erklärt werden kann (vgl. Zimbardo/Gerrig/Graf 2004, S. 533; 766).

richtsmanagement Motivation erzeugt wird, sondern als konstituierender Faktor der Unterrichtsplanung.[214]

Das mit ›Interesse‹ oder ›Motivation‹ der Lernenden Angesprochene kann allerdings von den Lehrenden weder direkt geplant, noch direkt beobachtet werden, und stellt immer eine Interpretation von beobachtetem Verhalten dar. Christina Barth fasst zusammen, dass »Motivation und viel mehr noch die Art der Motivation kaum direkt beobachtbar erscheinen« und so

> Lehrpersonen bei der Diagnose der aktuellen Motivation während des Unterrichts einerseits auf Selbstauskünfte bzw. Äußerungen der Schüler zurückgreifen müssen, andererseits aus beobachtbarem Verhalten wie etwa Anstrengung oder dem Arbeitsverhalten [...] oder etwa durch die freiwillige Übernahme einer Aufgabe [...], Rückschlüsse auf die Motivation ziehen müssen.[215]

Es gäbe zwar Orientierungspunkte für Lehrpersonen, »allerdings ist hier wiederum nicht bekannt, woran die Lehrpersonen ihre Einschätzungen festmachten.«[216] Orientierung am Lernenden ist eine Blickrichtung, die auch in den letzten Jahren immer wieder berücksichtigt wird,[217] auch wenn sie dabei eher als »eine kritische Rückfrage an die anderen« didaktischen Konzepte und Modelle, denn als »wissenschafts-theoretische abgrenzbare Position« eingeordnet wird.[218]

[214] Gruhn 2003a, S. 331f.

[215] Barth 2010, S. 107f. Sehr ähnlich formuliert dies Philip G. Zimbardo: »Niemand hat je Motivation ›gesehen‹, genau wie jemand Lernen ›gesehen‹ hat. Was wir sehen [...] sind Veränderungen im Verhalten. Um diese beobachtbaren Veränderungen zu erklären [...], ziehen wir indirekte Schlüsse über die ihnen zugrundeliegenden psychischen und physiologischen Prozesse, Schlüsse, die unter dem Begriff ›Motivation‹ zusammengefasst werden.« (Zimbardo 1983; zitiert nach: Hobmair 1997, S. 158).

[216] Barth 2010, S. 111.

[217] Der 40. Bundeskongress des AfS 2005 trug das Thema *Schülerorientierter Musikunterricht – Wunsch und Wirklichkeit*, und stellte nicht nur Praxiskonzepte vor, sondern widmete sich auch Debatten und kritischen Fragestellungen. Schülerorientierung wurde zwischen der Ausrichtung »musikpädagogische[r] Überlegungen an den musikalisch-ästhetischen Praxen, Vorlieben und Bedürfnissen seiner jeweiligen Schülerinnen und Schüler« und dem bloßen Verständnis von Musikunterricht »als Reaktion auf gesellschaftliche Veränderungen« in den Blick genommen. (Barth 2005).

[218] Vgl. Jank/Meyer 1990. Allerdings ordnen Jank und Meyer in einer späteren Auflage Schülerorientierten Unterricht in ihrer Abschlussabbildung (Wissenschaftstheoretische Landkarte) sehr wohl »didakt. Modelle[n] & Unterrichtskonzepte[n]« zu (Jank/Meyer 2002, S. 401), auch wenn »die Konturen [des Begriffs] für eine genaue Einordnung zu diffus sind« und für die beiden Autoren Schülerorientierter Unterricht eher »die konkrete Utopie eines an den subjektiven und objektiven Interessen der Schüler ausgerichteten Unterrichts« ist. Dementsprechend fehlt der Begriff in der ersten Abbildung (ebd., S. 308).

Funktionale Äquivalenzen

Als Alternativen zu Percussion als **begeisternde Praxis** können zunächst alle musikalischen Tätigkeiten aufgezählt werden, die Spaß machen. Das Singen von Popsongs z. B. könnte hier genannt werden. Dass ein Unterricht, der primär auf den Spaß der Lernenden ausgerichtet ist, nicht unbedingt auch für musikalische Bildung dienlich sein muss, erscheint auf den ersten Blick einleuchtend, auch wenn Vorstellungen darüber, wie musikalische Bildung aufzufassen, wie sie anzuregen sei, sehr unterschiedlich ausfallen.[219] Trotz der Unterschiedlichkeiten weisen die Konzepte musikalischer Bildung Gemeinsamkeiten dahingehend auf, dass eine Auseinandersetzung mit der Musik etwas wie »individuelle Transformation«[220] beinhalte. Über reine Begeisterung hinaus müsse noch etwas anderes stattfinden, was zwar an die Begeisterung anschließen kann und dann ein Mehr z. B. »vielfältige Erfahrungen der Subjekte«[221] ermögliche.

Spaß (oder auch Begeisterung) erscheint in der Beobachtung durch die Lehrkräfte als Indikator dafür, dass ein Unterricht geschieht, der als gelungen bezeichnet werden kann, weil sich die Lernenden aktiv und sogar freudig beteiligen. In manchen Fällen wird diese Wahrnehmung als direktes **Feedback** aufgefasst. Daran angeschlossen findet sich die Überlegung, dass Spaß oder Begeisterung nicht nur im Mitmachen entständen, sondern umgekehrt es auch hervorbrächten. Als funktionales Äquivalent zu **Spaß oder Begeisterung** wäre als Mittel zur Erzeugung von Unterrichtsbeteiligung der Einsatz von Sanktionen denkbar, die mittels Angst ein Mitmachen zu erzwingen suchen. Inwieweit Verfahren, die beispielsweise über Tadel, Nacharbeit, Verweise oder schlechte Zensuren sanktionieren, eher dysfunktional sind, muss an anderer Stelle diskutiert werden. Die gegenläufige Variante der Sanktion, die ein Mitmachen der Lernenden durch Verfahren, die Belohnung in Aussicht stellen, erscheint vorderhand unproblematischer.

Im Zusammenhang mit den Aspekten ›Spaß‹ bzw. ›Begeisterung‹ ergibt sich, dass keineswegs immer eine Orientierung am ›Schüler‹ erfolgt, sondern durch-

[219] Vgl. hierzu Vogt 2012a, S. 1–25. Vogt beschreibt hier verschiedene Ansätze, in verschiedenen Jahrzehnten, den musikalischen Bildungsbegriff zu fassen. Er zeigt auf, dass der Begriff unterschiedlichen Strömungen unterliegt und letztendlich musikalische Bildung offen bleibt »für ganz unterschiedliche Besetzungen, abhängig von der jeweiligen pädagogischen, philosophischen, wissenschaftlichen etc. Perspektive von der aus der Begriff formuliert wird. Als Grundbegriff der Musikpädagogik ist der Bildungsbegriff daher durch seine grundsätzliche Unbestimmtheit (bzw. Unbestimmbarkeit) und durch seinen metaphorischen Charakter gekennzeichnet« (ebd., S. 18).

[220] Ebd., S. 17.

[221] Ebd.

aus auch eine ›Lehrerorientierung‹ beobachtet werden kann, wenn das Gewinnen eigener Motivation durch begeistertes Feedback konstatiert wird und sich dadurch mithin ein ›Motivations-Zirkel‹ ergibt.

Werden **körperlich ›lebendigere‹ Positionen** der Lernenden als Hinweis auf **Motivation** bewertet, so könnten Inhalts- und Methodenkonzepte der Rhythmik[222] oder der Tanzpädagogik[223] daraufhin durchgesehen oder erprobt werden, inwieweit sie eine Alternative zu Percussion bilden. Hier wie dort wird eine Verbindung zwischen Musik und Bewegung angestrebt und somit könnte ein aktiviert wirkendes Verhalten der Lernenden beobachtet werden. Als Problem erweist sich einerseits, dass eine motorische Aktivierung von Schülerinnen und Schülern, die über eine gewisse spaßvolle ›Lebendigkeit‹ beobachtet wird, trotz motivational günstiger Aussichten mit einer Vernachlässigung von (anderen) Zielen und Inhalten (auch Umgangsweisen) des Musikunterrichts verbunden sein könnte. Andererseits erweist sich ganz prinzipiell, dass die Verbindung der Beobachtung von ›lebendiger Bewegung‹ mit der Feststellung ›Motivation‹ einen Schluss bedeutet, der auf fragwürdige Weise Beobachtung (lebendige Bewegung) und Schlussfolgerung (motivierte Schülerin) in eins setzt. Das könnte als Trugschluss bezeichnet werden, der, würde er als alleinige didaktische Leitvorstellung in entsprechendem Unterricht umgesetzt, mit dem Risiko behaftet wäre, zu einer Verkürzung der Bildungsziele des Musikunterrichts zu führen.

Wird Spaß als Indikator für ein Mitmachen, mithin eine Orientierung am Schüler[224] gesehen, so kann die Suche nach Äquivalenzen zu Percussion auf

[222] Mit dem Begriff der Rhythmik werden in diesem Zusammenhang Bewegungskonzepte benannt, die auf die Methode von Emile Jaques-Dalcroze zurückgehen oder von Vertretern des Ausbildungsfachs ›Rhythmik‹ gelehrt werden. »In der professionell verstandenen Rhythmik geht es um die künstlerisch-pädagogische Auseinandersetzung mit den Ausdrucksmedien Musik und Bewegung. Rhythmik nutzt die Verbindung dieser Medien für künstlerisch-pädagogische Prozesse« (Steffen-Wittek 2001, S. 93). Rhythmik versucht zudem »mit Hilfe der Ausdrucksmedien Musik und Bewegung im Rahmen von Gruppenunterricht und Gruppenprozessen einen besseren Zugang zu Wahrnehmungs-, Ausdrucks-, Interaktions- und Gestaltungsfähigkeiten zu geben« (Kugler 2005, S. 216).

[223] Tanzpädagogik ist ein schillernder Begriff, der verschiedenste Bewegungskonzepte und Berufsfelder einschließt. Gemeinsam ist diesen das Vermitteln von tänzerischen Ausdrucksformen an Menschen jeglichen Alters. Meist spielt Musik dabei eine wichtige Rolle. Konzeptionelle wie methodische Elemente der Tanzpädagogik sind auch in der Elementaren Musikpädagogik zu finden, und es ist zu beobachten, dass seit einiger Zeit an Musikhochschulen Tanzpädagogik mit Elementarer Musikpädagogik gekoppelt und angeboten wird. Das Thema ›Musik und Bewegung‹ wird im *Handbuch des Musikunterrichts* vollkommen in den Zusammenhang mit Tanz gestellt (Zierul 1997).

[224] Ebd., S. 17.

Verfahren verweisen, die den Lernenden **Mitbestimmung**, z. B. über Wahlmöglichkeiten zu den Zugängen zu Musik einräumt. Eine Verknüpfung zwischen ›Spaß‹ bzw. ›Motivation‹ und einem Mitbestimmungsrecht der Lernenden an Unterrichtsinhalten, -methoden sowie -organisation wird in der Forschung insbesondere in Hinblick auf selbstbestimmtes Lernen und die Etablierung demokratischer Strukturen in schulischen Kontexten diskutiert: Deci und Ryan zeigen auf, dass intrinsische Motivation in starkem Zusammenhang mit Selbstbestimmung von Lernen stehe und die Qualität des Lernens beeinflusse.[225] Auch Faulstich beschreibt im Hinblick auf selbstbestimmtes Lernen, dass »ein Angebot an Wahlmöglichkeiten [...] in der Regel als autonomiefördernd und motivationssteigernd wahrgenommen«[226] wird. Im musikpädagogischen Diskurs wäre an die Überlegungen anzuknüpfen, die Stefan Orgass im Zusammenhang mit der von ihm umrissenen Kommunikativen Musikdidaktik und hier speziell zum Stichwort »gemeinsame Themenfindung«[227] begonnen hat.

Funktionale Äquivalenzen, die Alternativen zu Percussion in Hinblick auf Mitbestimmung bilden, sind in Bezug auf den Blickpunkt Spielmodelle bzw. Kompositionen und Arrangements für den Unterricht unter anderem Verfahren zu nennen, die nicht auf final abgeschlossenen Konzeptionen oder im Grunde kaum veränderbaren Kompositionen basieren. Diese binden vielmehr den Vorgang des Erfindens, Improvisierens oder Arrangierens[228] in den Unterricht ein, wodurch die Ideen der Lernenden einen Platz finden können. Das Konzept von Michael Betzner-Brandt »Chor kreativ – Singen ohne Noten«[229]

[225] DECI/RYAN 2007. Deci und Ryan beschreiben allerdings auch, dass ebenso bestimmte Formen extrinsischer Motivation selbstbestimmt erlebt werden können und für Prozesse, die selbstbestimmtes Lernen anregen wollen, wichtig sind.

[226] FAULSTICH 2002, S. 150. Auch in der Erwachsenen- bzw. Weiterbildung werden Konzepte des selbstgesteuerten Lernens mit motivationalen Aspekten in Verbindung gebracht und diese Zusammenhänge erforscht. In einer empirischen Studie zeigt die Erziehungswissenschaftlerin Susanne Kraft, dass selbstgesteuertes Lernens als motivierender empfunden wird (KRAFT 2001, S. 232). Auch wenn diese Ergebnisse aus der Erwachsenen- bzw. Weiterbildung entliehen sind, so können sie bedeutsam für Musikunterricht an Gymnasien werden, und beispielsweise Unterricht in der Oberstufe anders in den Blick nehmen als Unterricht in der Unter- bzw. Mittelstufe, für die meist eher ein Heranführen an ein selbstgesteuertes Lernen unter dem Stichwort ›Lernen lernen‹ postuliert wird. Doch auch in Kontexten des Lernens von Lernen wird oftmals die Art der Beziehung zwischen freieren sowie selbstgesteuerten Prozessen und motivationalen Aspekten diskutiert (vgl. RIETHMAYER 2011, S. 24ff.).

[227] ORGASS 2001, S. 4ff. Sowie ORGASS 2007, S. 533ff.

[228] SCHÖNHERR 1997, S. 83ff.

[229] BETZNER-BRANDT 2011.

kann aus dieser Perspektive als funktionale Äquivalenz zu Percussion gesehen werden.

Erweitert man den Rahmen, in dem die Lernenden mitbestimmen sollen, so können darüber hinaus Evaluierungsprozesse oder die Entscheidung über eine Auswahl an Unterrichtsthemen eine Mitbestimmung der Lernenden an Unterricht ermöglichen, wie sie z. B. in der ›gemeinsamen Themenfindung‹ (s. o.) angedeutet wurde. So gesehen, kann dann prinzipiell jede inhaltlich oder methodisch offene Verfahrensweise der Lehrkraft gegenüber den Vorschlägen der Schülerinnen und Schüler als eine Alternative zu den Sichtweisen von Percussion gesehen werden, die die Interviewten artikulieren.

Die Metaphorik **Musik als ›Sprache‹**[230] rückt Alternativen zu Percussion in den Blick, bei denen in ähnlicher Weise mit **›lebensweltlicher Aktualität‹** bzw. einer bestimmten ›Jugendkultur‹ von Musik argumentiert wird, um so einen motivationalen Zugang und damit Lernen zu ermöglichen. Als funktionale Alternativen können Rock, Pop und Elektronische Musik angesehen werden, wobei die Individualisierung der Jugendkultur, die Pluralität von Lebensverhältnissen und -gestaltungen die Suche nach der Musiksprache Jugendlicher erschweren. Dabei wird Rhythmus nicht nur in den Interviewtexten als eine ›Sprache‹ beschrieben, »die jeder Mensch in irgendeiner Weise sprechen und verstehen kann«,[231] sondern auch in musikpädagogischer Literatur.[232] Die Universalität von rhythmischer Musik fasziniere und berühre »viele Menschen, wenn sie Percussion-Ensembles sehen bzw. hören.«[233] Das führt dazu, dass die

230 Diese Metaphorik verweist die in diesem Zusammenhang nicht auf Konzeptionen wie die *Music Learning Theory* (vgl. Gordon 1997 sowie auch Tappert-Süberkrüb 1999) von Edwin Gordon, welche sich mit Lern und Verstehensprozessen (Audiation) auseinandersetzt: »Through the process of audiation, we sing and move in our minds, without ever having to sing and move physically. Through the process of audiation, we sing and move in our minds, without ever having to sing and move physically.« (Gordon 1997, S. 6) Audiation wird oft übersetzt als: ›Hören und Verstehen von Musik, die nicht physikalisch erklingt.‹ S. dazu auch die Internetpräsenz der Edwin E. Gordon Gesellschaft Deutschland e. V. auf http://www.gordon-gesellschaft.de. Zudem zieht die *Music Learning Theory* Folgerungen aus einem Vergleich zwischen Sprache und Musik, auch wenn Gordon betone, »dass Musik keine Sprache ist« (Tappert-Süberkrüb 1999, S. 77), so spielt eine Analogie zwischen Musik und Sprache bei ihm eine große Rolle: »In der Art, wie bei Kindern der sprachliche Denkprozess unterstützt und angeregt wird, stellt sich Gordon auch eine Anregung und Ausweitung des Audiationsprozesses vor.« (Ebd.).

231 Klee 2009, S. 79.

232 Ebd.

233 Ebd.

Darstellung von Rhythmus sogar als »menschlich-musikalisches Urprinzip«[234] und Percussion als anthropologische Konstante verstanden wird.

In Bezug auf eine Orientierung am Schüler zeigt sich Percussion als nur eine von vielen anderen Möglichkeiten. Percussion kann also nicht als Ausnahme beobachtet werden, die einen besseren Zugang zu einer schülerorientierten Didaktik bereitstellt.

Heterogenität

Bezug zu den Motiven

Um beim Musizieren mit der Situation umzugehen, dass Schülerinnen und Schüler über ganz unterschiedliche musikalische Fertigkeiten, Fähigkeiten, Kenntnisse und Vorerfahrungen verfügen (weil es um die Beobachtung von Output, Performanz oder Leistung geht, hier verkürzt **Leistungsheterogenität** genannt), erscheint befragten Lehrkräften mit Percussion eine Musikpraxis wichtig, die differenziert musikalisch strukturiert werden kann. Die Befragten sehen bei Percussion Möglichkeiten musikalische Strukturen für das unterrichtliche Musizieren so anzuordnen, dass sowohl leichte wie komplexe Figuren als auch einfache wie schwierige Techniken geboten sind. Oftmals sei keine aufwändige Reduktion oder das Transformieren der Patterns nötig, da die von ihnen in den Blick genommene perkussive Musik unterschiedlichste musikalische Strukturen einschließe. Vorkenntnisse oder musikalische Fähigkeiten und Fertigkeiten der Schülerinnen und Schüler stellen somit für die Befragten insofern kein unüberwindliches Problem mehr dar, als es ihnen aufgrund der vorgefundenen oder gestalteten Differenzierbarkeit möglich wird, den Anspruch zu realisieren, alle Schülerinnen und Schüler einer Klasse aktiv in eine Form des Musizierens einzubinden. Interessant ist, dass ein **flexibles Reagieren** auf die Fähigkeiten und Fertigkeiten der Einzelnen noch **während des Unterrichts** ausdrücklich als Möglichkeit gesehen wird. Dadurch, dass für die jeweiligen Lerngruppen oftmals erst während des Unterrichts ein Stück arrangiert wird, können die Befragten auf die Leistungsunterschiede der Schülerinnen und Schüler unmittelbar reagieren. Zudem werden beim Erstellen der Arrangements Schülerbeiträge mit einbezogen, so dass einerseits eine Differenzierung der Patterns durch die Lernenden selbst stattfindet und andererseits eine Mitbestimmung seitens der Schülerinnen und Schüler in den Unterricht einfließen kann (s. oben ›Motivation‹).

[234] Keemss 2009, S. 55.

Überlegungen zum Umgang mit Heterogenität kommen in den Motiven auch dahingehend zum Ausdruck, dass die Zugangsweisen der Lernenden zu Musik als heterogen wahrgenommen werden. Ein Erlernen instrumentaler Fähigkeiten falle manchen Schülerinnen und Schülern leichter, wenn nicht nur ein auditiver, sondern ein motorischer und visueller Zugang für das Spiel des Instruments angeboten wird (s. dazu die Stichworte ›sinnlich-körperliches Erfahren‹ S. 182 sowie ›Beobachtung der Bewegung‹ S. 200)

Bezug zum musikpädagogischen Diskurs

Alle Lernenden einer Lerngruppe, egal welche musikalischen Vorkenntnisse sie haben, aktiv in Musikmachen einzubeziehen, empfinden die Befragten den Interviewtexten nach als eine Herausforderung, die es zu bewältigen gilt. Dabei wird insbesondere die Heterogenität innerhalb einer Klasse als Problem beschrieben und die Erwartung formuliert, dass individuell auf die Fähigkeiten und Fertigkeiten der Schülerinnen und Schüler eingegangen werden soll. Heterogenität spielt allerdings nicht nur in den Interviewtexten eine Rolle, sondern ist auch im allgemein-pädagogischen Diskurs ein bedeutendes Thema. Zahlreiche Veröffentlichungen tragen das Schlagwort Heterogenität im Titel oder beziehen sich auf dieses Phänomen. Dabei wird Heterogenität als Chance,[235] als Problematik[236] oder als Herausforderung[237] begriffen, wobei der Begriff Heterogenität in diesem Kontext Verschiedenheit der Lernenden bezeichnet. Gender-, Alters-, Migrations-, Religions-, Leistungs- und Intelligenzaspekte werden u.a. als Merkmale angeführt, Heterogenität wird vertikal und horizontal dimensioniert,[238] von einer nicht wegzudenkenden Homogenität unterschieden,[239] wie auch in päda-

[235] Vgl. hierzu beispielsweise Bräu 2005; Richter 2005; Faulstich-Wieland 2011.

[236] Vgl. hierzu Wenning 2007.

[237] Vgl. hierzu Schilmöller 2011; Trautmann/Wischer 2010; Hagedorn 2010.

[238] Vertikale Heterogenität bezieht sich auf »das unterschiedliche Leistungsvermögen der Schülerinnen und Schülerinnen und Schüler«, während horizontale Heterogenität die »unterschiedlichen Interessen, Lernwege[] und Zugangsweisen der Schüler zu einem Thema oder einer Aufgabenstellung« fasst (Scholz 2012, S. 9).

[239] »Die Feststellung von Homogenität oder Heterogenität ergibt sich durch einen Vergleich; beide liegen nur bezogen auf einen Maßstab vor. [...] Schon die Vergleichsoperation, das Anlegen des Maßstabs an unterscheidbare Dinge, schreib diesen eine Homogenität zu, die der Vergleichbarkeit. Dies zeigt, es kann keine Heterogenität ohne Homogenität geben; es ist immer von Heterogenität und Homogenität zu sprechen [...] Es gibt weder ausschließliche Heterogenität noch eine reine Homogenität – Heterogenität existiert nur zusammen mit Homogenität.« (Wenning 2007, S. 23).

gogisch relevante Kontexte eingeordnet.[240] Die Feststellung von Heterogenität bleibt dabei immer eine Konstruktion des Beobachters, der einen Unterschied hinsichtlich bestimmter Merkmale zwischen verschiedenen Individuen einer Lerngruppe ausmacht.[241]

Vielen dieser Publikationen ist die Forderung bzw. der Wunsch gemein, einen pädagogisch sinnvollen Umgang mit Heterogenität zu finden. Auch innerhalb der Musikpädagogik ist Heterogenität ein Begriff, dem sich Publikationen und auch Tagungen widmen.[242]

Funktionale Äquivalenzen

Die Motive, in denen Percussion als eine leistungsdifferenzierte Musik bzw. Methodenmöglichkeit zum Umgang mit **Leistungsheterogenität** bezeichnet wird, lassen sich in zweifacher Weise in den Blick nehmen. Im Gegensatz zu einer äußeren Differenzierung, die als ein selektierender Vorgang beobachtet werden kann und Lernende über einen längeren Zeitraum in bestimmte Gruppen einteilt (z. B. Jahrgangsklassen, Anfänger- und Fortgeschrittenen AGs, Wahlkurse etc.), ist bei den Motivangaben zu Percussion demgegenüber eine innere Differenzierung zu sehen, die eher ein integrierender Vorgang ist.[243] Alternativen zu Percussion in Bezug auf innere Differenzierung ließen sich z. B. im Umgang mit den sogenannten Neuen Medien bzw. mit Multimedia finden, Übungsprogramme, Tutorielle Programme,[244] Simulationsprogramme und Cognitive Tools seien für einen differenzierten Unterricht von Bedeutung, »denn jede Form kann den Lehrer bei der Gestaltung differenzierten Unterrichts unterstützen.«[245]

[240] Vogt nennt hier Heterogenität im Kontext von Chancengleichheit, von Diversity Management und von Anerkennung. Er bemerkt hierzu, dass diese Kontexte »sich allerdings in der Diskussion nicht selten überschneiden bzw. nicht trennscharf behandelt werden.« (Vogt 2012b, S. 10).

[241] Vgl. Wenning 2007, S. 23. Wenning benennt die Beobachtungleistung von Heterogenität als eine Zuschreibung von Eigenschaften, die in einer Vergleichsoperation »hergestellt« werden.

[242] 2011 fand in Kassel das Symposium der Wissenschaftlichen Sozietät Musikpädagogik statt, welches den Titel *Musikpädagogik und Heterogenität* trug. Die Beiträge dieser Konferenz wurden in einem Sitzungsbericht veröffentlicht: Vogt/Hess/Rolle 2012. Der Landesfachtag Musik 2012 in Schleswig-Holstein widmete sich dem Thema *Umgang mit Heterogenität im Musikunterricht.*

[243] Vgl. Stadtfeld 2005.

[244] Tutorielle Programme sind Computerprogramme, die im Gegensatz zu Drill & Practice-Programmen auch in eigene Inhalte der Wissensvermittlung einführen.

[245] Ebd., S. 261. Die Unterscheidung der vier verschiedenen Formen Neuer Medien übernimmt

Insbesondere hebt Stadtfeld in diesem Zusammenhang Lernarrangements hervor, in denen viele verschiedene Lernangebote mit unterschiedlichen Kooperationsformen kombiniert werden können.[246] In diesem Sinne könnten musikalische Umgangsformen, wie beispielsweise ›Komponieren mit dem Computer‹, eine Möglichkeit sein, einen intern differenzierenden Unterricht anzubieten. Eine funktionale Äquivalenz zu Percussion, die auf äußere Differenzierung (angebunden an eine Klasse) setzt, bildet in dieser Hinsicht zum Beispiel das bereits oben beschriebene Modell der Musikklasse, bei der die Heterogenität der Lernenden teils über Einzel- bzw. Kleingruppenunterricht aufgefangen wird. Zudem können als funktionale Äquivalenzen zu Percussion musikalische Praxen gesehen werden, die ähnliche Strukturen und patternorientierte Figuren bevorzugen. Das Orff-Schulwerk beispielsweise versteht sich als eine solche Praxis, die »oft ›baukastenähnlich‹ angelegte Musiziervorschläge«[247] in kurzen überschaubaren Gestaltungseinheiten (Ostinati, Bordune, Reihungsformen etc.) anbietet. Weitere Alternativen bieten Ansätze wie die ›Auditive Wahrnehmungserziehung‹ oder der ›Aufbauende Musikunterricht‹, »die sich zumindest formal darin gleichen, dass hier allen Schülern zumindest ein homogener Anfang garantiert werden soll«.[248]

Als funktionale Äquivalenz zu Percussion in Bezug auf den **flexiblen, reagierenden Umgang** mit Fähigkeiten und Fertigkeiten könnte das von Jürgen Terhag formulierte Konzept des ›Live-Arrangements‹[249] angeführt werden, zumal wenn das bei Percussion akzentuierte Reagieren auf die Fähigkeiten und Fertigkeiten der Lernenden während des Musizierens fokussiert wird. Das Live-Arrangement

> beschreibt eine zu gleichen Teilen künstlerisch und pädagogisch geprägte Methode, die nicht nur den Klassen- und Gruppenunterricht, sowie die Chor- und Ensemblearbeit erleichtert, sondern generell überall dort sinnvoll einsetzbar ist, wo mit heterogenen Gruppen Musik realisiert werden soll. Das Live-Arrangement ermöglicht es, Musikstücke unterschiedlichster Stilistik für eine ganz bestimmte Zielgruppe während der Einstudierung zu entwickeln und diese permanent so zu variieren, dass sie in allen Phasen der Erarbeitung der unterschiedlichen Leistungsfähigkeit aller Beteiligten gerecht werden.[250]

Stadtfeld von Heinz Mandl: Mandl/Gruber/Renkl 1994.

[246] Stadtfeld 2005, S. 263ff.

[247] Nykrin 2005, S. 197.

[248] Vogt 2012b, S. 9.

[249] Vgl. Terhag 2005 sowie: Terhag/Winter 2011.

[250] Ebd., S. 8.

Als Alternative zu Percussion können alle Live-Arrangements gesehen werden, die keine Percussioninstrumente verwenden.

Terhag beschreibt das Live-Arrangement als ›Methode‹ sowie als ›Unterrichtsinhalt‹,[251] ähnlich wie die Befragten Percussion, wobei die Befragten ›ihre‹ Methode nicht als bereits formuliertes Konzept kennen. Insbesondere ein »notenfreies Musizieren und Unterrichten« ermögliche mehr »Flexibilität«, ein »Abfedern von Heterogenität«, eine »Verbesserung der Kommunikation« für die Gesamtgruppe sowie eine andere »Lenkung der Aufmerksamkeit«.[252] Musikalische Keimzellen jeglicher Art (z. B. Turnarounds, Call-Response-Techniken, Grooves, etc.) legten eine Basis, in der sich Schülerinnen und Schüler teils auch improvisierend selbstständig bewegen und ausprobieren dürften. Die Lehrkraft stelle für die Keimzelle differenzierte musikalische Strukturen zur Verfügung, so dass die heterogenen Fähigkeiten und Fertigkeiten der Lernenden nicht mehr als Problem, sondern als Chance betrachtet werden können.

Insgesamt kann Percussion nicht als einzige Möglichkeit gesehen werden, mit Heterogenität in Lerngruppen umzugehen, doch fällt auf, dass Percussion im Sinne der Befragten eine Vielfalt an Inhalten, Umgangsweisen sowie Methoden bietet. Wird, wie bei den im vorliegenden Kontext berücksichtigten Thematisierungen der Fokus auf die Heterogenität der Leistung oder der Lernprozesse gelegt, ist die Differenzierungsmöglichkeit, die in den Konzepten von Percussion liegt, ein Kriterium, das die mit dem Begriff Percussion verbundenen Praxen von anderen musikalischen Praxen unterscheiden lässt. Auch Terhag betont wiederholt, dass sich mittels Bodypercussion wie Vocussion »sämtliche Probleme

[251] »Terminologisch betrachtet wird unter dem Begriff ›Live-Arrangement‹ sowohl der Inhalt als auch die Methode der hier skizzierten musikalischen Arbeit bezeichnet: Man kann entweder nach den Grundprinzipien des Live-Arrangements ein fertiges Musikstück einstudieren – hier ist das Live-Arrangement als Methode angesprochen – oder man entwickelt darüber hinaus mittels dieser Methode variable Musikstücke – hier wird das Live-Arrangement selbst zum Unterrichtsinhalt.« (Ebd., S. 8–9). Allerdings ist hier fraglich, inwieweit Terhag ›Methode‹ von ›Inhalt‹ trennen will, da das Live-Arrangements ja nun »kein bereits fertiges, zu erreichendes Endprodukt, sondern eine musikalische Keimzelle« an den Beginn stellt und sich dadurch von »herkömmlichen Ensemble-Musizieren« unterscheidet. (Ebd., S. 15). Wird das Live-Arrangement dennoch als ›Methode‹ gesehen, bei der auch ›fertige Musikstücke‹ einstudiert werden können, so unterscheidet sich das Live-Arrangement nicht unbedingt von anderen Konzepten, da auch woanders ein notenfreies und prozessorientieres Musizieren (statt Üben) als Konzeptmerkmal beschrieben wird.

[252] Ebd., S. 10.

des Zusammenspiels beim Klassenmusizieren spielerisch vorentlasten« lassen.[253] Inwieweit anderen Merkmalen von Heterogenität, wie beispielsweise Gender-, Alters-, Migrations- oder Religionsaspekten, mit Percussion begegnet werden kann, wird in den Interviewtexten nicht thematisiert. Dennoch ist es eine interessante Frage, ob Percussion vielleicht auch dazu geeignet ist, das Konzept ›Social Justice‹[254] zu fördern, um auf eine umfassendere Art und Weise mit Heterogenität umzugehen.

Erfahrung

Bezug zu den Motiven

Die Motivangaben zeigen, dass den Befragten ein **sinnlich-körperliches Erfahren** von Musik wichtig ist, da ein solches Verstehen von Musik ermögliche. Bewegungsorientierte Zugänge würden dabei helfen, da hier der ganze Körper einbezogen werde. Das Transformieren von musikalischen Strukturen in ein Bodypercussion-Pattern, also eine Gestaltübertragung ist in den Thematisierungen an vorderster Stelle als Hilfestellung für ein körperliches Wahrnehmen erwähnt, das mit dem Begriff »erfahren« bezeichnet wird. Percussion bzw. perkussive Musik wird meist bewegungsreich gespielt, und dieses Mehr an Bewe-

[253] Terhag 2005, S. 169. Sehr ähnlich auch 2011: »Ohne technische Probleme mit den erst später benutzen Instrumenten lassen sich mittels Bodypercussion und Vocussion sämtliche Probleme des Zusammenspiel und Auseinanderhörens beim Gruppenmusizieren spielerisch vorentlasten, wobei das selbstverständlich erforderliche Training nicht durch Üben, sondern durch Musizieren gestaltet wird.« (Terhag/Winter 2011, S. 115). Dass auch die Motorik und Koordination von Bewegungen bei Bodypercussion manche Lernende vor schwierige Herausforderungen stellt, verschweigt Terhag an dieser Stelle. Es stellt sich auch die Frage, wer entscheidet, ob (noch) geübt oder (schon) musiziert wird. Dass dies nur immer ein Beobachter tun kann, und diese Beobachtung auch individuell immer anders ausfallen kann, darauf geht Terhag nicht ein.

[254] Siehe dazu: Kertz-Welzel 2012. Alexandra Kertz-Welzel beschreibt das Konzept ›Sozial Justice‹ als eine »Öffnung des Musikunterrichts für gesellschaftlich relevante Themen wie Inklusion, Gender, Race und Verteilungsgerechtigkeit.« Diese Themen sind unter anderem mit der Beobachtung von Heterogenität besetzt. Über das kritische Hinterfragen von Vertrautem, das Aufbrechen von gewohnten Denk- und Handlungsmustern ziele Sozial Justice »auf konkrete gesellschaftliche Veränderungen, die aus dieser Reflexion hervorgehen.« Heterogenität wird dabei immer bewusst wahrgenommen und ein Umgang mit ihr erarbeitet (ebd., S. 55; 58).

gung im Vergleich zu vielen anderen musikalischen Praxen sehen die Befragten als Vorteil.[255]

Zudem werden **kollektive Erfahrungen** beschrieben, also Wahrnehmungsvorgänge, die als im Gemeinschaftlichen angesiedelt beobachtet werden. Die Befragten erzählen, dass durch das gemeinsame Musizieren etwas gespürt, wahrgenommen werde, das bemerkt oder erinnert werde. So heißt es, dass ein ›Zusammen-im-Rhythmus-Wogen‹ auch jenen Schülerinnen und Schülern Erfahrungen mit Musik ermögliche, die aufgrund noch fehlender Fähigkeiten und Fertigkeiten diese alleine nicht hätten machen können. Dass Erfahrungen gemacht werden, beschreiben die Befragten aufgrund der Beobachtung von Bewegungsabläufen. Lernende, die diese (noch) nicht könnten, würden von der Gruppe mitgezogen.

An ähnlichen Stellen oder vergleichbaren Zusammenhängen, in denen vom Erfahren von Musik (z. B. über Bewegung) gesprochen wird, erscheinen in den Motiven der Befragten auch Begriffswendungen wie ›musikalischer Fluss‹, auch als **Flow** oder **Groove** bezeichnet. Er wird beim steten **In-Musik-Sein** als besondere Qualität beobachtet. So wird dann Perkussive Musik als Groove[256] beschrieben, welcher durch das Loopen der Patterns zustande komme (strukturell-kognitive Dimension), wie auch zyklische Körperbewegungen auslöse (Bewegungsdimension). So könnten die Lernenden ihre Patterns während des Musizierprozesses

[255] Dass in den Thematisierungen ein besseres Verstehen von Musik in eine Beziehung zu einem Mehr an Bewegung gestellt wird, deutet auch auf Praxen außereuropäischer Musik (insbesondere afrikanischer Musik), da eine »erfolgreiche Absorption von Bewegungsmustern […] für zahlreiche Menschen Afrikas ein wichtiges Kriterium für Verstehen von Musik« ist (Kubik 1983, S. 315). Zwar sind die Befragten nicht als ›Menschen Afrikas‹ zu bezeichnen, doch ist eine Verbindung zu afrikanischer Musik und den dortigen kulturellen Praxen über die Ausbildungswege der Befragten gegeben. Gerhard Kubik stellt in seinem Aufsatz *Verstehen in afrikanischen Musikkulturen* auch dar, dass in den meisten afrikanischen Sprachen »die verwandten Begriffe […] nicht selten Musik und Tanz zusammen« bedeuten (ebd., S. 314). In der afrikanischen Kultur ist »größtes Verständnis […] erreicht, wenn zwischen den Bewegungsmustern der Musik und denen der Tanzenden Kongruenz besteht.« (Ebd., S. 313). Auch Tobias Klee stellt fest, dass es sich bei Rhythmus »um eine Sprache [handelt], die jeder Mensch in irgendeiner Weise sprechen und verstehen kann. Gerade dies fasziniert, berührt und bewegt – häufig unbewusst – viele Menschen, wenn sie Percussion-Ensembles sehen bzw. hören.« (Klee 2009, S. 79).

[256] Die Begriffe Flow und Groove bedeuten nicht dasselbe, zeigen mitunter aber auf ähnliche Zustände. »›Flow‹ works well enough as a substitute for ›groove‹ as both noun and verb, but may be too broad and is not as suggestive of social interaction.« Die Ausdrücke ›groove‹, ›to groove‹, ›groovy‹ besitzen eine Reihe von Bedeutungen, die auf unterschiedliche Dimensionen der Groove-Erfahrung hinweisen (vgl. Pfleiderer 2010. Für eine Definition des Begriff Groove vgl. hierzu Fn. 174. Für eine Definition des Begriffs Flow s. Fn. 284).

üben, und eine gewisse Expertise über eine musikalische Figur erlangen, was wiederum etwas wie Erfahren oder eine andere Erfahrungstiefe von Musik ermögliche. Auf den Weg gebracht werde das durch die Konzentration auf das aktuelle Spiel und durch einen wissenden Umgang mit dem Ablauf bzw. der Form der Musik.

Bezug zum musikpädagogischen Diskurs

»Den Begriff musikbezogener, musikalischer o. ä. Erfahrung« machen nach Hermann J. Kaiser»musikdidaktische und musikpädagogische Konzeptionen zunehmend zu einem zentralen Gesichtspunkt ihrer Theoriebildung«.[257] Und Peter W. Schatt verweist auf »unterschiedliche Funktionen«,[258] die der Begriff Erfahrung im jeweiligen Kontext musikpädagogischen Denkens einnehme, so etwa im Kontext der Überlegungen bei Rudolf Nykrin[259] oder Ingo Scheller[260] (an den in der Musikpädagogik insbesondere im Gesprächszusammenhang Szenische Interpretation von Musik[261] angeknüpft wird), bei Rolle als ästhetische Erfahrung im Zusammenhang mit den Bestimmungen musikalischer Bildung oder bei Richter als weiterreichendes Äquivalent zu Verstehen.[262] Bei der durch Kaiser unternommenen näheren Bestimmung[263] charakterisieren musikbezogene Erfahrung Eigenschaften wie Kontinuität/Diskontinuität, Überholbarkeit, Zeitstruktur, Raumbestimmtheit, Intentionalität, Reflexivität, axiologische Dignität und pragmatischer Kern, während die bei Hans-Joachim Erwe zu findende Formulierung der der Interviewten näher zu stehen scheint: »Beim Musizieren stellt sich ein intuitiver Lernzuwachs ein. Die Schülerinnen und Schüler erfahren unmittelbar, wie Musik gemacht ist und wie sie gemacht wird.«[264]

Eine Verknüpfung zwischen den Begriffen Verstehen und Erfahren von Musik ist in der Musikpädagogik in unterschiedlichen Ansätzen anzutreffen, doch werden die Begriffe nicht einheitlich verwendet. Das liegt unter anderem daran, dass ›Verstehen‹ ein Wort des alltäglichen Gebrauchs ist, welches in alltäglichen Situationen zwar ständig verwendet wird, ohne dass Probleme entstehen, in an-

[257] Kaiser 2004, S. 26f.

[258] Schatt 2007, S. 74.

[259] Nykrin 1978.

[260] Scheller 1980.

[261] Scheller 1998 sowie Stroh 2007.

[262] Schatt 2007, S. 75.

[263] Ebd.

[264] Erwe (2004), S. 246.

deren Situationen aber und speziell auch im Zusammenhang mit Musik jedoch problematisch sein kann.[265]

Der Begriff des Erfahrens ist aber auch in der Debatte um musikalisch-ästhetische Erfahrung anzutreffen. Hier werden verschiedene Dimensionen eines Erfahrens von Musik beschrieben.[266] In kontemplativ-, imaginativ- sowie korresponsiv-ästhetischen Einstellungen kann Musik erfahren werden, wobei diese verschiedenen Einstellungen nicht getrennt voneinander erlebt werden müssen. Den Begriff der ästhetischen Erfahrung haben auch Herrmann J. Kaiser und Christian Rolle übernommen. Für sie ist er für eine genauere Auffassung von musikbezogener Erfahrungen hilfreich.[267] Christopher Wallbaum konstatiert, dass »die Form ästhetischer Praxis (bzw. Weltzuwendung bzw. Rationalität) in den letzten Jahren vielfach reflektiert«[268] wurde, es jedoch an Beispielen fehle. Er zeigt anhand eines Percussions-Beispiels, dass Samba-Trommeln alle drei Dimensionen ästhetischer Erfahrung ermöglichen kann und wie komplex jeweils die einzelnen Vorgänge sein können.[269] Zudem spricht er ein ununterbrochenes In-Musik-Sein als »spezifisch schulmusikalische[] Probentechnik« an, und ver-

265 Zur Problematik des Begriffs ›Verstehen‹ im Zusammenhang mit Musik: Christian Rolle geht über ›Musik und Bedeutung‹ auf verschiedene Auslegungen des Verstehensbegriff ein und plädiert dafür, eher von einem Verständnis und einer Verständigung über Musik zu sprechen: Rolle 1999, S. 123ff. Frauke Heß diskutiert die Verwendung des Begriffs Verstehen in ihrem Aufsatz »Verstehen« – ein musikpädagogischer Mythos kritisch und kommt zu dem Schluss, »dass es sich bei *Verstehen* um einen homonymen und facettenreichen Terminus handelt, der deshalb so gängig ist, weil er vielfältige Interpretationen zulässt.« (Hess 2003, S. 126). Wilfried Gruhn beschreibt fünf unterschiedliche Versuche »musikal. Verstehensprozesse zu erklären«: Gruhn 2005. Wolfgang Lessing erörtert kritisch den Begriff des Verstehens von Neuer Musik im Zusammenhang mit neurobiologischen Forschung und plädiert »ästhetische Wahrnehmung als einen Erfahrungsmodus zu akzeptieren, der mit den Mitteln einer allgemeinen neurobiologischen Wahrnehmungspsychologie nicht adäquat zu erfassen ist« (Lessing 2009, S. 14). Markus Bandur diskutiert aus konstruktivistischer Sicht die »Unangemessenheit eines textbezogenen Verstehensbegriffs« sowie die »prinzipielle Offenheit und Unabschließbarkeit musikalischen Verstehens« (Bandur 2009, S. 181f.). Doch nicht nur innerhalb der Musikpädagogik, sondern auch in der Erziehungswissenschaft wird auf »Das Problem des Verstehens im Unterricht« aufmerksam gemacht (Rosch 2010).

266 Seel 1996, S. 126–144 sowie Seel 2000, S. 148ff. Für den Philosophen Martin Seel bleibt reicht ästhetische Erfahrung nicht nur der Kunst vorbehalten, sondern reicht weiter und »erfüllt sich darin, innerhalb und außerhalb der Kunst in Möglichkeiten des Vernehmens und Verstehens hineingezogen zu werden«. (Seel 2004, S. 81).

267 Vgl. Kaiser 1993.

268 Wallbaum 2009, S. 45.

269 Ebd.

deutlicht, dass dies auch als ein »motivierende[r] Aspekt« zu sehen sei, der »stets neue Attraktionen so einzubringen« versuche, »dass das Grooven möglichst nicht unterbrochen wird«.[270] Für Wallbaum ermöglicht der Probenprozess dann musikalische Erfahrungen, wenn nicht zugunsten des Produkts »häufig und in kurzer Folge der musikalische Fluss unterbrochen« wird.

Doch auch das Erfahren eines leiblichen[271] Lernens über Mimesis wird im musikpädagogischen Diskurs eingebracht. Constanze Rora erörtert den Begriff des leiblichen Lernens als einen

> Begriff mit offenen Grenzen [...], der einerseits geeignet scheint, körperliche Lernprozesse zu thematisieren, und der andererseits eine allgemeine theoretische Grundlage für die Phänomene des impliziten und informellen Lernens bietet.[272]

Mimetische Prozesse, also »beobachtetes nachahmbares Verhalten in diesem Sinne« hätten »etwas mit dem Einsatz des Körpers zu tun« und seien aufgrund des Lernens anderer kultureller Techniken, wie Lesen, Schreiben, Rechnen »insgesamt in der Didaktik für die Sekundarstufe selten anzutreffen«.[273]

Funktionale Äquivalenzen

Als funktionale Äquivalenz zu den u. a. mit Bewegung verknüpften Aktionsformen von Percussion, die auf ein **körperlich-sinnliches Erfahren** von Musik ausgehen, sind Konzepte der Elementaren Musikpädagogik oder Rhythmik zu nennen. Ähnlich den zu Percussion Befragten ging Émile Jaques-Dalcroze davon aus, dass über die Bewegung sowie den Körper Musik intensiver erfahren und

[270] Ebd., S. 48.

[271] Zur Unterscheidung zwischen »Körperlichkeit« und »Leiblichkeit«: »Leiblichkeit ist ein phänomenologischer Grundbegriff, der aufs Engste mit dem Begriff der Körperlichkeit des Menschen verknüpft ist. Mit dem Begriff Leiblichkeit wird die Bedingung der Möglichkeit und Wirklichkeit gegeben, Sozialität als dem Menschen inhärente Fähigkeit zu verstehen.« (Schuhmacher 2012, S. 199).

[272] Rora 2010, S. 17. Sie stellt bei ihrer Begriffsklärung fest, dass »die Frage nach den ästhetischen Konnotationen dieses Begriffes« wenig berücksichtigt werde. Diese Frage scheint ihr allerdings von großem Interesse, »da ästhetische Bildung gerade auf die Gestaltung des Bereichs zwischen leiblich-sinnlicher Wahrnehmung und reflektierender Vorstellung zielt.« (Ebd.).

[273] Ebd. Rora bemerkt zudem, dass auch Aspekte des leiblichen Lernens als implizite Lernform aufgefasst werden können, »in der mimetische Prozesse gleichsam im Hintergrund ablaufen« und »als Formen pädagogischer Thematisierung« eingesetzt werden können (ebd., S. 12).

verstanden werde,[274] und entwickelte Anfang des 20. Jahrhunderts seine Methode der ›Rhythmischen Gymnastik‹: »Seine Methode diente der inneren Aktivierung, der Verbesserung der Hörwahrnehmung und des ›Rhythmus-Sinnes‹, der intensiven Aneignung und ausdrucksstarken Interpretation und Improvisation von Musik.«[275] Viele Methodenkonzepte der Rhythmik betonen die Förderung von Lernprozessen durch Bewegung, wobei hier nicht nur ein verständiger Umgang mit dem aktuellen Gegenstand des Unterrichts, sondern ein ganzheitliches Lernen angestrebt wird:

> »Die Rhythmik zeigt Möglichkeiten, wie Bewegung zugelassen und von ihr beim Lernen ausgegangen werden kann, auch in der Beschränkung durch beengte Klassenräume und Mangel an Musikinstrumenten. [...] Ihre Arbeitsweise, die mit ihrer direkten, oft über den Körper oder Musik nonverbalen Ansprache des Schülers auch emotionale, soziale und künstlerische Fähigkeiten zuläßt und fördert, unterstützt die Bemühungen um Chancengleichheit und Integration. Der Lehrer ermöglicht damit dem Schüler nicht nur die kognitiven Teile der Intelligenz zu entwickeln, und er läßt Spielraum für unkonventionelle Lernwege und individuelle Problemlösungen.«[276]

In diesem Sinne kann Rhythmik als eine funktionale Äquivalenz zu Percussion beobachtet werden, wenn über ein Mehr an Bewegung bzw. einen Einbezug von körperlichem Erleben Verstehensprozesse von Musik ermöglicht werden sollen. Es gibt aber auch kontroverse Beiträge innerhalb des Diskurses der Rhythmik, die nicht jede beliebige Bewegung zur Musik für lernförderlich halten: »Nicht Bewegung in jeder beliebigen Form begünstigt Lernprozesse beim Umgang mit Musik. Für die Bewegung muß ebenso wie für die Musik der spezielle Zusammenhang geschaffen werden«.[277]

Ähnliche Wechselwirkungen zwischen Bewegung und der Psyche des Menschen werden in der Motopädie in den Blick genommen. Im Sinne therapeutischen Selbstverständnisses werden hier, ausgehend von der Vorstellung einer funktionellen Einheit psychischer und motorischer Vorgänge, Konzepte zur Behandlung psychomotorischer Leistungs- und Verhaltensauffälligkeiten entworfen.[278]

[274] Vgl. hierzu auch Gruhn 2003a, S. 235.

[275] Steffen-Wittek 2001, S. 92.

[276] Ring/Vogel-Steinmann 1997, S. 252.

[277] Leiser 1985, S. 92. Der ›spezielle Zusammenhang‹ sei dann gegeben, wenn Lernende »neugierig und explorativ tätig werden.« Dass die Neugier von Schülerinnen und Schüler Lern und Verstehensprozesse anregen kann, ist auch der Motivationsforschung schon lange bekannt. Sodann ist zu fragen, ob nicht allein eine neugierige Haltung der Lernenden und nicht die Bewegung zur/in Musik Lernprozesse ermöglicht.

[278] Kiphard 1987. Die, diesem Fachbereich zugrundeliegende Wissenschaftsdisziplin, die Mo-

In diesem Zusammenhang lässt sich ein weiteres Äquivalent zu Percussion finden, welches sogar über Musikunterricht hinausgreift: Wird Verstehen als ein Lernprozess aufgefasst, und dieser in Verbindung mit Bewegung bzw. körperlichem Erleben gebracht, so bietet das Konzept der ›Bewegten Schule‹ hierzu eine Möglichkeit. Der Bildungswissenschaftler und Psychomotoriker Josef Voglsinger fasst in einem Aufsatz zusammen, inwieweit Bewegung aus der Perspektive entwicklungstheoretischer Konzepte Lernprozesse fördern kann. Er beschreibt Konzepte, die »die Bedeutung von Bewegung für die Persönlichkeitsentwicklung unter biologisch-neurologischen, psychodynamischen, erkenntnistheoretischen und systemisch-konstruktivistischen Aspekten [...] beleuchten«.[279] Voglsinger diskutiert den Begriff der ›Bewegten Schule‹, und stellt die Ziele dieses Konzepts ganzheitlicher dar, als nur als ein Mehr an körperlichem Bewegungsangebot.[280]

Eine Alternative zu Percussion in Hinblick auf **kollektive Erfahrungen**, die über gemeinschaftliche Bewegung zur/in Musik ermöglicht werden, sind zahlreiche musikalische Umgangsformen zu nennen, da solche ›kollektiven‹ Bewegungen zu jeder beliebigen Musik möglich sind. Ob dies dann als Percussion, Rhythmik, Tanz, Warm-Up oder rhythmische Sportgymnastik bezeichnet wird, ist manchmal vielleicht nur über die Perspektive eines Beobachters zu klären. In der Geschichte der Musikpädagogik sind gemeinschaftliche Erfahrungen solcher Art allerdings auch in negativen Zusammenhängen zu beobachten: Die Jugendmusikbewegung und das Erlebnisprinzip beruhten Anfang des letzten Jahrhunderts als musikpädagogische Anliegen »auf der Idee ›Musischer Erziehung‹, die aber weniger ein bildungspolitisches Programm als eine globale Ideologie von ›Ganzheit‹ und ›Gemeinschaft‹ darstellte«.[281] Und so floh man in den 1920er Jahren

> in die Illusion einer intakten Gemeinschaft, die dem in der Masse isolierten Individuum Geborgenheit versprach, und in die Verabsolutierung des eigenen »schaffenden« Tuns, in dem Erfüllung und Verinnerlichung gegenüber dem passiven Konsum des Kultur- und Konzertbetriebs verheißen wurde.[282]

tologie, wird im europäischen und angloamerikanischen Raum auch Psychomotorik genannt.

279 Voglsinger 2009, S. 67.

280 »Ziel ist es durch Initiativen oder konkrete Projekte, in Schulen einen Rahmen zu schaffen, wo Handlung und Bewegung auf biologisch-körperlicher Ebene, bewegt und motiviert sein im emotional-psychischen Bereich, bewegtes Denken im Sinne von Anbahnung kreativer Denkprozesse sowie Dialog und Kommunikation gefordert und gefördert werden« (ebd., S. 73).

281 Gruhn 2003a, S. 232.

282 Ebd., S. 233.

Eine solche ›Flucht‹ in eine Gemeinschaft, in der sich Einzelne verstecken können, in ein Erleben des ›schaffenden Tuns‹ sind auch heutzutage noch, selbst wenn sie anders benannt sind, als problematisch zu sehen, werden sie nicht reflektiert. Dass solche unreflektierten ›Programme‹ auch instrumentalisiert werden können und eine ›Erziehung durch Musik‹ ermöglichen, ist innerhalb der deutschen Geschichte nur allzu gut ersichtlich.[283] Doch müssen ›kollektive‹ Erfahrungen dieser Art nicht unweigerlich unreflektiert oder hinderlich für Prozesse musikalischer Bildung sein, sondern können auch als Chance gesehen werden, in einem gewissen Rahmen Schülerinnen und Schülern Erfahrungen zu ermöglichen, die sie unter Umständen alleine nicht machen könnten.

Sehr ähnlich zu der kritischen Erörterung solch ›kollektiver‹ Erfahrungen sind auch Percussion oder Alternativen dazu zu sehen, wenn es um ein ununterbrochenes **In-Musik-Sein** geht. Als funktionale Äquivalenz zu Percussion sind nämlich all jene musikalischen Praxen zu beobachten, die über ein In-Musik-Sein ein Erlernen von musikalischen Elementen ermöglichen. Interessanterweise ist die Art der Erfahrungen, wie sie in den Interviewtexten thematisiert worden sind, als **Flow**-Erleben im Sinne Mihaly Csikszentmihalyis zu fassen. Obgleich nicht alle sechs Merkmale, die Csikszentmihalyi bezüglich Flow anführt,[284] in

[283] Vgl. ebd., S. 273ff. Eine Verbindung zwischen Musik und Bewegung war in einer bestimmten Art und Weise von der Staatsideologie des 3. Reichs erwünscht. »Diese Verbindung antiker hellenischer Körperertüchtigung mit deutscher Gefühls- und Seelenpflege wurde als musisch bezeichnet. Musische Erziehung wurde daher zum Erziehungsprinzip innerhalb und außerhalb der Schule.« (Ebd., S. 273). Eine Erziehung der Jugend durch die Jugend, wie sie nach der Machtübernahme Hitlers propagiert wurde, hatte zur Folge, dass Marschmusik eine bedeutende Rolle zukam. Diese verfehlte ihre Wirkung nicht, unter anderem da Bewegung und Musik in einer unreflektierten Weise aufeinandertrafen (vgl. ebd., S. 261).

[284] Zusammengefasst nach Csikszentmihalyi 1975: »1. Handlungsanforderungen und Rückmeldungen werden als klar und interpretationsfrei erlebt, so daß man jederzeit und ohne nachzudenken weiß, was jetzt als richtig zu tun ist. 2. Man fühlt sich optimal beansprucht und hat trotz hoher Anforderungen das sichere Gefühl, das Geschehen noch unter Kontrolle zu haben. 3. Der Handlungsablauf wird als glatt erlebt. Ein Schritt geht flüssig in den nächsten über, als liefe das Geschehen gleitend wie aus einer inneren Logik (Aus dieser Komponente rührt wohl die Bezeichnung ›Flow‹). 4. Man muß sich nicht willentlich konzentrieren, vielmehr kommt die Konzentration wie von selbst, ganz so wie die Atmung. Es kommt zur Ausblendung aller Kognitionen, die nicht unmittelbar auf die jetzige Ausführungsregulation gerichtet sind. 5. Das Zeiterleben ist stark beeinträchtigt; man vergißt die Zeit und weiß nicht, wie lange man schon dabei ist. Stunden vergehen wie Minuten. 6. Man erlebt sich selbst nicht mehr abgehoben von der Tätigkeit, man geht vielmehr gänzlich in der eigenen Aktivität auf (sog. ›Verschmelzen‹ von Selbst und Tätigkeit) Es kommt zum Verlust von Reflexivität und Selbstbewußtheit.« (Erklärung des Begriffs: intrinsische Motivation Rheinberg 1995, S. 142).

den Motivangaben zu beobachten sind, zu denen er vor allem Studien über Sport durchgeführt hat, ist dennoch eine Ähnlichkeit festzustellen, da in beiden Fällen eine Vertiefung und ein Aufgehen in einer Tätigkeit beschrieben wird, die weder Stress über zu schwere Anforderungen, noch Langeweile über Unterforderung auslöst.[285] Dementsprechend können alle musikalischen Praxen, die den Lernenden ermöglichen, möglichst viele Komponenten eines Flow-Erlebens zu erreichen, als Alternative genannt werden. Doch selbst wenn »das Erleben von ›Flow‹ im Prozeß des Lernens für das Entstehen von intrinsischer Lernmotivation und für die kognitive Entwicklung der Schülerinnen und Schüler von entscheidender Bedeutung«[286] ist, so muss man sich fragen, inwieweit die letzte Komponente von Flow, der Verlust von Reflexivität, nicht auch ungünstig für einen an musikalischer Bildung ausgerichteten Musikunterricht sein kann.

Umgangssprachlich wird das Erlebnis eines musikalischen Flows des Öfteren als miteinander **Grooven** beschrieben.[287] In diesem Zusammenhang kann zwar einerseits die strukturell-kognitive Dimension genannt werden, da der Begriff Groove insbesondere bei Musik verwendet wird, die über zyklisch wiederholte Patterns organisiert ist. Mit dem Satz, dass »es eine spannende Aufgabe [wäre], die Eigenheiten der musikalischen Groove-Erfahrung mit Flow-Erlebnissen in anderen Erfahrungsbereichen zu vergleichen«, verweist Pfleiderer auf Forschungsdesiderate in Bezug auf eine genauere Verwendung der genannten Begriffe.[288] Dennoch gibt es vereinzelte Versuche eine besondere Zeiterfahrung als Grooven zu fassen, welche von Musikerinnen und Musikern in verschiedenen Situationen auf vergleichbare Weise erlebt werde.[289] Diesbezügliche Wahr-

[285] »Befinden wir uns im Flow, sind unser Fühlen, unser Wollen und unser Denken in diesen Augenblicken in Übereinstimmung. Die aktuelle Handlung passiert mit einer Leichtigkeit und geht mühelos, wie einer inneren Logik folgend vonstatten.« (Csikszentmihalyi/Jackson 2000, S. 15).

[286] Csikszentmihalyi/Schiefele 1993, S. 207.

[287] Auch Pfleiderer bemerkt dazu: »Schließlich wäre es eine spannende Aufgabe, die Eigenheiten der musikalischen Groove-Erfahrung mit Flow-Erlebnissen in anderen Erfahrungsbereichen zu vergleichen.« (Pfleiderer 2010).

[288] »Während eine wahrnehmungspsychologisch fundierte Rhythmustheorie inzwischen eine in sich schlüssige Terminologie sowie tragfähige Analyseansätze für die analytische Untersuchung der klanglichen Strukturen von Grooves bereit stellt, steht dagegen die wissenschaftliche Auseinandersetzung mit der Bewegungsdimension, der emotionalen Dimension und der sozial-partizipatorischen Dimension der Groove-Erfahrung noch in ihren Anfängen« (ebd.).

[289] Christiane Gerischer beschreibt dies als »Im-Moment und In-der-eigenen-Zeit-Sein, außerhalb der äußerlichen Zeittaktung« (Gerischer 2011).

nehmungen und Formulierungen können mit Auffassungen in Zusammenhang gebracht werden, bei denen sich »eine besondere Art des Zeiterlebens«[290] zeige. Der für diese Situationen von Seel angeführte sogenannte »Modus des Verweilens«[291] zeichne sich zwar auch durch »Loslösung von der Bindung an äußere Zwecke und reflexive Bezugnahme auf sich selbst«[292] aus, könne aber für eine ästhetische Erfahrung durchaus gewinnbringend sein. Auch hier wird der bereits angeführte Aspekt des Verlustes oder des Verzichts von Reflexivität als eigene Qualität beschrieben, ganz ähnlich wie im Kontext der Beschreibungen von Groove. Solches Erleben bzw. Erfahren ermöglichende Befinden wird auch »acute rhythmic prowess«[293] genannt.

Wallbaum stellt die These auf, dass »Grooven [...] ein kulturunabhängiges Musikphänomen (ein musikalisches Urphänomen)«[294] ist, wobei in diesem Kontext Grooven eine musikalisch-rhythmische Qualität beschreibt oder der Fachausdruck für bestimmte Strukturen ist.[295] Wallbaum vermutet weitere solche Phänomene und folgert aus seiner ersten These, dass es »mehrere kulturunabhängige Musikphänomene« gebe und diese »musikalischen Urphänomene« müssten »einen zentralen Platz in einem Kerncurriculum Musik für allgemein bildende Schulen einnehmen«.[296] Damit ist zwar nicht nur Percussion angesprochen, doch wird deutlich, dass Percussion als eine Musikpraxis, die primär rhythmische Strukturen in den Vordergrund stellt, hier einen Zugang zu ästhetischen Einstellungen ermöglicht, der nicht unbedingt von allen anderen musikalischen Praxen in dieser Form geleistet wird.

290 Brandstätter 2012, S. 176.

291 Seel 1996, S. 50.

292 Brandstätter 2012, S. 176.

293 »Indeed, it should be seen as no coincidence that one's sense of rhythm is referred to as ›feel‹. A certain kind of awareness is required to be able to tap into this embodied sense of groove. Often musicians believe that this sense can vanish if one attempts to scrutinize it. Musicians often instruct each other not to ›think too much‹ about rhythm, apparently meaning not to analyze it symbolically with numbers or words.« (Iyerer 1998, S. 40f.).

294 Wallbaum 2009, S. 54.

295 Wallbaum nach der Definition von Pfleiderer »(1) Umgangssprachliche Beschreibung einer musikalisch-rhythmischen Qualität, die zu Körperbewegung und Tanzen animiert und ein Gefühl von Ausgelassenheit, Freude und Eins-Sein (mit der Musik, dem eigenen Körper, dem sozialen Kontext) hervorruft. (2) Fachausdruck für bestimmte rhythmische Patterns und Strukturen, die der als Groove (1) empfundenen Musik zugrunde liegen. Als Kriterien werden u. a. genannt: Isochrone Schlagfolgen, zyklische Patterns, rhythmisch-metrische Spannungen, bestimmte mikrorhythmische Gestaltungsweisen« (Pfleiderer 2006, S. 344).

296 Wallbaum 2009, S. 54.

Musik in der Schule

Bezug zu den Motiven

In den Interviewtexten ist eine Unterscheidung beobachtbar, die als problematisch verstanden werden kann. In den Texten findet sich die Unterscheidung zwischen ›Schulmusik‹, einer Musik in der Schule und ›wirklicher Musik‹, also der außerhalb. Auf diese Grundunterscheidung lassen sich eine ganze Reihe von Äußerungen der Befragten beziehen. In den Äußerungen wird artikuliert, dass im Musikunterricht in der Schule komplexe Musik vorkommen solle. So soll das Musizieren in der Schule bzw. im Musikunterricht an Musik außerhalb der Schule anschließen. Einen Weg, Anschluss zu finden, bietet den Befragten Percussion, da hier das **Spielen von Originalliteratur**[297] ohne große Arrangement-Eingriffe nahezu möglich ist. Auch wird thematisiert, dass beispielsweise Bodypercussion oder Vocussion Musikpraxen darstellen, die trotz ihrer didaktischen und methodischen Möglichkeit zur Komplexitätsreduktion keine explizit musikpädagogischen Umgangsweisen seien, sondern hier direkter **Anschluss an außerschulische Musiktraditionen und -szenen** geboten würde. So könne, das wird von den Befragten mehrmals artikuliert, eine Vielfalt von Musiken über Percussion in den Musikunterricht gelangen.

In den Interviewtexten ist zu beobachten, dass der als ungünstig thematisierte Unterschied zwischen ›Schulmusik‹ und ›wirklicher Musik‹ bei Percussion nicht greift oder kaum eine Rolle spielt. Es stellt sich die Frage, warum bei Percussion diese Unterscheidung nicht als ›ungünstig‹ thematisiert wird, obwohl aufgrund der Beschreibungen der im Unterricht praktizierten Musik anzunehmen ist, dass nicht nur Originalliteratur gespielt wird bzw. das Label ›Schulmusik‹ an der erklingenden Musik hier angebracht werden könnte. Hier argumentieren die Befragten, dass der **Vergleich** zwischen dem, wie in der Schulklasse gespielt wird, und dem, wie ›original‹ bzw. ›wirklich‹ gespielt wird, **aufgrund der Fremdartigkeit** kaum möglich sei oder schwer falle.

297 »Originalliteratur« meint in diesem Zusammenhang, dass eine Musik nicht speziell für einen pädagogischen Gebrauch komponiert wurde. So können Beethovens Fünfte, der Beatles-Song ›Penny Lane‹ oder Sambamusik solange als Originalliteratur gelten, als diese Beispiele nicht für eine pädagogische Situation arrangiert worden sind. Dass hier die Grenzen leicht verwischen können, liegt auf der Hand: Ein Schulorchester spielt die 5. Sinfonie von Beethoven, allerdings gibt es in dem Schulorchester nur eine Klarinette; die Lehrkraft arrangiert die Klarinettenstimme, um alle harmonisch wichtigen Töne zu Gehör zu bringen. Ist dies jetzt noch Originalliteratur?

Zugleich wird, ohne dass das als Nicht-Übereinstimmung mit dem oben Dargestellten reflektiert wird, von den Befragten thematisiert, dass das **Transformieren von** (klassischer) **Musik** in kleine Übungen, in methodische Hilfestellungen oder auch in andere Umgangsweisen mit Percussion gut möglich ist. Da Lernende unterschiedlich auf Musik zugingen (vgl. Heterogenität), sie unterschiedlich ›verstehen‹ könnten, gebe es über verschiedenartige Übungen diverse Möglichkeiten Musik zu transformieren, so dass mit dieser umgegangen werden kann, sie gegebenenfalls zum Anlass oder Gegenstand von Lernen wird.

Seitens der Befragten wird auch thematisiert, dass das Lehren und Lernen von Musik in der Institution Schule unter einschränkenden Bedingungen stattfindet. Angesprochen wird das, wenn das **Nichtvorhandensein geeigneter Instrumente** und nicht ausreichendes **Zeitkontingent** für ein Musizieren während des regulären Musikunterrichts als Schwierigkeit geschildert wird. Weil aber für die Befragten ein gleichzeitiges Spiel aller möglich sein sollte, müssen sie dieses Problem lösen. Percussion als Konzept weist für die Befragten ein letztlich erreichbares, vielfältiges Instrumentarium auf, zumal auch instrumentenlose Umgangsweisen (Bodypercussion, Vocussion) passend einzubinden sind. Auch wird thematisiert, wie schwer es ist, innerhalb 45 Minuten, also einer Unterrichtsstunde, mit einer Klasse zu musizieren, weil oftmals das Organisieren und Aufbauen der Instrumente zu viel Zeit raubt. Da aber Musikunterricht (zumindest in der Unter- und Mittelstufe) für die Befragten einen praktischen Umgang mit Musik beinhalten sollte, entwickeln sie Strategien, dieses Hindernis zu überwinden. Percussion erscheint ihnen dann als Möglichkeit auch über kurze Zeitspannen zu musizieren, da ein organisatorischer Aufwand gering gehalten werden kann.

Bezug zum musikpädagogischen Diskurs

Dass Lehrende an Schulen, die Musikunterricht geben, mit Musik umgehen, sich in irgendeiner bestimmten Weise auf Musik beziehen, liegt auf der Hand. Und dass in verschiedenen Zusammenhängen des Nachdenkens über Musikunterricht unterschiedliche Bestimmungen von Musik zentral gestellt werden, wird schon in einer kursorischen Umschau deutlich, die hier an einem Querschnitt von Positionen der 1970er Jahre einmal beispielhaft gegeben sei: In Gertrud Meyer-Denkmanns »Struktur und Praxis neuer Musik im Unterricht«[298] wird auf (zeitgenössische avancierte) Musik auf eine kreativ-produktive Art Bezug genommen, anders als bei Dieter Zimmerschied, bei dessen »Perspektiven Neuer

[298] Meyer-Denkmann/Schnebel 1972.

Musik«[299] durch Informationen und Materialien »das Werk selbst vorgestellt und dadurch sachimmanente Motivationen geweckt werden«[300] sollen, wieder anders bei den »Sequenzen«[301], bei denen es »nicht um Musik allein« gehen soll, sondern »ferner um die Wirkungen, die Musik in verschiedenen Gesellschaftsgruppen auslöst«[302] oder bei »Musik aktuell«[303], in dem zunächst ein kognitiver Umgang mit dem sozial, psychisch, ökonomisch und politisch zu dimensionierenden Kulturphänomen Musik[304] vorgeschlagen wurde, der die »bisher allein übliche historische Betrachtungsweise«[305] ergänzen sollte. Die bei Gruhn zu findende Skizze zum Musikbegriff[306] erweiternd[307] ließe sich sagen, dass Musik im didaktischen Kontext als Tun, Prozess, Werk, Produkt, absichtsvolles Schallereignis oder ästhetische Praxis fokussiert wird.

Spätestens seit den Einlassungen von Theodor W. Adorno ist der Begriff ›pädagogische Musik‹ negativ besetzt. Seither ist diese Denkfigur im musikpädagogischen Diskurs immer wieder finden. Adorno hatte im Zusammenhang mit seiner kritischen Auseinandersetzung mit der musikalischen Praxis der Jugend- und Singbewegung deren Spielmusik »musikpädagogische Musik« genannt, bei der »aus den ästhetischen Beschränktheiten, die meist der Rücksicht auf pädagogische Verwendbarkeit entstammt, eine Tugend gemacht werde«.[308] Deren »Affinität […] zur verwalteten Welt [sei] schlagend«.[309] Im Kontext seines ästhetischen wie politischen Konzepts hatte bekanntlich Adorno formuliert, dass die Musikpädagogik ihre »Funktion« nur erfüllen könne durch den Prozess »der Erfahrung der Werke hindurch, nicht durch ein sich selbst genügendes, gleichsam blindes Musizieren«.[310] So bezweifelt er insbesondere das »künstlerisch Stichhaltige« an jener ›pädagogischen Musik‹.[311]

299 Zimmerschied/Fuhrmann 1974.

300 Ebd., S. 7.

301 Frisius 1972, S. 9f.

302 Ebd.

303 Breckoff 1971.

304 Ebd., S. 16.

305 Ebd.

306 Gruhn 2003b, S. 10.

307 Die als viertes genannte Position geht über Gruhns Modell hinaus.

308 Adorno 1972, S. 99.

309 Ebd., S. 71.

310 Adorno, S. 102.

311 »Zur Verteidigung der musikpädagogischen Musik hört man neuerdings: daß die Kritik des

Frauke Heß geht in der Konsequenz in eine vergleichbare Richtung, wenn sie beleuchtet, dass in Zeiten, in denen das Klassenmusizieren Konjunktur habe und »das aktive Musizieren als Ausgangspunkt für jede Form des ›Musikverstehens‹ proklamiert«[312] werde, von einer Verantwortung der Lehrenden dafür spricht, dass »Schülerinnen und Schüler mit realen ›Musiken‹ (in ihrer jeweiligen Komplexität oder auch mit allen spezifischen kulturellen Einschüssen)« in Berührung zu bringen und nicht in einem »musikalischen Schonraum«[313] zu halten seien.

Ebenso beschreibt Heinz Antholz »die Problematik musikdidaktischer Reduktion«[314] bei pädagogischer Musik, diskutiert jedoch den Begriff in verschiedenen Dimensionen, die eine wertneutrale Aufarbeitung des Begriffs zulassen.[315] Christopher Wallbaum nimmt Bezug auf die Problematik, beschreibt sie als Spannungsfeld und versucht über die Modellierung von schulmusikalischer Praxis als einer bestimmten ästhetischen Praxis eine Lösung zu entwickeln. Statt eines Dualismus, bei dem auf der einen Seite »Vertreter einer Musikpädagogik [stehen], die diese ›vom Kinde aus‹ bzw. vom Subjekt und den musikalischen Umgangsformen her« denken und gestalten, und auf der anderen Seite »Vertreter einer Orientierung an der Sache, die die Funktion und Gestaltung der Lehr-Lern-Situation vom Werk und seinen kompositorischen Bausteinen und Kulturwerten, kurz: vom Objekt her sehen«,[316] versucht Wallbaum zu zeigen »dass Musik in der Schule überwiegend *in*

Musikanten nur auf deren ältere, vorhitlersche Phase zutreffe, daß man aber unterdessen sich bemühe, die Primitivität zu überwinden und künstlerisch Stichhaltiges zu produzieren. Ich weiß nicht, ob es auch bei diesem Argument um einen bloßen Gestus der Abwehr sich handelt oder ob in der Tat solche Tendenzen sich abzeichnen.« (Adorno 1973, S. 440).

312 Hess 2006, S. 48.

313 Ebd.

314 Antholz 1984, S. 27.

315 Antholz wirft Schlaglichter auf die »begiffliche[] Konfusion«, auf die »geschichtlich-gesellschaftliche Dimension« und auf die »historische[] Antrophologie des Kindes« (ebd.).

316 Wallbaum 2005b, S. 4. Wallbaum steht mit dem Versuch »dem Pragmatismus in der Nachfolge Deweys nahe. Kurz gesagt beantwortet diese philosophische Position die Frage danach, ob die Objekte oder die Subjekte die Welt erzeugen, mit: beide – oder treffender noch: beide nicht. Denn die Welt stellt sich uns immer schon als eine Kombination von Sinneseindrücken, Sachen und sozialer Interaktion dar. ›Subjekt‹ und ›Objekt‹ sind immer schon in soziokultureller Praxis vermittelt. Ich frage demnach nicht, was Musik, sondern was musikalische Praxis sei. Von da aus ergibt sich dann eine Antwort auf die Frage nach Kunst und was die Schulmusik für eine Kunst ist oder sein könnte.« (Ebd., S. 6).

musikalisch(ästhetischer) Praxis erscheinen sollte.«[317] Musikalische Praxis ist für Wallbaum »eine Kombination von Handlungen, in deren Zentrum das Interesse an erfüllten Wahrnehmungsvollzügen steht.«[318] In der von ihm skizzierten »relationalen Schulmusik« spielen »erfüllte Wahrnehmungsvollzüge« und »ästhetische Kritik«[319] eine wichtige Rolle, womit »jedes taube und blinde Gehudel, musisches Geklöppel oder wie man solches Musikmachen nennen will, verhinder[t]«[320] werden könne.

Der Diskurs um ›pädagogische Musik‹ könnte im Sinne von Luhmanns Theorie funktional ausdifferenzierter Systeme beschrieben werden: Demnach kann Musik einem ästhetischen Urteil unterzogen werden, wobei ein Codewert des Kunstsystems greift. Sobald Musik als Kunst beobachtet wird, also von Nicht-Kunst unterschieden wird, ist sie dem Kunstsystem zugehörig.[321] Eine Musik kann auch aus Sicht des Erziehungssystems beobachtet werden. Dann gilt eine andere Codierung (z. B. anhand der Leitunterscheidung vermittelbar oder nicht-vermittelbar). Vermittelbarkeit von Musik beobachten heißt dann nicht deren technische Ansprüche (Kunst-Perspektive) zu thematisieren, sondern deren Stellenwert in Situationen mit pädagogischer Intentionalität zu beobachten. Ästhetisches Urteilen kann bei pädagogischer Beobachtung von Musik eine Rolle spielen (wie z. B. im Kontext bei Wallbaum), muss es aber nicht zwangsläufig (wie von Adorno postuliert). So gesehen ist der Begriff ›pädagogische Musik‹ zunächst unproblematisch, sofern noch keine ästhetische Wertung als vorab gegeben unterstellt wird. Erst wenn pädagogischer Musik aus Sicht des Kunstsystems ein negatives ästhetisches Urteil zugeschrieben, also per definitionem dem negativen Codewert des Kunstsystems zugerechnet wird, und daraus Direktiven für das Erziehungssystem abgeleitet werden, wird es problematisch.

Funktionale Äquivalenzen

Als funktionale Äquivalenz zu Percussion als einer Musik, bei der das **Spielen von Originalliteratur** möglich ist, können vor allem Kompositionen genannt werden, die von den Fertigkeiten und Fähigkeiten der heterogenen Lerngruppe

[317] Ebd., S. 16. (Herv. i. O.)

[318] Ebd., S. 6f.

[319] Wallbaum 2005a, S. 15.

[320] Ebd.

[321] »Die Unterscheidung eines Kunstwerks von etwas anderem dient nur dazu, einen besonderen Beobachtungsraum einzugrenzen und darauf aufmerksam zu machen, daß hier Beobachtungsverhältnisse besonderer Art gelten« (Luhmann 1997, S. 306f.).

spielbar sind. Ohne jetzt einzelne Werke aufzuzählen, lassen sich wohl in vielen musikalischen Epochen, Gattungen oder Stilrichtungen solche finden. Als Beispiel mag das Ausführen eines Kanons von Mozart genannt sein. Doch wird das klangliche Ergebnis die Erwartung der Lernenden bzw. der Lehrenden erfüllen? Die Situation, dass eine solche oder vergleichbare Fragen beantwortet werden sollen, wird (wenn auch nicht mit dem Beispiel Mozart) in Konzepten zu ästhetischer Praxis (Rolle) oder relationaler Schulmusik (Wallbaum) zum Anlass für unterrichtliche Planung genommen. Kriterien des Gelingens werden dann zum Gegenstand des Aushandelns, von ›ästhetischem Argumentieren‹ oder ›ästhetischem Streit‹ (Rolle).

Bei diesem Aspekt wird die oben beschriebene Problematik von ›Schulmusik‹ dahingehend gelöst, dass ›wirkliche‹ Musik (Originalliteratur) gespielt wird und sich das Musizieren in pädagogischem Zusammenhang nicht mehr dem Verdacht aussetzen muss, sich mit ›nicht-wirklicher‹ Musik zu befassen.

Mit der Überlegung, dass Percussion einen **Anschluss an außerschulische Musiktraditionen und -szenen** bietet, bleibt, das wurde bereits gezeigt, die Unterscheidung Musik in der Schule und Musik außerhalb der Schule in Nutzung. Wird von der Möglichkeit funktionaler Äquivalente aus gedacht, kann diese Unterscheidung auf jede Musik angewandt oder außer Kraft gesetzt werden. Somit könnte die Frage gestellt werden, welcher schulische Umgang mit Musik – was als methodische oder didaktische Transformation bezeichnet werden kann – *nicht* an außerschulische Musikszenen anschließt, denn prinzipiell könnte jeder schulische Umgang mit Musik ebenso extern stattfinden. Selbst Blockflötenorchester oder Orffgruppen existieren außerhalb pädagogischer Institutionen. Und umgekehrt könnte gefragt werden, ob Arrangements von aktueller Pop/Rock-Musik – wie beispielsweise in musikpädagogischen Zeitschriften häufig veröffentlicht –, die einerseits auf Spielbarkeit in schulischen Zusammenhängen und andererseits auf Realitätsnähe sowie möglichst originale Soundgestaltung ausgehen, nicht ebenfalls dem Verdacht einer Verfälschung durch die Transformation und den Import in den Raum Schule verfallen.

Wird Percussion als eine musikalische Umgangsweise gesehen, die einen **Vergleich aufgrund ihrer Fremdartigkeit** hinsichtlich qualitativen Beurteilens erschwert, und ästhetische Rationalität bedingt durch ›Nichtwissen‹ nur begrenzt stattfinden kann, so sind alle musikalischen Praxen, die Lehrenden wie Lernenden als fremd erscheinen, als funktionale Äquivalenzen zu Percussion zu nennen. Auch bei einem Spiel auf Morin chuur (Pferdekopfgeigen) von mongolischen Melodien, die oftmals mit einem pentatonischem Tonvorrat auskommen, können ›europäische‹ Ohren meist zwar die instrumentale Technik, nicht aber die Originalität der Melodien beurteilen. Das Spielen andersartiger Musik bzw. Musik aus anderen Kulturen birgt somit die Chance, ein ästhetisches Urteil zuerst nur als individuelles Geschmacksurteil zu fällen und die vergleichende Wahrnehmung zum Originalklang auszublenden. Als weiteres Äquivalent können Gestaltungsversuche mit Neuer Musik gesehen werden, bei denen häufig keine Hörerfahrungen vorhanden sind, und die somit in eine Art klangliche Beliebigkeit abdriften können. Dies wird zwar bei einigen Kompositions- und Personalstilen mit deterministischen Regeln aufgefangen, doch bedarf es oftmals einiger Expertise, um diese wahrnehmen zu können. Hingegen gibt es Formen (Neuer) Musik, bei der die Musizierenden die Regeln selbst aushandeln und dann innerhalb dieses Geltungsbereichs performen[322] Auch hier kann vielleicht nicht an bereits gemachte Hörerfahrungen angeschlossen werden, doch durch das entworfene Reglement wird der Code des Kunstsystems installiert, da sich dieser immer an bestimmten Regeln innerhalb der Kunst orientiert.[323]

Insgesamt gesehen können weder die funktionalen Äquivalenzen noch Percussion selbst die Problematik hinsichtlich ›pädagogischer‹ Musik definitiv lösen, solange ›pädagogischer‹ Musik der Stempel des ›nicht künstlerisch Stichhaltigen‹ automatisch anhaftet. Sie können nur aufzeigen, wie das Dilemma ausgeblendet oder leicht stolpernd umgangen werden kann.[324]

Alternativen, die Möglichkeiten für ein **Transformieren von Musik** anbieten, sind vorhanden. Wie bereits mehrfach angesprochen, könnte Musik in Bewegungen transformiert, in szenische oder tänzerische oder durch Malen in bildhafte Formen[325] verwandelt werden. Sie würden sich in den Materialien und Medien unterscheiden, mit denen oder in die eine Transformation erfolgt.

Eine funktionale Äquivalenz zu Percussion hinsichtlich des **Instrumentariums** bildet zum Beispiel das bereits oben angesprochene Modell der Musikklasse,

[322] S. hierzu SCHNEIDER 2000.

[323] Auch die Codierung des Kunstsystems muss sich an ›Prinzipien‹ orientiert: »Wäre alles akzeptabel und nichts unakzeptabel, wäre es nicht möglich, Kunst von Nichtkunst zu unterscheiden« (LUHMANN 1997, S. 307).

[324] Das Dilemma zwischen ›wirklicher‹ und ›pädagogischer‹ Musik ist eine problematische Setzung bzw. ein Beobachtungsproblem. Selbst im Kunstsystem könnte gefragt werden, ob, da Musik aufgeführt wird, nicht ständig Transformationen erfolgten, die problematisch genannt werden können. Auch hier ist die Unterscheidung ›wirklicher‹ und ›nur-erklungener‹ Musik fragwürdig. Wie und dass innerhalb der Interviewtexte das ›Problem pädagogischer Musik‹ gelöst wird, täuscht darüber hinweg, dass die Unterscheidung intakt bleibt und letztlich so nicht überwunden werden kann.

[325] WINKLER 2001.

bei dem oftmals Leihinstrumente für alle Lernenden einer Klasse bereitgestellt werden.[326] Eine andere Alternative bietet der Einsatz von Blockflöten im Musikunterricht, die aufgrund geringer Kosten und leichter Handhabung oftmals als gemeinsame Instrumente einer Klasse genutzt werden. Es ist zu beobachten, dass seit den 90er Jahren des letzten Jahrhunderts das Keyboard neben der Blockflöte in den Klassenzimmern Einzug gehalten hat[327] und auch Möglichkeiten über Computerprogramme oder über Smartphonesmit der ganzen Klasse zu musizieren oder über Smartphones werden immer mehr genutzt.[328] Ebenso sind vokale Praxen denkbar, für die, im Vergleich zu einem instrumentalen Musizieren, keine Kosten für eine Instrumentenbeschaffung anfallen. Auch Konzepte, die sich mit Improvisation oder Neuer Musik auseinandersetzen, stellen Ansätze dar, die über den Einbezug von alltäglichen Gegenständen unter anderem dem Problem der Instrumentenbeschaffung begegnen. Stühle, Schlüssel, Stifte, Steine u.v.m. können hier Alternativen zu traditionellen Instrumenten bieten, »denn dies ist ein Instrumentarium, das schon von sich aus ungewohnte Klangbilder provoziert«,[329] und so »das meist melodiebehaftete, tonale und harmonische Repertoire«[330] traditioneller Instrumente vermeidet.

Ähnlich dem Argument, dass für ein Singen keine Instrumente bereitgestellt werden müssen, ist Singen in Hinblick auf ein geringes **Zeitkontingent** eine Lösung. Organisatorische Nachteile wie Platzschaffen, Aufstellen, Verteilen oder auch Wegräumen der Instrumente entfallen, allein stimmbildnerische Maßnahmen wie Einsingen können zusätzlich Zeit in Anspruch nehmen. Andere Alternativen sind bereits in den Texten angesprochen: Das Teilen des Raumes in einen Ort zum Musizieren und einen Ort für andere Themen, das Einrichten von Dop-

326 Für die Finanzierung der Instrumente existieren verschiedene Modelle, denen meist eine von den Eltern zu zahlende Mietgebühr für das Instrument gemein ist. Die Höhe der Gebühr hängt von weiteren Zuschüssen und Spenden ab. Ein recht erfolgreiches Modell wurde von einigen Instrumentenherstellern selbst initiiert: Mit den Schulen oder den Eltern werden über die Zeitspanne der Musikklasse (meist zwei Jahre) Leasing-Verträge für die Instrumente eingegangen. Nach dem abgelaufenen Zeitraum können die Instrumente zu einem Vorzugspreis gekauft werden.

327 »Die neu in den Blick geratene Möglichkeit des Klassenmusizierens lenkt die Aufmerksamkeit auf portable Keyboards, die – wie einst die Blockflöte – Einzug in den Musiksaal hielt.« (Gruhn 2003a, S. 357).

328 »Computer und Internet stellen heutzutage selbstverständliche ›tools‹ für Lehrer und Lehrerinnen wie Schüler und Schülerinnen dar, werden auch zum Musizieren, Komponieren, Arrangieren verwendet.« (Ebd., S. 415).

329 Schneider 2000, S. 245.

330 Ebd., S. 244.

pelstunden, das Durchführen von Projekten bzw. Blockunterricht oder auch das Einrichten von Wahlkursen am Nachmittag wird als Lösung genannt, um dem Zeitproblem hinsichtlich eines Musizierens mit der ganzen Klasse zu begegnen.

Musik lernen und lehren

Bezug zu den Motiven

Dass **Musik über praktisches Tun besser erfahren** werden könne als über theoretische Instruktion, ist eine Überzeugung, die in den Äußerungen der Interviewten immer wieder zum Ausdruck kommt. Sie kann dem Diskurszusammenhang ›Erfahrung‹ genauso zugeordnet werden, wie sie im Kontext ›Musiklernen‹ verstehbar ist. Was ›Musiklernen‹ angeht, lässt sich das genannte Motiv übereinstimmend sowohl mit jener oben unter Bezug auf Erwe angeführten Auffassung von ›Musiklernen‹ verstehen, als auch mit dem Hinweis Gruhns, dass das Musiklernen im musikalisch-praktischen Tun zu beginnen und zu gründen habe.

Eine Erweiterung, die auch in den Kontext mit jener bestimmten Orientierung am ›Schüler‹ (s. o.) gestellt werden kann, erfährt die lerntheoretisch relevante Ausrichtung an ›Praxis‹ in den Auskünften der Befragten darin, dass die ganze Klasse als aktiv oder als ›beschäftigt‹ gesehen werden soll. Lernen hat also in den Äußerungen der Befragten grundsätzlich mit Aktivität (Tätigkeit/Handlung) zu tun. Mit solcher Orientierung gehen sie mit markanten pädagogischen Überlegungen zusammen wie der von Hans Aebli, der schulisches Lehren und Lernen in eine Theorie eingebettet hat, derzufolge Denken und Verstehen aus dem Handeln hervorgehen,[331] oder der von John Dewey, in dessen Entwurf einer demokratischen Pädagogik das *learning by doing* eine zentrale Idee verkörpert.[332]

Um jenes allseitige, ständige In-Musik-Sein im Musizieren zu erreichen, wird die **Beobachtung der Bewegungen** der Schülerinnen und Schüler thematisiert, die im Sinne eines sichtbaren Blickpunktes auch als Kontrollinstrument genutzt werden können. Eine differenzierte und rein auditive Kontrolle beim Musizieren hinsichtlich der ganzen Klasse ist für eine Lehrkraft oftmals schwierig. Aufgrund der großen Bewegungen bei Percussion kann die Lehrkraft jedoch auch visuell den Output der Schülerinnen und Schüler kontrollieren. Auch ob die Befragten ihren Unterricht verändern, etwas verwerfen oder auf die Lerngruppe reagieren, ist abhängig von dem beobachteten Output der Lernenden. An die

[331] Aebli 1980–81.

[332] Dewey 1916.

Beobachtung der Bewegungen kann der Befund angeschlossen werden, ob die Musizierenden das zu Musizierende ›verstanden‹ haben. Mit ›verstanden‹ dürfte hier gemeint sein, dass das Beabsichtigte passend geschieht, so musiziert wird, wie gewünscht. Anders ausgedrückt (wobei die Interviewten nicht so sprechen) könnte auch gesagt werden, dass das, was seitens der Lehrkraft zu Lernen gegeben wurde, nun anhand der Beobachtung der Bewegung als erreicht gesehen wird.

Das Mehr an Bewegung wird allerdings auch als eine visuelle Hilfestellung zur **Nachahmung** thematisiert, also im Sinne einer Hilfestellung zum Erlernen des Gewünschten. Je größer die Bewegungen der Lehrkraft beim Spiel ausfallen, desto leichter können die Schülerinnen und Schüler diese imitieren. So ist es Schülerinnen und Schülern möglich, über nachahmendes Lernen zum Spiel eines Instrumentes zu gelangen. Beim Trommeln oder bei Bodypercussion sind die Bewegungen oftmals groß, und bieten somit den Lernenden ein visuelles Angebot zur Nachahmung. Dabei muss sich die Lehrkraft weder körperlich ›verbiegen‹ noch die Bewegungen extra deutlicher vorführen, so dass ein exaktes Nachahmen seitens der Lernenden keine negativen Auswirkungen auf deren Spielbewegungen hat.

Die Befragten thematisieren, dass ein Musizieren erst ermöglicht werde, wenn spontan während der Unterrichtssituation reagiert werden könne. Somit wird eine genaue Planung des Unterrichts im Sinne einer exakten Vorab-Bestimmung der Abläufe des Geschehens als Schwierigkeit empfunden, **Offenheit** dagegen als viabel beobachtet. Das Ändern des Zeitplans, des zu Spielenden oder auch des methodischen Zugangs wird als positiver thematisiert, während das Entwerfen und strikte Einhalten einer genauen Vorgabe negativ gesehen wird. Eine Flexibilität während der Unterrichtsstunde ist den Befragten wichtig. Die Unterrichtsplanung setzt bei den Befragten eher am Prozess denn am Produkt an und fokussiert das Einbeziehen aller Lernenden. Durch Percussion wird dies für sie möglich, da das Reagieren auf die unterrichtliche Situation bereits bei der Unterrichtsplanung eingebaut wird.

Zudem thematisieren die Befragten ihre **eigenen**, zumeist positiven **Erfahrungen**, die sie mit Percussion gemacht haben. Da sie den Schülerinnen und Schüler solche Erfahrungen ebenfalls anbieten wollen, erscheint es als selbstverständlich, Percussion in den Musikunterricht einzubeziehen: Für die Befragten wird durch das Ausgehen von ihren eigenen Erfahrungen die Unsicherheit bei der Vermittlung geringer.

Bezug zum musikpädagogischen Diskurs

Der Terminus Musiklernen oder auch musikalisches Lernen wurde von Sigrid Abel-Struth als »Schlüsselbegriff der Musikpädagogik«[333] bezeichnet. Immer wieder wurde und wird er genutzt, um auf unterschiedliche Weise zu beschreiben, was geschieht, wenn Menschen auf eine Weise mit Musik umgehen, die als »Lernen« beobachtet wird.

Aufgrund der Unmöglichkeit den Diskurs zu musikalischen Lerntheorien an dieser Stelle angemessen entfalten zu können, zumal dabei jeweils komplexe Zusammenhänge zu berücksichtigen wären, die je nach Beobachtungshorizont oder Fachsystematik zu unterschiedlichen Beschreibungen führen, werden hier stattdessen aspekthaft einzelne Schlaglichter gesetzt, die als markante Punkte in diesem Diskurs angesehen bzw. im Folgenden als Bezugspunkte genutzt werden können.

»Beim Musizieren stellt sich ein intuitiver Lernzuwachs ein. Die Schülerinnen und Schüler erfahren unmittelbar, wie Musik gemacht ist und wie sie gemacht wird.«[334] Mit diesem Satz resümiert Erwe eine Reihe von zuvor referierten Positionierungen, in denen die Wichtigkeit des Musizierens im Zusammenhang musikdidaktischen Überlegens und Begründens zum Ausdruck kommt. »Intuitiv« verweist dabei implizit auf eine Unbeobachtbarkeit der als Zuwachs beschriebenen, vermuteten Veränderungen seitens der Lernenden und »unmittelbar«, dass diese direkt, durch »die sinnliche Anschauung [...] Zugang zu musikalischen Phänomenen« erhielten, die »nicht immer systematisch abstrahiert werden können«.[335]

Dagegen wird auf eine gewisse Beobachtbarkeit von Musiklernen zugearbeitet z. B. in den Überlegungen Hans-Ulrich Schäfer-Lembecks, der behauptete: »Wird von Lernen gesprochen, wurde beobachtet.«[336] In seinem Text wird (unter Anschluss u. a. an Stefan Orgass, Siegfried J. Schmidt und Kersten Reich) versucht, Grundlinien eines konstruktivistischen Musiklernbegriffs zu umfassen. Demnach kann u. a. von Lernen gesprochen werden, wenn Menschen tätig sind, auf sich selbst oder auf andere(s) bezogene Wahrnehmungen machen, diese in einer Deutung fassten und diese Deutung, z. B. in der Kommunikation oder Interaktion, auf vorhandene Vorstellungen beziehen und somit Orientierung

333 Kaiser 1982, S. 171.

334 Erwe 2004, S. 246.

335 Ebd.

336 Schäfer-Lembeck 2010, S. 163. Die Beobachtung im Falle Erwes bestünde dann darin, Unbeobachtbarkeit zu fassen.

schaffen, mithin (unterschiedlich gerichtete) Beobachtungen vollziehen und Bedeutungen zuweisen. Und »Lehren, pädagogisches Handeln, heißt dann, Lernsubjekte anzuregen, eigene Konstruktionen zu bilden, andere nachzubilden oder vorhandene zu hinterfragen bzw. weiterzuentwickeln«.[337] Diese Modellierung von Lernen erweist sich als kompatibel mit solchen an anderer Stelle, wonach »Lernen [als] erfahrungsbedingte Veränderung der Möglichkeit eines lebenden Systems, in einer Umwelt einen Zustand einnehmen zu können«[338] angesehen wird und es »das Anliegen pädagogischer Praxis« sei, »Anlass und Möglichkeiten zu derartigen Veränderungen zu geben«.[339]

Eine vielbeachtete Komponente im Diskurszusammenhang ›Musiklernen‹ wird mit dem Namen Wilfried Gruhn verbunden. Er beobachtet musikalisches Wissen als Vorgang, bei dem musikalische Vorstellungen, sogenannte Repräsentationen, gebildet werden. Diese seien in Handlungen aktivierbar. Gruhn unterscheidet zwischen prozeduralem und deklarativem Lernen, bei dem einen gehe es um den Erwerb von implizitem Wissen in Handlungen, bei dem anderen um verbalisierbares, explizites Wissen.[340] Unter Bezugnahme auf Edwin Gordon formuliert Gruhn Musiklernen als Vorgang, mentale Repräsentationen zu bilden und auf dieser Grundlage den gehörten Klängen musikalische Bedeutung zu geben. Bei diesem als Aufbau gesehenen Vorgang sei vom tätigen Umgang mit Musik, vom Musik-Machen auszugehen.[341]

Pädagogische Prinzipien und Orientierungen, didaktische Konzepte und Modelle (Luhmann spricht hier von Programmen) zeigen Ziele und Wege, was und wie gelernt werden soll. Für Unterricht werden vor allem Zielsetzungen

[337] Ebd., S. 165.

[338] Treml 2000, S. 97. Und etwas ausführlicher: »Unter Lernen verstehen wir alle nicht direkt zu beobachtenden Vorgänge in einem Organismus, vor allem in seinem zentralen Nervensystem (Gehirn), die durch Erfahrung (aber nicht durch Reifung, Ermüdung, Drogen o. ä.) bedingt sind und eine relativ dauerhafte Veränderung bzw. Erweiterung des Verhaltensrepertoires zur Folge haben.« (Ebd.). Sehr ähnlich dazu Definitionen von dem Psychologen Guy R. Lefrançois: »Lernen umfaßt alle Verhaltensänderungen, die aufgrund von Erfahrungen zustandekommen. Solche Änderungen schließen nicht nur die Aneignung neuer Informationen ein, sondern auch die Veränderungen des Verhaltens, deren Ursachen unbekannt sind. Andererseits sind in dieser Definition Veränderungen ausgeschlossen, die aufgrund von Reifevorgängen (genetisch vorbestimmten Änderungen), künstlichen chemischen Änderungen wie z. B. Konsequenzen der Einnahme von Drogen, oder vorübergehenden Veränderungen, z. B. durch Ermüdung, entstehen.« (Lefrançois 1994, S. 3f).

[339] Schatt 2007, S. 39.

[340] Gruhn 2003b, S. 94ff.

[341] Vgl. ebd., S. 109.

genannt, die Prozesse des Lernens, des Erfahrens und Verstehens von Musik stärker in den Blick nehmen und dafür ›Ermöglichungsräume‹[342] schaffen wollen. Diese Zielsetzung hängt eng mit dem derzeitigen Verständnis von Bildung bzw. musikalischer Bildung zusammen, welche als lebenslanger, offener Prozess gefasst wird.[343]

Sowohl in den Interviews selbst als auch in der Auswertung und Kontextualisierung geht es um die Beobachtung von Lehr- und Lernprozessen, um das Bedenken in Bezug auf Veränderungen, die die Lehrenden versuchen bei den Lernenden zu initiieren.

> »Kein Erzieher kann ohne die Annahme auskommen, daß er Möglichkeiten habe, den, den er erzieht, zu verändern. Ein Verzicht auf Kausalität käme dem Verzicht auf die Rolle des Erziehers gleich.«[344]

Ob das, was eine Lehrkraft lehren will, bei den Schülerinnen und Schülern auch ›ankommt‹, ist unsicher. Die Wirkweise pädagogischer Interventionen folgt keinem kontrollierbaren Prinzip, bei dem ein bestimmter Input einen bestimmten Output bedeutet. Selbst, wenn die Lehrkraft – in welcher Form auch immer – abprüft, ob das vermeintlich Vermittelte bei den Lernenden verfügbar ist, so ist unsicher, ob beispielsweise die richtige bzw. falsche Antwort durch (un)glücklichen Zufall, durch bereits bestehendes Wissen oder durch Verweigerung gegeben worden ist. Luhmann benennt diese Vermittlungsunsicherheit als strukturelles Technologiedefizit[345] der Pädagogik. Der Begriff Technologie »bezeichnet [...] die Wissenschaft von den Kausalverhältnissen, die praktischen Intentionen zugrunde liegen und nach denen das Handeln sich richten muß, wenn es Erfolg haben will«.[346] Dass innerhalb der Pädagogik ein Defizit an Technologie herrscht,

[342] Insbesondere Christopher Wallbaum brachte die Begriffe Verhinderungs- und Ermöglichungsräume in den musikpädagogischen Diskurs ein. Auch wenn Wallbaum in seinem Beitrag über den Modus von ästhetischer Freiheit in der Schule diskutiert (»Ästhetische Freiheit lehren wir, indem wir freie ästhetische Praxis erfahrbar machen. [...] Wir müssen sie mit Hilfe von Ermöglichungsräumen erfahrbar machen.«, WALLBAUM 2008, S. 105), so kann der Begriff des Ermöglichungsraums – ich denke auch im Sinne Wallbaums – weiter gedacht werden.

[343] Vgl. hierzu VOGT 2012a, S. 17.

[344] LUHMANN/SCHORR 1982, S. 7.

[345] S. dazu LUHMANN/SCHORR 1982, S. 11. S. auch in dieser Arbeit den Abschnitt zum Technologiedefizit im Kapitel ›Methodologie‹.

[346] LUHMANN/SCHORR 1982, S. 11.

wird heutzutage auch von vielen Vertreterinnen und Vertretern der Erziehungswissenschaft selbst bestätigt.[347] Heinz-Elmar Tenorth hingegen kritisiert, dass der Begriff des Technologiedefizits zu eng gefasst worden sei, und »nur Handlungsmuster [...], die eine Punkt-zu-Punkt-Zurechnung von Intention und Wirkung erlauben«,[348] in den Blick genommen würden, wenn von Technologie gesprochen werde. Er plädiert dafür, den Begriff vor allem als eine

> praxisbegleitende Reflexion reformpädagogischer Innovationen [zu lesen], dann wird unbestreitbar, daß es wenige Exempel der Erziehungswirklichkeit gibt und gegeben hat, die so ausgefeilte Techniken der Kontrolle ihrer eigenen Praxis entworfen und praktiziert haben wie die Reformpädagogen.[349]

Somit versucht er über einen weiter gefassten Begriff der Technologie, der die »überlieferte Masse von Regeln und Exempeln, Erfahrungen und Warnungen, Berichten von und Erinnerungen an Gelingen und Scheitern der pädagogischen Praxis« in den Blick nimmt, die Möglichkeit einer technologisch orientierten Erziehungswissenschaft einzuräumen.

Um Unterrichtskomplexität zu reduzieren und die Unsicherheit der Vermittlung zu minimieren wird viel Augenmerk auf die Unterrichtsvorbereitung und -planung gelegt. Dass Unterrichtsplanung ein Thema innerhalb der Pädagogik ist, zeigen schon allein die vielen veröffentlichten Praxisbücher und Leitfäden zu diesem Thema. In der musikpädagogischen Forschung wird dieses Thema als Desiderat beklagt,[350] allerdings lassen sich empirische Studien über Unterrichtsplanung finden.[351] Laut Kraemer bezeichnet Unterrichtsplanung »vorwegnehmendes Bedenken von Unterrichtssituationen, das alle Aktivitäten der am Unterricht Beteiligten einschließen soll«.[352] Doch weise jeder Unterricht auch »nicht planbare Anteile auf«: »Insbesondere kreative und kommunikative Aufgaben entziehen

347 Siehe hierzu unter vielen anderen: Dreeben 1980; Klatetzki 1993; Scheunpflug 1999; Siebert 1999; Lindemann 2006; Gruschka 2011.

348 Tenorth 1999, S. 256.

349 Ebd., S. 260. Er führt sodann aus, dass »in der – zeitlichen – Ordnung des Schullebens«, »in der – sozialen – Ordnung des Unterrichts« sowie »in der – sachlichen – Strukturierung der Themen« die spezifische Technik der Pädagogik gefunden werden kann (Ebd., S. 260f.).

350 »Da Unterrichtsplanungen aus dem Alltag bekannt und vertraut sind, mag es erstaunen, dass aus wissenschaftlicher Sicht nur wenige Erkenntnisse darüber vorliegen. Zwar gibt es viele theoretische Leitfäden zur Unterrichtsvorbereitung, aber kaum Wissen über die konkrete Planung im Alltag.« (Oberhaus/Hasselbach 2011, S. 9).

351 Vgl. hierzu: Ebd., sowie: Niessen 2006; hier insbesondere S. 108–139 sowie S. 319–322.

352 Kraemer 2005, S. 245.

sich einer in Einzelheiten vorhersehbaren Planung«.[353] Deshalb solle Unterrichtsplanung »Alternativen bedenken« und eine »Flexibilität des Handelns im Unterricht ermöglichen«.[354] Somit bleibt festzuhalten, dass je höher die Komplexität der Unterrichtssituation ist, auf die reagiert werden soll, desto höher auch die Komplexität der Planung sein muss. Doch Unterricht ist *immer* ein komplexes Geschehen, welches nicht vorab deterministisch geplant werden kann. Eine Variante, dieser Komplexität zu begegnen, ist, möglichst viele unterschiedliche Situationen bereits in der Planung zu erfassen und Möglichkeiten der Reaktion vorab zu erarbeiten. Allerdings ist entscheidend, welche Erwartungen hinsichtlich der Umsetzbarkeit einer solchen Planung für den tatsächlichen Unterricht gebildet werden.[355]

Funktionale Äquivalenzen

Wird die **Beobachtung der Bewegungen** als Kontrolle in Bezug auf Lernvorgänge gesehen, so greifen als Alternativen musikalische Praxen, bei denen ein In-Musik-Sein sichtbar mit Bewegungen verbunden ist. Hier können Methodenkonzepte aus der Rhythmik oder der Tanzpädagogik angeführt werden. Jedoch wird in der Rhythmik davor gewarnt, die Bewegung der Lernenden beispielsweise als Kontrolle einzusetzen, nur weil Bewegung beobachtbar sei.[356] Dass die Lehrkraft meist über Beobachtungen Rückschlüsse auf ein (musikalisches) ›Verstehen‹ zieht, ist kaum negierbar: ob dies nun die ›angemessene‹ Bewegung, die ›richtige‹ musikalische Antwort oder der ›verständige‹ Gesichtsausdruck der Schülerin ist, immer bleibt die Wertung der Beobachtung eine Interpretation, die sich der Gefahr einer Fehleinschätzung nicht erwehren kann.

Funktionale Äquivalenzen zu Percussion bilden Konzepte, die körperliche Aktivität als visuelle Hilfestellung für **Nachahmung** anbieten und die viel mit Bewegung arbeiten, wie zum Beispiel Rhythmik oder Tanz. Zu unterscheiden ist dabei zwischen imitatorischem und mimetischem Nachahmen, da bei ersterem die bloße äußerliche Nachahmung, bei letzterem der gesamte kreative Prozess der Nachahmung in den Blick genommen wird: »In der mimetischen Aneignung

[353] Ebd.

[354] Ebd.

[355] Luhmann merkt an, es gäbe dafür, ein Skript durchzuziehen oder es einer Situation anzupassen, keine weiteren Richtlinien »es sei denn die Reichhaltigkeit der verfügbaren Schemata, die sich wechselseitig ablösen, ergänzen, modifizieren können. Unterrichtserfahrung heißt danach auch, dass man durch bestimmte Überraschungen und negative Erfahrungen sich nicht aus der Fassung bringen lässt, sondern auch dafür Schemata aktivieren kann, die es ermöglichen, sinnvoll zu reagieren.« (Luhmann/Lenzen 2002, S. 45).

[356] Leiser 1985, S. 75.

von Vorgegebenem gestaltet die Einbildungskraft des Rezipienten den Nachahmungsprozeß mit, so daß im Nachahmenden das Vorgegebene eine neue Qualität gewinnt.«[357] Constanze Rora sieht nicht nur im Rhythmus, sondern ebenso im Singen eine Chance, mimetisches Lernen in den Unterricht zu integrieren:

> Es gibt aber Bereiche, die allen Musizierenden zugänglich sind und die daher im Musikunterricht eine besondere Rolle spielen: das Singen und der Rhythmus. Beide Bereiche zeichnen sich durch ein hohes Maß an Körperlichkeit aus. ›Hohes Maß‹ meint dabei zum einen, dass es sich um ganzkörperliche Bewegungen handelt im Unterschied zur Feinmotorik des Schreibens, und zum andern dass die mimisch-gestische Aktivität in diesen beiden Bereichen sie als ›Ausdrucksphänomene‹ kennzeichnen, in denen das Hier und Jetzt ›sinnerfüllter‹ psychomotorischer Aktivität im Vordergrund steht.[358]

Jedoch sei »die unreflektierte Nachahmung von Vorbildern [...] in der pluralistischen Gesellschaft der Gegenwart ein Problem«.[359] Insofern kann auch nachahmendes Lernen als problematisch gesehen werden, da ein bloß unreflektiertes Lernen niemals ausgeschlossen werden kann. Wulf bemerkt allerdings, dass Mimesis den nachgeahmten Gegenstand, den Prozess der Nachahmung sowie den Nachahmenden zusammenschließe. Die Ergebnisse der Mimesis »werden zudem von der individuellen Situation des Nachahmenden bestimmt. [...] Mimesis ist also nicht in dem Sinne rückwärtsgewandt, daß sie nur auf die Nachahmung eines Gegebenen zielt«.[360] Welche Schnittmengen ein »nicht rückwärtsgewandtes« und ein »reflektiertes« Nachahmen haben können, muss an dieser Stelle offen bleiben. Allerdings sei mimetisch-leibliches Lernen »weniger als eine Idealform des Lernens, sondern vielmehr als eine vorgefundene Form des Lernens zu verstehen, eine Lernform, mit der pädagogisch gerechnet und umgegangen werden muss«.[361] Somit sind Konsequenzen hinsichtlich mimetischen Lernens für jegliches Spiel von Instrumenten im Musikunterricht zu ziehen: Schülerin-

357 Wulf 1989, S. 84.

358 Rora 2010, S. 13. Rora schränkt ihre Aussage jedoch gleich selbst ein: »Es ist aber hinzuzufügen, dass weder das Singen noch der Rhythmus immer in diesem körperlichen Sinne im Musikunterricht in Erscheinung treten muss. Wenn ein Rhythmus mit dem Bleistift unter minimalem Bewegungsaufwand auf den Tisch geklopft wird oder Singen als gehauchte vom Blatt abgelesene Wortfolge praktiziert wird, lässt sich kaum mehr von ganzkörperlicher Bewegung sprechen« (ebd.).

359 Ebd., S. 9.

360 Wulf 1989, S. 84.

361 Rora 2010, S. 9f. Eine genaue Auseinandersetzung mit den Begriffen der Leiblichkeit und sinnlichen Erziehung für die Erziehungswissenschaft ist in der Habilitation von Klaudia Schultheis zu finden: Schultheis 1998.

nen und Schüler nehmen mimisch-gestische Aktivität wahr und lernen auch über die Nachahmung der Lehrkraft.

Wird die **Offenheit** des Unterrichts bezüglich der Planung, also ein spontanes Reagieren auf die Fähigkeiten und Fertigkeiten der Lernenden, als wichtig für guten Unterricht gesehen und in den Unterrichtsentwurf eingeplant, so kann auch an dieser Stelle das Live-Arrangement von Terhag als direkte funktionale Äquivalenz zu Percussion genannt werden.[362]

Im Sinne Scheunpflugs können nicht nur andere musikalische Musizierpraxen, sondern die unterschiedlichsten Unterrichtsarrangements als Alternative zu Percussion gelten, solange die Lehrkraft über ein Handlungsrepertoire verfügt, welches ein spontanes Reagieren zulässt. Hier können Unterrichtsinhalte genannt werden, die eher reflexive Tätigkeiten einschließen, wie beispielsweise die Analyse musiktheoretische Inhalte oder Diskussionen hinsichtlich der ästhetischen Argumentation.[363] In die Planung des Unterrichts müssen dann verschiedene Zugänge und Angebote dazu eingebaut werden, um flexibel auf die Fähigkeiten und Fertigkeiten der Lernenden reagieren zu können.

Würde man an der These der **›eigenen Erfahrungen‹** akzeptieren, dass ähnliche Beschäftigungen vergleichbare Erfahrungen ermöglichen, dann ließen sich zahlreiche funktionale Äquivalente zu Percussion finden. Dass aber eine musikalische Umgangsweise, die einen selbst etwas erfahren ließ, auch bei anderen zwangsläufig etwaige oder gar ähnliche Erfahrungen auslösen muss, widerlegt der Interviewtext von Herrn C.

362 Wie bereits oben dargestellt, ist es möglich Percussion so, wie die Befragten diese musikalische Praxis beschreiben, unter das Konzept des Live-Arrangements zu subsumieren. Damit wäre das Live-Arrangement nicht unbedingt eine funktionale Äquivalenz, sondern der Oberbegriff einer solchen Praxis.

363 Ästhetische Argumentation, hier also eine argumentative Auseinandersetzung über Musik, werden in der Literatur auch als »ästhetisches Urteil« oder als »ästhetische Rationalität« bezeichnet. (S. hierzu: Rolle 1999 oder auch Kleimann 1998).

VII. Zusammenfassung

Die Interviewtexte wurden daraufhin untersucht, welche Begründungen von den Musiklehrerinnen und Musiklehrern hinsichtlich Percussion im Musikunterricht gewählt wurden. Percussion ist in dieser ersten Forschungsphase als Vergleichsgesichtspunkt konstant gehalten worden, um unterschiedliche Begründungen sammeln und vergleichen zu können. Die Begründungen wiederum verwiesen auf Probleme des Musikunterrichtens, die in einer zweiten Forschungsphase als Vergleichsgesichtspunkt konstant gehalten worden sind. Auf diese Weise ist es möglich, Percussion als Variable aufzufassen und zu analysieren, welche funktionalen Äquivalente es gibt, die als Alternativen zu Percussion im Musikunterricht gesehen werden können. Dabei war es zu keiner Zeit Ziel, Percussion als Thema des Musikunterrichts zu diskreditieren, sondern aufzuzeigen, dass in den Begründungsmustern für Percussion Inhalt und Methode gekoppelt und auf diese Weise Handlungsalternativen verdeckt werden. Diese Handlungsalternativen sichtbar gemacht zu haben, ist ein Ergebnis dieser Untersuchung.

Literatur

Abel-Struth, Sigrid (1985): *Grundriss der Musikpädagogik.* Mainz/London

Adorno, Theodor W. (1972): *Kritik am Musikanten,* in: Ders.: *Dissonanzen. Musik in der verwalteten Welt.* Göttingen, S. 62–101

Ders. (1972): *Zur Musikpädagogik,* in: Ders.: *Dissonanzen. Musik in der verwalteten Welt.* Göttingen, S. 102–119

Ders. (1973): *Thesen gegen die musikpädagogische Musik,* in: Ders. (Hg.): *Gesammelte Schriften. Einleitung in die Musiksoziologie.* Frankfurt am Main, S. 437–440

Aebli, Hans (1980-81): *Denken. Das Ordnen des Tuns.* Stuttgart

Akademie für Lehrerfortbildung und Personalführung Dillingen (Hg.) (2005): *Percussionissimo. Percussion im Klassenunterricht* 1 (= Akademiebericht 401). Dillingen

Antholz, Heinz (1984a): *Der Schüler – der findet gar nicht statt. Zum Oldenburger Projekt „Mehr Schülerorientierung",* in: Ritzel, Fred/Stroh, Wolfgang M. (Hg.): *Musikpädagogische Konzeptionen und Schulalltag. Versuch einer kritischen Bilanz der 70er Jahre.* Wilhelmshaven, S. 124–133

Ders. (1984b): *Pädagogische Musik im 20. Jahrhundert. Ein Paradigma musikpädagogischer Häresie?,* in: Kleinen, Günter (Hg.): *Kind und Musik.* Laaber, S. 15–29

Apel, Willi (1970): *Harvard dictionary of music.* London

Bachmayer, Tito/Peter, Rainer (2011): *Klassenmusizieren und Motivation. Forschungsbericht der Hochschule Luzern – Musik 2B.* Online verfügbar unter: http://edoc.zhbluzern.ch/hslu/m/fb/2011_2B_Bachmayer-Peter.pdf (zuletzt geprüft am 31.10.2016)

Baecker, Dirk (2006): *Erziehung im Medium der Intelligenz,* in: Ehrenspeck, Yvonne (Hg.): *Beobachtungen des Erziehungssystems. Systemtheoretische Perspektiven.* Wiesbaden, S. 26–66

Bandur, Markus (2009): *Musik hören – Musik verstehen. Konstruktivistische Perspektiven,* in: Rehbein, Boike (Hg.): *Verstehen.* Konstanz, S. 171–183

Bär, Johannes (2005): Klassenmusizieren, in: Jank, Werner (Hg.): *Musik-Didaktik. Praxishandbuch für die Sekundarstufe I und II.* Berlin, S. 159–167

Barth, Christina B. (2010): *Kompetentes Diagnostizieren von Lernvoraussetzungen in Unterrichtssituationen. Eine theoretische Betrachtung zur Identifikation bedeutsamer Voraussetzungen.* Online verfügbar unter: http://opus.bsz-bw.de/hsbwgt/volltexte/2010/70/pdf/Dissertation_Barth_Veroeffentlichung.pdf (zuletzt geprüft am 31.10.2016)

BARTH, DOROTHEE (2005): *Schülerorientierter Musikunterricht – Wunsch & Wirklichkeit*, in: AfS-Magazin 20, S. 36–39

BECKER, NICOLE (2006): *Die neurowissenschaftliche Herausforderung der Pädagogik*. Bad Heilbrunn

BECK, JOHN H. (Hg.) (1995): *Encyclopedia of percussion* (= Garland reference library of the humanities, Band 947). New York/London

BECK, JOHN H./STRAIN, JAMES A. (2008): *Percussion music*, in: OXFORD UNIV. PRESS (Hg.): *Grove Music Online*. Enth.: *Encyclopedia of popular music; The Oxford dictionary of music; The Oxford companion to music*

BERG, EBERHARD/FUCHS, MARTIN (1993): *Kultur, soziale Praxis, Text. Die Krise der ethnographischen Repräsentation* (= Suhrkamp Taschenbuch Wissenschaft, Band 1051). Frankfurt am Main

BETZNER-BRANDT, MICHAEL (2011): *Chor kreativ. Singen ohne Noten; Circlesongs, Stimmspiele, Klangkonzepte*. Kassel

BIEDERMANN, DETLEF/HEIN, CHRISTOPH/MÜLLER-WALDHEIM, GERD (2003): *Boomwhackers Musical Tubes. Arrangements und Spielstücke für das Klassenmusizieren* (= Klasse Musik Spezial). Mainz

BLADES, JAMES (1984): *Percussion instruments and their history*. London/Boston

BLUME, FRIEDRICH/FINSCHER, LUDWIG (1994–2007): *Die Musik in Geschichte und Gegenwart. Allgemeine Enzyklopädie der Musik*. Kassel/Stuttgart

BRANDSTÄTTER, URSULA (2012): *Ästhetische Erfahrung*, in: BOCKHORST, HILDEGARD/REINWAND, VANESSA-ISABELLE/ZACHARIAS, WOLFGANG (Hg.): *Handbuch Kulturelle Bildung*. München, S. 174–180

BRÄU, KARIN (2005): *Heterogenität als Chance. Vom produktiven Umgang mit Gleichheit und Differenz in der Schule*. Münster

BRECH, MARTINA (2005): *Rhythmus und Metrum in der Perkussionsmusik des 20. Jahrhunderts*, in: BRÜSTLE, CHRISTA/SCHULKOWSKY, ROBYN/KIENBERGER, JÜRG (Hg.): *Aus dem Takt. Rhythmus in Kunst, Kultur und Natur*. Bielefeld, S. 199–210

BRECKOFF, WERNER/KLEINEN, GÜNTER/SEGLER, HELMUT (1971): *Musik aktuell. Informationen, Dokumente, Aufgaben. Ein Musikbuch für die Sekundar- und Studienstufe*. Kassel u. a.

BROWN, MARY E./BROWN, WILLIAM A. (1888): *Musical instruments and their homes*. New York

BRUHN, HERBERT (1995): *Gehör*, in: FINSCHER, LUDWIG (Hg.): Die *Musik in Geschichte und Gegenwart. Sachteil*. Kassel, Sp. 1120.

CSIKSZENTMIHALYI, MIHALY/JACKSON, SUSAN A. (2000): *Flow im Sport. Der Schlüssel zur optimalen Erfahrung und Leistung*. München

CSIKSZENTMIHALYI, MIHALY/SCHIEFELE, ULRICH (1993): *Die Qualität des Erlebens und der Prozess des Lernens*, in: Zeitschrift für Pädagogik 39, S. 207–221

DECI, EDWARD L./RYAN, RICHARD M. (1993): *Die Selbstbestimmungstheorie der Motivation und ihre Bedeutung für die Pädagogik*, in: Zeitschrift für Pädagogik 39, S. 223–238

DEMBOWSKI, KNUT (2011): *Werkstatt: Trommeln. Praxismaterialien für die Schule* (= Musik & Bildung spezial). Mainz

DEUTSCHER MUSIKRAT (2012): *Sieben Thesen zur Musik in der Schule*, in: DEUTSCHER MUSIKRAT (Hg.): *DMR kompakt. Positionen – Publikationen – Grundlagen*. Berlin, S. 37–44

DEWEY, JOHN (1916): *Democracy and education. An introduction to the philosophy of education*. New York

DREEBEN, ROBERT (1980): *Was wir in der Schule lernen*. Frankfurt am Main

ENGEL, CARL (1864): *The music of the most ancient nations. Particularly of the Assyrians, Egyptians, and Hebrews*. London

DERS. (1875): *Musical instruments ...: With numerous woodcuts* (= South Kensington Museum Art handbooks, Band 5). New York

ERWE, HANS-JOACHIM (2004): *Musizieren im Unterricht*, in: HELMS, SIEGMUND/SCHNEIDER, REINHARD/WEBER, RUDOLF (Hg.): *Kompendium der Musikpädagogik*. Kassel, S. 241–261

FAULSTICH, PETER (2002): *Lernen braucht Support – Aufgaben der Institutionen beim „Selbstbestimmten Lernen"*, in: KRAFT, SUSANNE (Hg.): *Selbstgesteuertes Lernen in der Weiterbildung*. Baltmannsweiler, S. 144–158

FAULSTICH-WIELAND, HANNELORE (Hg.) (2011): *Umgang mit Heterogenität und Differenz*. Baltmannsweiler

JEKI FORSCHUNGSPROGRAMM. Online verfügbar unter: http://www.jeki-forschungsprogramm.de (zuletzt geprüft am 31.10.2016)

FRISIUS, RUDOLF (1972): *Sequenzen. Musik Sekundarstufe I*. Stuttgart

FULLER-MAITLAND, JOHN A. (Hg.) (1907): *Grove's dictionary of music and musicians*. London u. a.

GALINDO, JORGE (2006): *Zwischen Notwendigkeit und Kontingenz. Theoretische Selbstbeobachtung der Soziologie* (= Forschung Gesellschaft). Wiesbaden

GEORGES, KARL E./GEORGES, HEINRICH (1998): *Ausführliches lateinisch-deutsches Handwörterbuch. Aus den Quellen zusammengetragen und mit besonderer Bezugnahme auf Synonymik und Antiquitäten unter Berücksichtigung der besten Hilfsmittel ausgearbeitet, Band* 2. Darmstadt

GERISCHER, CHRISTIANE: *Groove – magische Momente – Versuch einer rationalen Annäherung*, in: PopScriptum (= Schriftenreihe, hg. vom Forschungszentrum Populäre Musik der Humboldt-Universität zu Berlin, 11). Online verfügbar unter: http://www2.hu-berlin.de/fpm/popscrip/themen/pst11/pst11_gerischer.html (zuletzt geprüft am 31.10.2016)

GORDON, EDWIN (1997): *A music learning theory for newborn and young children*. Chicago

GROVE, GEORGE (Hg.) (1880): *Grove's dictionary of music and musicians.* London u. a.

GROVE, GEORGE/BLOM, ERIC/STEVENS, DENIS (1954-61): *Dictionary of music and musicians. 5th ed* (= Band 5). New York

GRUHN, WILFRIED (2003a): *Geschichte der Musikerziehung. Eine Kultur- und Sozialgeschichte vom Gesangsunterricht der Aufklärungspädagogik zu ästhetisch-kultureller Bildung.* Hofheim

DERS. (2003b): *Lernziel Musik. Perspektiven einer neuen theoretischen Grundlegung des Musikunterrichts* (= Olms Forum, Band 5). Hildesheim/New York

DERS. (2005): *Verstehen von Musik,* in: HELMS, SIEGMUND/SCHNEIDER, REINHARD/WEBER, RUDOLF (Hg.): *Kompendium der Musikpädagogik.* Kassel, S. 257–260

GRUSCHKA, ANDREAS (2011): *Verstehen lehren. Ein Plädoyer für guten Unterricht.* Ditzingen

GUMBRECHT, HANS U. (1995): *Interpretation versus Verstehen von Systemen,* in: DE BERG, HENK (Hg.): *Differenzen. Systemtheorie zwischen Dekonstruktion und Konstruktivismus.* Tübingen u. a., S. 171–186

GÜNTHER, ULRICH/OTT, THOMAS/RITZEL, FRED (1983): *Musikunterricht 5–11.* Weinheim u. a.

HAFEN, ROLAND (2005): *Bodypercussion (Körperperkussion),* in: HELMS, SIEGMUND/SCHNEIDER, REINHARD/WEBER, RUDOLF (Hg.): *Lexikon der Musikpädagogik.* Kassel, S. 38–39

HAGEDORN, JÖRG (2010): *Heterogenität als erziehungswissenschaftliche Herausforderung. Über die Schwierigkeit, die Einheit in der Differenz zu denken,* in: HAGEDORN, JÖRG/SCHURT, VERENA/STEBER, CORINNA et al. (Hg.): *Ethnizität, Geschlecht, Familie und Schule. Heterogenität als erziehungswissenschaftliche Herausforderung.* Wiesbaden, S. 403–423

HAHN, ALOIS (1988): *Biographie und Lebenslauf,* in: BROSE, HANNS-GEORG/HILDENBRAND, BRUNO (Hg.): *Vom Ende des Individuums zur Individualität ohne Ende.* Opladen, S. 91–105

HELMS, SIEGMUND/SCHNEIDER, REINHARD/WEBER, RUDOLF (Hg.) (1997): *Handbuch des Musikunterrichts. Sekundarstufe I.* Kassel

DIES. (Hg.) (1997): *Handbuch des Musikunterrichts. Sekundarstufe II.* Kassel

DIES. (Hg.) (2005): *Lexikon der Musikpädagogik.* Kassel

HESS, FRAUKE (2003): *„Verstehen" – ein musikpädagogischer Mythos,* in: KRUSE, MATTHIAS/SCHNEIDER, REINHARD/HELMS, SIEGMUND (Hg.): *Musikpädagogik als Aufgabe. Festschrift zum 65. Geburtstag von Siegmund Helms.* Kassel, S. 119–135

HESS, FRAUKE (2006): *„... daß das Spielen auf das Hören vorbereite, dürfte irrig sein ..." – Ernst Kreneks frühe Kritik an der „musikpädagogischen Musik",* in: Zeitschrift für kritische Musikpädagogik, S. 42–53. Online verfügbar unter: http://home.arcor.de/zf/zfkm/06-hess2.pdf (zuletzt geprüft am 31.10.2016)

HIRSCHAUER, STEFAN (2008): *Die Empiriegeladenheit von Theorien und der Erfindungsreichtum der Praxis,* in: KALTHOFF, HERBERT/HIRSCHAUER, STEFAN/LINDEMANN, GESA

(Hg.): *Theoretische Empirie. Zur Relevanz qualitativer Forschung.* Frankfurt am Main, S. 165–187

Hitzler, Ronald (1997): *Sozialwissenschaftliche Hermeneutik. Eine Einführung.* Opladen

Hobmair, Hermann (Hg.) (1997): *Psychologie.* Köln

Holland, James (2008): *Percussion,* in: Oxford Univ. Press (Hg.): *Grove Music Online*

Oxford University Press, enth.: *Encyclopedia of popular music; The Oxford dictionary of music; The Oxford companion to music*

Hornbostel, Erich M. v./Sachs, Curt (1914): *Systematik der Musikinstrumente. Ein Versuch,* in: Zeitschrift für Ethnologie 46, S. 553–590

Iyerer, Vijay S. (1998): *Microstructures of feel, macrostructures in sound. Embodied cognition in West African and African-American musics.* Berkeley

Jank, Werner/Meyer, Hilbert (1990): *Didaktische Modelle. Grundlegung & Kritik,* Oldenburg

Dies. (2002): *Didaktische Modelle.* Berlin

Jasper, Christiane (2009): *Body & Table Grooves. Körper- und Materialpercussion in der Schule* (= Musik & Bildung spezial). Mainz

JeKi Forschungsprogramm. Online verfügbar unter: http://www.jeki-forschungsprogramm.de (zuletzt geprüft am 31.10.2016)

Joas, Hans/Knobl, Wolfgang (2004): *Sozialtheorie. Zwanzig einführende Vorlesungen.* Frankfurt am Main

John, René (2010): *Funktionale Analyse – Erinnerungen an eine Methodologie zwischen Fixierung und Überraschung,* in: Ders./Henkel, Anna/Ruckert-John, Jana (Hg.): *Die Methodologien des Systems. Wie kommt man zum Fall und wie dahinter?* Wiesbaden, S. 29–54

Jost, Ekkehard (2003): *Reclams Jazzlexikon. Sachteil,* in: *Reclams Jazzlexikon,* S. 581–691

Kade, Jochen (1997): *Vermittelbar/nicht-vermittelbar: Vermitteln: Aneignen. Im Prozess der Systembildung des Pädagogischen,* in: Lenzen, Dieter/Luhmann, Niklas (Hg.): *Bildung und Weiterbildung im Erziehungssystem.* Frankfurt am Main, S. 30–70

Ders. (2004): *Erziehung als pädagogische Kommunikation,* in: Ders. (Hg.): *Irritationen des Erziehungssystems. Pädagogische Resonanzen auf Niklas Luhmann.* Frankfurt am Main, S. 199–232

Ders. (2005): *Erziehungswissenschaftliche Bildungsforschung im Spannungsfeld von Biographie, Karriere und Lebenslauf.* Online verfügbar unter: http://bildungsforschung.org/index.php/bildungsforschung/article/view/12/10 (zuletzt geprüft am 31.10.2016)

Kaiser, Hermann J. (Hg.) (1982): *Musik in der Schule? Gespräche über Musik und Erziehung mit Sigrid Abel-Struth* (= Beitrage zur Musikpädagogik, Band 1). Paderborn u. a.

Ders. (1993): *Zur Entstehung und Erscheinungsform „Musikalischer Erfahrung“,* in:

DERS./NOLTE, ECKHARD/ROSKE, MICHAEL (Hg.): *Vom pädagogischen Umgang mit Musik.* Mainz u. a., S. 161–176

DERS. (2003): *Zeige es! Ein Beitrag zur Theorie musikalischen Lehrens,* in: Zeitschrift für kritische Musikpädagogik. Online verfügbar unter: http://home.arcor.de/zfkm/kaiser3.pdf (zuletzt geprüft am 31.10.2016)

DERS. (2004): *Musikerziehung/Musikpädagogik,* in: HELMS, SIEGMUND/SCHNEIDER, REINHARD/WEBER, RUDOLF (Hg.): *Kompendium der Musikpädagogik.* Kassel, S. 9–41

DERS. (2010): *Verständige Musikpraxis. Eine Antwort auf Legitimationsdefizite des Klassenmusizierens,* in: Zeitschrift für kritische Musikpädagogik, S. 47–68. Online verfügbar unter: http://zfkm.org/10-kaiser.pdf (zuletzt geprüft am 31.10.2016)

KAISER, ULRICH (2011): *Johann Sebastian Bach. Ein Superstar gestern und heute. Materialien für den Unterricht an allgemeinbildenden Schulen* (= OpenBook 2). Online verfügbar unter: http://www.musik-openbooks.de/bach (zuletzt geprüft am 31.10.2016)

KEEMSS, THOMAS (2009): *Go rhythm! ... Rhythmus und Trommeln im Klassenunterricht,* in: ROLLE, CHRISTIAN/SCHNEIDER, HERBERT (Hg.): *Rhythmus! Studien und Materialien zur musikpädagogischen Arbeit über und mit Rhythmen.* Regensburg, S. 55–77

KERTZ-WELZEL, ALEXANDRA (2012): *Social Justice oder: Der Traum von der gesellschaftlichen Relevanz des Musikunterrichts,* in: VOGT, JÜRGEN/HESS FRAUKE/ROLLE, CHRISTIAN (Hg.): *Musikpädagogik und Heterogenität.* Münster u. a., S. 55–73

KIPHARD, ERNST J. (1987): *Motopädagogik* (= Psychomotorische Entwicklungsforderung, Band 1). Dortmund

KLATETZKI, THOMAS (1993): *Wissen, was man tut: Professionalität als organisationskulturelles System. Eine ethnographische Interpretation* (= Kritische Texte Diskurs). Bielefeld

KLEE, TOBIAS (2009): *Das STOMP-Prinzip in der Schule. Rhythmusorientierte Arbeit auf Alltagsgegenständen im Elementar- und Primarbereich,* in: ROLLE, CHRISTIAN/SCHNEIDER, HERBERT (Hg.): *Rhythmus! Studien und Materialien zur musikpädagogischen Arbeit über und mit Rhythmen.* Regensburg, S. 78–93

KLEIMANN, BERND (1998): *Erfahrung und Argument: Überlegungen zum Begriff musikalischer Rationalität,* in: PFEFFER, MARTIN (Hg.): *Systematische Musikpädagogik oder: Die Lust am musikpädagogisch geleiteten Nachdenken. Eine Festgabe für Hermann J. Kaiser zum 60. Geburtstag.* Augsburg, S. 59–78

KOELSCH, STEFAN/FRITZ, TOM (2007): *Musik verstehen – Eine neurowissenschaftliche Perspektive,* in: BECKER, ALEXANDER/VOGEL, MATTHIAS (Hg.): *Musikalischer Sinn. Beiträge zu einer Philosophie der Musik.* Frankfurt am Main, S. 118–145

KOUNIN, JACOB S. (2006): *Techniken der Klassenführung.* Münster u. a.

KRAEMER, RUDOLF-DIETER (2005): *Unterrichtsplanung,* in: HELMS, SIEGMUND/SCHNEIDER, REINHARD/WEBER, RUDOLF (Hg.): *Lexikon der Musikpädagogik.* Kassel, S. 245–246

KRAFT, SUSANNE (2001): *Die Sicht der Lernenden,* in: DIETRICH, STEPHAN (Hg.): *Selbstge-*

steuertes Lernen in der Weiterbildungspraxis. Ergebnisse und Erfahrungen aus dem Projekt SeGeL. Bielefeld, S. 230–236

Kubik, Gerhard (1983): *Verstehen in afrikanischen Musikkulturen*, in: Simon, Artur (Hg.): *Musik in Afrika.* Berlin, S. 313–326

Kugler, Michael (2005): *Rhythmik*, in: Helms, Siegmund/Schneider, Reinhard/Weber, Rudolf (Hg.): *Lexikon der Musikpädagogik.* Kassel, S. 216–218

Lefrancois, Guy R. (1994): *Psychologie des Lernens.* Berlin

Leiser, Holmrike (1985): *Die Bedeutung der Bewegung für die Entwicklung des Vorschulkindes*, in: Zarius, Karl-Heinz (Hg.): *Musikalische Früherziehung. Grundfragen und Grundlagen.* Mainz u. a, S. 75–93

Lessing, Wolfgang (2009): *Neurobiologie und neue Musik – eine Herausforderung (nicht nur) für die Musikpädagogik*, in: Zeitschrift für kritische Musikpädagogik. Online verfügbar unter: http://www.zfkm.org/09-lessing.pdf (zuletzt geprüft am 31.10.2016)

Lindemann, Holger (2006): *Konstruktivismus und Pädagogik. Grundlagen, Modelle, Wege zur Praxis.* München u. a.

Luhmann, Niklas (1970a): *Funktion und Kausalität*, in: Ders. (Hg.): *Soziologische Aufklärung 1. Aufsätze zur Theorie sozialer Systeme.* Wiesbaden, S. 11–37

Ders. (1970b): *Funktionale Methode und Systemtheorie*, in: Ders. (Hg.): *Soziologische Aufklärung 1. Aufsätze zur Theorie sozialer Systeme.* Wiesbaden, S. 37–67.

Ders. (1981): *Ist Kunst codierbar?*, in: Ders. (Hg.): *Soziologische Aufklärung.* Opladen, S. 245–266

Ders. (1982): *Die Voraussetzung der Kausalität*, in: Luhmann, Niklas/Schorr, Karl E. (Hg.): *Zwischen Technologie und Selbstreferenz. Fragen an die Pädagogik.* Frankfurt am Main, S. 41–50

Ders. (1984): *Soziale Systeme. Grundriß einer allgemeinen Theorie.* Frankfurt am Main

Ders. (1985): *Die Autopoiesis des Bewußtseins*, in: Soziale Welt. Zeitschrift für sozialwissenschaftliche Forschung und Praxis 36, S. 402–446

Ders. (1992): *Die Wissenschaft der Gesellschaft.* Frankfurt am Main

Ders. (1995a): *Soziologische Aufklärung 6. Die Soziologie und der Mensch.* Wiesbaden

Ders. (1995b): *Die Kunst der Gesellschaft.* Frankfurt am Main

Ders. (1997): *Die Gesellschaft der Gesellschaft.* Frankfurt am Main

Luhmann, Niklas/Lenzen, Dieter (2002): *Das Erziehungssystem der Gesellschaft.* Frankfurt am Main

Luhmann, Niklas/Lenzen, Dieter (2004): Schriften zur Pädagogik (= Suhrkamp-Taschenbuch Wissenschaft, Band 1697). Frankfurt am Main

Luhmann, Niklas/Schorr, Karl E. (1982): *Das Technologiedefizit der Erziehung und*

Pädagogik, in: LUHMANN, NIKLAS/SCHORR, KARL E. (Hg.): *Zwischen Technologie und Selbstreferenz. Fragen an die Pädagogik*. Frankfurt am Main u. a., S. 11–40

MAHILLON, VICTOR-CHARLES (1893–1922): *Catalogue descriptif & analytique du Musée instrumental du Conservatoire royal de musique de Bruxelles*. Gand

MANDL, HEINZ/GRUBER, HANS/RENKL, ALEXANDER (Hg.) (1994): *Lehren und Lernen mit dem Computer*. München

MATURANA, HUMBERTO R./VARELA, FRANCISCO J. (2009): *Der Baum der Erkenntnis. Die biologischen Wurzeln menschlichen Erkennens*. Frankfurt am Main

MATURANA, HUMBERTO R./VARELA, FRANCISCO J./BEER, STAFFORD (1980): *Autopoiesis. The organization of the living*, in: MATURANA, HUMBERTO R./VARELA, FRANCISCO J. (Hg.): *Autopoiesis and cognition*. Dordrecht u. a., S. 59–138

MEYER-DENKMANN, GERTRUD/SCHNEBEL, DIETER (1972): *Struktur und Praxis Neuer Musik im Unterricht. Experiment und Methode* (= Rote Reihe, Band 43). Wien

MEYER, HILBERT (1993): *Leitfaden zur Unterrichtsvorbereitung*. Frankfurt am Main

MORITZ, ULRICH (2001): *Rhythmus zwischen Imitation und Improvisation*, in: Üben & Musizieren 1, S. 6–13

NASSEHI, ARMIN (1995): *Die Deportation als biographisches Ereignis. Eine biographieanalytische Untersuchung*, in: GÖLLNER, RALF THOMAS (Hg.): *Die Deportation von Siebenbürger Sachsen in die Sowjetunion 1945–1949. Band 2: Die Deportation als biographisches und literarisches Thema*. Köln u. a., S. 5–412

DERS. (1996): *Soziale Zeit und Biographie. Soziologisches über Zeit und Lebenszeit*, in: BRELOER, GERHARD (Hg.): *Einblicke in die Wissenschaft*. Münster, S. 167–186

DERS. (1997a): *Die Zeit des Textes. Vom Verhältnis von Kommunikation und Text*, in: BERG, HENK DE/PRANGEL, MATTHIAS (Hg.): *Systemtheorie und Hermeneutik*. Tübingen u. a

DERS. (1997b): *Kommunikation verstehen. Einige Überlegungen zur empirischen Anwendbarkeit einer systemtheoretisch informierten Hermeneutik*, in: SUTTER, TILMANN (Hg.): *Beobachtung verstehen, Verstehen beobachten: Perspektiven einer konstruktivistischen Hermeneutik*. Opladen, S. 134–163

DERS. (2000): *Methoden der Lebenslauf- und Biografieforschung in der Gemeindesoziologie*, in: WEBER, GEORG (Hg.): *Zugänge zur Gemeinde*. Köln, S. 99–124

NASSEHI, ARMIN/SAAKE, IRMHILD (2002): *Kontingenz: Methodisch verhindert oder beobachtet? Ein Beitrag zur Methodologie der qualitativen Sozialforschung*, in: Zeitschrift für Soziologie 31, S. 66–86

NEUMANN, FRIEDRICH (2000): *Rhythm in the classroom* (= Musik & Bildung spezial). Mainz u. a.

NIESSEN, ANNE (2006): *Individualkonzepte von Musiklehrern* (= Theorie und Praxis der Musikvermittlung, Band 6). Berlin

NYKRIN, RUDOLF (1978): *Erfahrungserschliessende Musikerziehung. Konzept, Argumente, Bilder* (= Perspektiven zur Musikpädagogik und Musikwissenschaft, Band 4). Regensburg

DERS. (2005): *Orff-Schulwerk*, in: HELMS, SIEGMUND/SCHNEIDER, REINHARD/WEBER, RUDOLF (Hg.): *Lexikon der Musikpädagogik*. Kassel, S. 197–198

OBERHAUS, LARS/HASSELBACH, JULIA VON (2011): *KULT – Kooperative Unterrichtsplanung von Lehrendenteams. Eine Untersuchung zu Potenzialen der kollegialen Vorbereitung von Stundenkonzepten, deren Durchführbarkeit und Wirkung in künstlerischen Fächerverbünden Baden-Württembergs*. Münster u. a.

ORGASS, STEFAN (2001): *Musikunterricht in einer sich verändernden Schulkultur. Notwendigkeit und Probleme der Teilhabe von Lernenden an den didaktischen Entscheidungen*, in: Musik in der Schule. Fachzeitschrift für Theorie und Praxis des Musikunterrichts 3, S. 4–10

DERS. (2007): *Musikalische Bildung in europäischer Perspektive. Entwurf einer kommunikativen Musikdidaktik* (= FolkwangStudien, Band 6). Hildesheim u. a.

PFLEIDERER, MARTIN (2006): *Rhythmus. Psychologische, theoretische und stilanalytische Aspekte populärer Musik*. Bielefeld

DERS. (2010): *Dimensionen der Groove-Erfahrung. Eine empirische Studie*, in: PopScriptum (= Schriftenreihe, hg. vom Forschungszentrum Populäre Musik der Humboldt-Universität zu Berlin, 11). Online verfügbar unter: http://www2.hu-berlin.de/fpm/popscrip/themen/pst11/pst11_pfleiderer.html (zuletzt geprüft am 31.10.2016)

REH, SABINE (2001): *Textualität der Lebensgeschichte – Performativität der Biographieforschung*, in: *Handlung, Kultur, Interpretation: Zeitschrift für Sozial- und Kulturwissenschaften* 10, S. 29–49

REISENZEIN, RAINER (2006): *Motivation*, in: PAWLIK, KURT (Hg.): *Handbuch Psychologie. Wissenschaft – Anwendung – Berufsfelder*. Heidelberg, S. 239–247

REUTER, MATHIAS/BÖTTCHER, ANKE (2008): *Drum Circle. Der Groove für alle* (= Musik & Bildung spezial). Mainz u. a.

RHEINBERG, FALKO (1995): *Motivation*. Stuttgart

DERS. (2008): *Motivation*. Stuttgart

RICHTER, REGINE (2005): *Vielfalt als Chance. Konstruktiver Umgang mit Heterogenität in Lehrveranstaltungen*. Tübingen

RIEMANN, HUGO (1967): *Riemann Musiklexikon*. Mainz

RIETHMAYER, EDUARD (2011): *Individuelles Fördern, differenzierter Unterricht und Selbstregulation des Lernens*. Frankfurt am Main

RIETMÜLLER, ALBRECHT (Hg.) (1999): *Sprache und Musik. Perspektiven einer Beziehung*. Laaber

RING, REINHARD/VOGEL-STEINMANN, BRIGITTE (Hg.) (1997): *Lexikon der Rhythmik*. Kassel

ROLLE, CHRISTIAN (1999): *Musikalisch-ästhetische Bildung. Über die Bedeutung ästhetischer Erfahrung für musikalische Bildungsprozesse*. Kassel

ROLLE, CHRISTIAN/WALLBAUM, CHRISTOPHER (2011): *Ästhetischer Streit im Musikunterricht. Didaktische und methodische Überlegungen zu Unterrichtsgesprächen über*

Musik, in: Kirschenmann, Johannes (Hg.): *Reden über Kunst. Fachdidaktisches Forschungssymposium in Literatur, Kunst und Musik.* München, S. 507–535

Rora, Constanze (2010): *Leibliches Lernen – Präsentative Symbolik. Einführung mit Beispielen aus dem Musikunterricht,* in: Zeitschrift ästhetische Bildung 2, S. 1–20

Rosch, Jens (2010): *Das Problem des Verstehens im Unterricht.* Frankfurt am Main

Sachs, Curt (1913): *Real-Lexikon der Musikinstrumente. Zugleich ein Polyglossar für das gesamte Instrumentengebiet.* Berlin

Schäfer-Lembeck, Hans-Ulrich (Hg.) (2005): *Klassenmusizieren als Musikunterricht!? Theoretische Dimensionen unterrichtlicher Praxen. Beitrage des Münchner Symposions* 2005. München

Ders. (2010): *Musik lernen?,* in: Wallbaum, Christopher (Hg.): *Perspektiven der Musikdidaktik. Drei Schulstunden im Licht der Theorien.* Hildesheim u. a., S. 159–182

Schatt, Peter W. (2007): *Einführung in die Musikpädagogik.* Darmstadt

Scheller, Ingo (1980): *Erfahrungsbezogener Unterricht. Theorie, Praxis, Planung.* Oldenburg

Ders. (1998): *Szenisches Spiel. Handbuch für die pädagogische Praxis.* Berlin

Scheunpflug, Annette (1999): *Evolutionäre Didaktik – ein Didaktikentwurf aus system- und evolutionstheoretischer Sicht,* in: Holtappels, Heinz Günter/Horstkemper Marianne (Hg.): *Neue Wege in der Didaktik? Analysen und Konzepte zur Entwicklung des Lehrens und Lernens.* Weinheim, S. 169–185

Dies. (2004): *Das Technologiedefizit. Nachdenken über Unterricht aus systemtheoretischer Perspektive,* in: Lenzen, Dieter (Hg.): *Irritationen des Erziehungssystems. Pädagogische Resonanzen auf Niklas Luhmann.* Frankfurt am Main, S. 65–87

Schilmöller, Reinhard (Hg.) (2011): *Heterogenität als Herausforderung für schulisches Lernen.* Münster

Schneider, Hans (2000): *Lose Anweisungen für klare Klangkonstellationen.* Saarbrücken

Scholz, Ingvelde (2012): *Das heterogene Klassenzimmer. Differenziert unterrichten.* Göttingen

Schönherr, Christoph (1997): *Probenarbeit im Spannungsfeld zwischen Emotionalität und Rationalität,* in: Zimmerschied, Dieter (Hg.): *„Werte-Wandel": Musikunterricht in neuer Orientierung. Kurse zur Unterrichtspraxis, Foren, Information, Diskussion, Arbeitskreise; Kongreßbericht.* Mainz u. a., S. 83–95

Schuhmacher-Chilla, Doris (2012): *Körper – Leiblichkeit,* in: Bockhorst, Hildegard/Reinwand, Vanessa-Isabelle/Zacharias, Wolfgang (Hg.): *Handbuch Kulturelle Bildung.* München, S. 199–201

Schultheis, Klaudia (1998): *Leiblichkeit – Kultur – Erziehung. Zur Theorie der elementaren Erziehung.* Weinheim

Schutze, Fritz (1987): *Das narrative Interview in Interaktionsfeldstudien.* Hagen

Seel, Martin (1996): *Ethisch-ästhetische Studien.* Frankfurt am Main

DERS. (2000): *Ästhetik des Erscheinens.* München

DERS. (2004): *Über die Reichweite ästhetischer Erfahrung – fünf Thesen,* in: MATTENKLOTT, GERT (Hg.): *Ästhetische Erfahrung im Zeichen der Entgrenzung der Künste. Epistemische, ästhetische und religiöse Formen von Erfahrung im Vergleich* (= Sonderheft 4 der Zeitschrift für Ästhetik und Allgemeine Kunstwissenschaft). Hamburg, S. 73–81

SIEBERT, HORST (1999): *Pädagogischer Konstruktivismus. Eine Bilanz der Konstruktivismusdiskussion für die Bildungspraxis.* Neuwied u. a.

STADTFELD, PETER (2005): *Heterogenität als Chance – Einsatzmöglichkeiten Neuer Medien in heterogenen Lerngruppen,* in: DERS./DIECKMANN, BERNHARD (Hg.): *Allgemeine Didaktik im Wandel.* Bad Heilbrunn, S. 253–268

STEFFEN-WITTEK, MARIANNE (2001): *Rhythmik,* in: HELMS, SIEGMUND/SCHNEIDER, REINHARD/WEBER, RUDOLF (Hg.): *Praxisfelder der Musikpädagogik.* Kassel, S. 91–114

STEINKE, INES (1999): *Kriterien qualitativer Forschung. Ansätze zur Bewertung qualitativ-empirischer Sozialforschung.* Weinheim

DIES. (2007): *Gütekriterien qualitativer Forschung,* in: FLICK, UWE/KARDORFF, ERNST VON/STEINKE, IRIS (Hg.): *Qualitative Forschung. Ein Handbuch.* Reinbek bei Hamburg, S. 319–331

STRAUSS, ANSELM L./CORBIN, JULIET M. (1996): *Grounded theory. Grundlagen qualitativer Sozialforschung.* Weinheim

STROH, WOLFGANG M. (2007): *Szenische Interpretation von Musik. Eine Anleitung zur Entwicklung von Spielkonzepten anhand ausgewählter Beispiele* (= EinFach Musik. Unterrichtsmodell). Paderborn

SUTTER, TILMANN (Hg.) (1997): *Beobachtung verstehen, Verstehen beobachten: Perspektiven einer konstruktivistischen Hermeneutik.* Opladen

TAPPERT-SÜBERKRÜB, ALMUTH (1999): *„Musik Learning Theory". Edwin Gordons Theorie des Musiklernens,* in: Diskussion Musikpädagogik 2, S. 75–98

TENORTH, HEINZ-ELMAR (1999): *Technologiedefizit in der Pädagogik? Zur Kritik eines Missverständnisses,* in: FUHR, THOMAS (Hg.): *Zur Sache der Pädagogik. Untersuchungen zum Gegenstand der allgemeinen Erziehungswissenschaft.* Bad Heilbrunn, S. 252–266

TERHAG, JÜRGEN (2005): *Das Live-Arrangement als Inhalt und Methode des Klassenmusizierens,* in: JANK, WERNER (Hg.): *Musik-Didaktik. Praxishandbuch für die Sekundarstufe I und II.* Berlin, S. 167–176

TERHAG, JÜRGEN/RICHTER, CHRISTOPH (Hg.) (2011): *Musizieren mit Schulklassen. Praxis, Konzepte, Perspektiven.* Hamburg

TERHAG, JÜRGEN/WINTER, JORN K. (2011): *Live-Arrangement. Vom Pattern zur Performance.* Mainz

TRAUTMANN, MATTHIAS/WISCHER, BEATE (2010): *Heterogenität in Schule und Unterricht. Eine kritische Einführung.* Wiesbaden

TREML, ALFRED K. (2000): *Lernen*, in: KRÜGER, HEINZ-HERMANN (Hg.): *Einführung in Grundbegriffe und Grundfragen der Erziehungswissenschaft.* Opladen, S. 93–102

URBAN, MICHAEL (2009): *Form, System und Psyche. Zur Funktion von psychischem System und struktureller Kopplung in der Systemtheorie.* Wiesbaden

VOGLSINGER, JOSEF (2009): *Bewegte Schule zwischen Willkür und professionellem Handeln. Grundlegende Überlegungen und die Bedeutung von „Bewegung" aus der Perspektive entwicklungstheoretischer Konzepte,* in: Motorik: Zeitschrift für Psychomotorik in Entwicklung, Bildung und Gesundheit 32, S. 67–74

VOGT, JÜRGEN (2001): *Der schwankende Boden der Lebenswelt. Phänomenologische Musikpädagogik zwischen Handlungstheorie und Ästhetik.* Würzburg

DERS. (2004): *(K)eine Kritik des Klassenmusikanten. Zum Stellenwert Instrumentalen Musikmachens in der Allgemeinbildenden Schule,* in: Zeitschrift für kritische Musikpädagogik, S. 1–17. Online verfügbar unter: http://home.arcor.de/zfkm/vogt7.pdf (zuletzt geprüft am 31.10.2016)

DERS. (2012a): *Musikalische Bildung – ein lexikalischer Versuch,* in: Zeitschrift für kritische Musikpädagogik, S. 1–25. Online verfügbar unter: http://www.zfkm.org/12-vogt.pdf (zuletzt geprüft am 31.10.2016)

DERS. (2012b): *Vom Umgang der Musikpädagogik mit Heterogenität,* in: DERS./HESS, FRAUKE/ROLLE, CHRISTIAN (Hg.): *Musikpädagogik und Heterogenität.* Münster, S. 6–19

VOGT, JÜRGEN/HESS, FRAUKE/ROLLE, CHRISTIAN (Hg.) (2012): *Musikpädagogik und Heterogenität.* Münster

WALLBAUM, CHRISTOPHER (2005): *Relationale Schulmusik – eine eigene musikalische Praxis und Kunst,* in: Diskussion Musikpädagogik 26, S. 4–17

DERS. (2008): *Ästhetische Freiheit in der Schule lehren und prüfen. Über Verhinderungs- und Ermöglichungsräume,* in: SCHÄFER-LEMBECK, HANS-ULRICH/MOHR, KLAUS (Hg.): *Leistung im Musikunterricht. Beiträge der Münchner Tagung 2008.* München, S. 101–111

DERS. (2009): *Ist Grooven ästhetisch bildend? Ein Beispiel für ästhetische Rhythmus-Erfahrung in der Schule und zwei Reflexionen,* in: ROLLE, CHRISTIAN/SCHNEIDER, HERBERT (Hg.): *Rhythmus! Studien und Materialien zur musikpädagogischen Arbeit über und mit Rhythmen.* Regensburg, S. 42–54

WEIDNER, VERENA (2010): *Musiktheorie und Musikpädagogik. „Resonanzprobleme" einer Beziehung,* in: Zeitschrift der Gesellschaft für Musiktheorie. Sonderausgabe. Online verfügbar unter: http://www.gmth.de/zeitschrift/artikel/562.aspx (zuletzt geprüft am 31.10.2016)

WENNING, NORBERT (2007): *Heterogenität als Dilemma für Bildungseinrichtungen,* in: BOLLER, SEBASTIAN (Hg.): *Heterogenität in Schule und Unterricht. Handlungsansätze zum pädagogischen Umgang mit Vielfalt.* Weinheim, S. 21–31

WIED, VERENA (2010): *Beobachtung individuellen Nachdenkens – eine Unmöglichkeit? Eine systemtheoretische Herangehensweise für die Auswertung von Interviews in empirischer musikpädagogischer Forschung,* in: b-em: Beiträge empirischer Musikpädagogik Band 1, Nr. 2. Online verfügbar unter: http://www.b-em.info/index.php?journal=ojs&page=article&op=view&path%5B%5D=40 (zuletzt geprüft am 31.10.2016)

Winkler, Christian (2001): *Die Kunst der Stunde – Aktionsräume für Musik. Ein Modell zur Vermittlung von Musik aus systematisch-konstruktivistischer Sicht* (= Forum Musikpädagogik, Band 48). Augsburg

Wohlrab-Sahr, Monika (1999): *Biographieforschung jenseits des Konstruktivismus?,* in: Soziale Welt: Zeitschrift für sozialwissenschaftliche Forschung und Praxis 50, S. 483–494

Wulf, Christoph (1989): *Mimesis,* in: Gebauer, Gunter (Hg.): *Historische Anthropologie. Zum Problem der Humanwissenschaften heute oder Versuche einer Neubegründung.* Reinbek bei Hamburg, S. 83–126

Zierul, Petra (1997): *Musik und Bewegung,* in: Helms, Siegmund/Schneider, Reinhard/Weber, Rudolf (Hg.): *Handbuch des Musikunterrichts. Sekundarstufe I.* Kassel, S. 365–382

Zimbardo, Philip G. (1983): *Psychologie.* Berlin u. a.

Zimbardo, Philip G./Gerrig, Richard J./Graf, Ralf (2004): *Psychologie.* München u. a.

Zimmermann, Bettina (2002): *Das Konzept der Lebenswelt. Fluchtpunkt oder Verheißung für die Musikpädagogik?,* in: Kraemer, Rudolf-Dieter (Hg.): *Multimedia als Gegenstand musikpädagogischer Forschung.* Essen

Zimmerschied, Dieter/Fuhrmann, Roderich (1974): *Perspektiven neuer Musik: Material und didaktische Information.* Mainz

Weitere Titel der Reihe » Musikpädagogische Schriften der Hochschule für Musik und Theater München

Band 1

SCHÄFER-LEMBECK, HANS-ULRICH (HG.):
Klassenmusizieren als Musikunterricht?
Theoretische Dimensionen unterrichtlicher Praxen

Klassenmusizieren wird eine unterrichtliche Praxis genannt, die an immer mehr allgemeinbildenden Schulen verwirklicht wird. Dazu kann gefragt werden, ob es sich dabei um einen modischen Trend handelt, eine kulturindustrielle Eskapade oder um eine ernst zu nehmende, ja sogar notwendige Strategie. Musikpädagogische Reflexion und Theoriebildung müssen also versuchen zu klären, ob es musikalisch und pädagogisch verantwortbar ist, so zu verfahren, welches die Leitvorstellungen und Begründungen sind, die für klassenmusikalische Aktivitäten angeführt werden und wie sie sich von denen unterscheiden, die sonst für den Musikunterricht gegeben werden. Zur Erörterung dieser Thematik fand im Juni 2005 in der Hochschule für Musik und Theater in München ein wissenschaftliches Symposion statt, dessen Beiträge in diesem Band dokumentiert sind.

140 S., Paperback, ISBN 978-3-86520-158-4, € 18.00

Band 2

SCHÄFER-LEMBECK, HANS-ULRICH (HG.):
Leistung im Musikunterricht
Beiträge der Münchner Tagung 2008

Seit den PISA-Studien sowie den darauf folgenden Erhebungen wird für alle Schulfächer und deren Didaktiken in einer neuen Intensität die Frage gestellt, was Ergebnisse, was Kompetenzen, was Standards im Unterricht der einzelnen Fächer sein sollen. So stellt sich auch für die Musikpädagogik die Frage, was in musikunterrichtlicher und musikalischer Arbeit an der allgemeinbildenden Schule Leistungen sind, wie solche gegriffen werden können, welche Aufgabenstellungen, Kriterien und Gütemaßstäbe sinnvoll und begründet anwendbar wären und welche Zielvorstellungen damit einhergehen.

Um Antworten auf diese Fragen näher zu kommen, arbeiteten bei der Tagung »Leistung im Musikunterricht« in der Hochschule für Musik und Theater München im Juni 2008 Musikpädagoginnen und Musikpädagogen aus Schule und Hochschule gemeinsam zu diesem Thema, sodass auf unterrichtspraktische Anwendung wie auf Theoriebildung orientierte musikpädagogische Perspektiven miteinander verschränkt waren. Die auf der Tagung mündlich und in Aspekten vorgetragenen wissenschaftlichen Überlegungen wurden für diesen Band schriftlich und ausführlich gefasst.

228 S., Paperback, ISBN 978-3-86520-343-4, € 23.90

Band 3

SCHÄFER-LEMBECK, HANS-ULRICH (HG.):

Musikalische Bildung – Ansprüche und Wirklichkeiten

Reflexionen aus Musikwissenschaft und Musikpädagogik

Mit »Musikalischer Bildung« werden unterschiedliche Erwartungen, Ansprüche oder Wünsche verbunden, werden sehr verschiedene Erscheinungen oder Konzeptionen beschrieben. In Zeiten eines vielfältigen und dynamischen kulturellen Wandels, herausgefordert aber auch von der Situation von Studien- und Schulreformen, wurde es als lohend wie geboten angesehen, einerseits musikpädagogisch, andererseits musikwissenschaftlich inspirierte und begründete Vorstellungen von musikalischer Bildung miteinander ins Gespräch zu bringen und zu diskutieren. Namhafte Vertreter der auf Musik als Kunst und als gesellschaftlich-kulturelle Praxis bezogenen Wissenschaften erhielten in diesem Zusammenhang Gelegenheit, ihre Beiträge zu artikulieren und zu präzisieren. Die Münchner Tagung im Mai 2011 hatte zum Ziel, einen interdisziplinären wissenschaftlichen Diskurs zum Thema fortzusetzen und eine Fortschreibung von Theoriebildung im Rahmen von Lehrerbildung neu anzustoßen und zu bereichern. Die auf der Tagung mündlich und in Aspekten vorgetragenen Überlegungen wurden für diesen Band schriftlich und ausführlich gefasst.

272 S., Paperback, ISBN 978-3-86906-225-9, € 29.90

Band 5

SEIDL, VERENA:

Musiklernen durch Gruppenimprovisation

Eine Text- und Interviewstudie

Improvisieren, besonders das Improvisieren in und mit der Gruppe, wird oft als vergnügliche und erfüllende Praxis erlebt. Darüber hinaus werden dem Improvisieren auch speziell musikpädagogische Qualitäten zugeschrieben, die es geradezu für musikunterrichtliche Zwecke und Anliegen prädestinieren. Die Tatsache, dass derlei Darlegungen vielstimmig und nicht nur auf den ersten Blick keineswegs deckungsgleich sind, gaben den Anstoß zu einer eingehenden Beschäftigung in Gestalt einer empirischen Studie, in der untersucht wurde, welche Überlegungen Anleitende von Gruppenimprovisationen über Musiklernen durch Gruppenimprovisation äußern – mit dem Ziel, abgesicherte Aussagen über musikunterrichtliche Praxis zu erlangen. In diesem Kontext liefert die Studie von Verena Seidl in ihren Ergebnissen eine wissenschaftliche Vorarbeit für didaktische Theorien der Improvisation im Musikunterricht.

252 S., Paperback, ISBN 978-3-86906-860-2, € 29.90